尾崎 新——編

「現場」のちから

社会福祉実践における現場とは何か

誠信書房

まえがき

社会福祉実践における現場の力とは何か。あるいは、現場の可能性、魅力とは何か。本書はこれらの疑問にとりくむ試みである。つまり、本書では、社会福祉現場がもつさまざまな力の本態、構造に迫り、それらを描きだすことによって、現場のあるべき姿や可能性を論じようと思う。なお、ここでいう力とは、社会福祉現場がもつ実践力、強さ、魅力、可能性などを総称することばである。まずは、つぎのような場面に注目してみたい。

■「死にたい」「このような人生を生きる価値などない」

静かに、こう語るクライエントがいる。援助者は彼の前で「そう思うのは無理もないこと」「私が彼の立場であれば、やはり生きられないと思うだろう」と実感する。しかし、それでも「生きて欲しい」と願う。

■**「お母さんに会いたい」「なぜ、お母さんは私を迎えに来てくれないの」**

幼い子どもがこう言って泣いている。職員はその子に近寄り、「私たちがそばに居るから大丈夫」と答える。しかし、夕方、施設から帰宅するとき、その子から「やっぱり、私を置いて帰っちゃうんだ」とことばを投げかけられる。このとき、職員は罪悪感や無力さを感じる。だが、職員がその子を「無責任な親に捨てられたかわいそうな子」と単純に思えるうちはまだよい。「もしかしたら、あの子の親にも子どもを手放さなければならない事情や歴史があるのかもしれない」「あの子を助けてあげたいが、私が親になることもできない」と悩みはじめるとき、職員はいっそう強い無力感を抱くことになる。

■**「介護に疲れた」「助けて欲しい」**

夫を介護する高齢の妻がこう訴える。在宅介護の現場によくある光景である。しかし同時に、この妻から「あんたなんかに、私の家に土足で踏み込まれてたまるか」と激しく拒絶される。援助者は矛盾することばを突きつけられ、うろたえる。

社会福祉の現場では、このような場面をしばしば体験する。こうした意味で、現場は葛藤、矛盾に満ちた場である。また、現場は職員やクライエントにとって修羅場にもなれば、無力さに直面する場にもなる。あるいは、そこには哀しみ、あきらめ、怒り、語ることを拒絶した沈黙なども存在する。さらに、現場は社会の矛盾を直接・間接に反映するため、職員・利用者は社会の欠陥、矛盾とも日々向きあわざるをえない。また、そこでは利用者・職員のさまざまな願い、思惑、歴史などが交錯するため、緊張や軋轢も生じる。ときには、ねたみ、陰口、暴力などが表面化することもある。

現場の葛藤、矛盾のなかには、施設の人的パワーや職員の資質を向上させることによって解決できるものもある。あるいは、福祉制度を改革したり、施設運営の方法を改善したりすることによって克服しなければならないものもある。しかし、それだけでは克服することが難しい葛藤もある。たとえば、冒頭にのべた葛藤や矛盾がそうである。あるいは、利用者の切ない願いと、その願いとはかけはなれた家族の事情がぶつかりあう場面もそうである。援助者は、利用者・家族双方の希望、歴史を考えると、どちらを支援してよいか分からなくなる。また、死が目前に迫った患者とその家族を前にして、援助者が「何かしたい。しかし、何もできない」と抱える苦悩もそうである。あるいは、現場には他者から傷つけられた体験によって、自分を否定しなければ生きられない人びともいる。そのようなクライエントにどうかかわるべきか。答えは簡単に見つけられない。人が生きるうえで避けられない葛藤、矛盾、これらは制度を改革したり、人的パワーを高めたりするだけで、解決することは難しい。

むろん、現場には葛藤ばかりでなく、歓びや希望もある。生き生きとした活動もあれば、人の尊厳を守ろうとしてきた歴史もある。しかし、現場は人が生きることに必然的につきまとう葛藤、矛盾に満ちた場である。現場を支える福祉制度も十分ではなく、人的資源も不足している。したがって、そこで働くことは時につらく、苦しい。

しかし、現場は矛盾、葛藤、課題を背負いながらも、この社会、この時代に生き、存在している。単に存在するだけでなく、現場は力や知恵を育てている。たくましさやしなやかさを身につけている。迫力や底力さえ備えている。たとえば、現場では利用者と職員が力を合わせ、資源の乏しさや制度の壁を創意工夫して乗りこえるしなやかな発想、創造性を発揮することがある。また、さまざまな人の生活が表現され、交わる現場が新しい生活文化を創造することもある。あるいは、社会の矛盾や欠陥と向き合う現場が社会への鋭い問いかけを発信することもある。現場は矛盾、課題を抱えながらも、力やしなやかさ、たくましさを育て、身につけている。これらの力は、現場が大いなる葛藤、矛盾と向き合うことによって育てている力である。さまざまな課題や危機を経験することによって身につけている力である。

ただし、現場は矛盾、葛藤に向き合うだけで力を高められるわけではない。葛藤と向き合う力と同時に、その力と組み合わされ、織り合わされるさまざまな力が構造化されてこそ、初めて現場の力の全体は創られるものである。たとえば、現場には人と人がかかわる力が求められる。また、さまざまな現実を直視する力、援助者と利用者が互いに他者であるという感覚を維持する力も求められる。あるいは個々の援助の進め方を判断する力、現場の現状や将来を見通す力も不可欠である。さらに、現場には、そこに居る人が互いに意見を伝え合う開かれた関係が必要であるし、地域社会に対して開かれた関係を創る努力も求められる。このようなさまざまな力が織り合わされ、構造化されてこそ、現場の力は創られるはずである。

本書を執筆し、編集した目的は、このような現場の力に注目し、現場の力の本態を描くことである。また、現場の力の構造に迫ることによって、社会福祉実践の可能性や専門性、さらに実践の進むべき道を論じることである。そのため、本書を創る過程では、何より現場の姿や現場での体験を生きたことばで記述するよう心がけた。また、できるかぎり多様な角度から現場の力に迫るため、十二名の実践家・研究者による論文集とした。そして、それぞれの執筆者が個性豊かな論文を創ることをめざした。なお、執筆者のなかに二名の保健・看護の実践家がいるが、それは社会福祉と同様に、矛盾や葛藤に満ちた保健・看護現場からの考察を加えることによって、本書に厚みを加えたいと考えたためである。

本書は、編者の前編著である『「ゆらぐ」ことのできる力――ゆらぎと社会福祉実践』（尾崎新編、誠信書房、一九九九年十一月）の続編である。前著では、援助者がクライエントとのかかわりのなかで感じる迷い、悩み、葛藤などを体験することの意義と、それら「ゆらぎ」を援助に生かす方法を論じた。つまり、前著は援助者に焦点を絞ったが、本書は援助者・クライエントを含めた現場と呼ばれる場、あるいは現場というコミュニティに関心を広げた点が特色である。なお、本書でいう現場には、社会福祉実践に関わる法制度、運営システム、あるいは財政、事務などの側面を含んでいない。それらの考察は本書の力量を超える課題と考えた。本書が注目する現場は社会福祉実践ににおける施設、機関、グループ、家族、コミュニティなどにおける人と人の出会い、かかわりの現場である。

構成は全十四章である。序章では、文献のレビューを通して現場ということばと概念を再検討する。また、編者の現場体験を記述したうえで、本書の基本的な視点、ねらい、課題を提示する。ついで、第1から第12の各章では、各執筆者がそれぞれに現場体験を提示し、さまざまな角度から現場の力について論述する。終章では、現場の力と社会福祉実践の専門性や進むべき道について、本書の結論を提示する。

尾崎　新

目次

第6章　老いとケアの現場の構造分析――153

序章

葛藤・矛盾からの出発

立教大学コミュニティ福祉学部
尾崎　新

序章は二つの部分に分かれている。前半では、文献レビューなどを通して、現場ということばと概念を再検討する。後半は、編者の現場体験を記述し、葛藤、矛盾に向き合う力が現場の力を創る基礎であり、出発点であるという本書の視点を提示する。

第1節　現場とは何か

1　現場の曖昧さ

現場は、教育現場、工事現場などのかたちで、われわれの生活に浸透した日常語である。現場はさまざまな領域で用いられるが、いずれの現場にも共通する意味は「最前線」ないし「現実感の豊かな場」であろう。ちなみに、『広辞苑』（第四版）によれば、現場とは「物事が進行する場」、あるいは「現実を目のあたりにする場」である。[1] 社会福祉も同様の意味で、古くから現場ということばを日常的に用い、現場を「実践の最前線」あるいは「現実を目のあたりにする場」として重視してきた。

だが案外、社会福祉における現場の概念は曖昧である。また、意味も多様である。たとえば、われわれが現場ということばを用いるとき、そこに「福祉の最前線」という意味を込めることもある。しかし、現場という語に「実践の厳しさや困難さ」の意味を込めることもあれば、「汗にまみれて働く誇りや歓び」を表現する場合もある。あるいは、「現場は理論や政策で割り切れるところではない」などの表現のように、現場ということばが福祉理論や政策の不十分さを表現する場合もある。

また、これまで社会福祉の現場はおもに施設における生活場面や介護場面、あるいは相談場面やグループ場面などを指してきたが、近年では地域福祉の展開にともなって、地域社会や家族などを現場に含める考え方も広がっている。あるいは、福祉政策を立案する場を現場と呼ぶこともある。このように、社会福祉における現場の意味はもともと多様であり、時代の変化とともに意味も変動しつつある。とりわけ、介護保険制度の導入、社会福祉基礎構造改革の進行は現場の意味や姿を大きく変えつつある。

以上のように、現場はその輪郭や概念に曖昧さ、変動性を含むため、その姿や形を明瞭に捉えることが難しい。これが社会福祉実践現場のひとつの特徴である。おそらく、現在われわれがもつ現場への共通認識は、そこが「一人ひとりのクライエントが自己実現をめざす場であり、職員と利用者が福祉理念の具現化をはかる場である」という大まかな合意のみであろう。

2　三つの疑問

ついで、社会福祉現場に関する三つの疑問をとりあげる。

ひとつは、社会福祉はなぜ現場を重視するのかという疑問である。おそらく、社会福祉が現場を重視する背景には、現場こそ援助やケアが実際に行なわれる場であり、福祉理念や政策の質が明瞭な姿で問われる場であるという漠然とした共通理解があるためであろう。あるいは、そこが「クライエントが自己実現をめざし、職員と利用者が福祉理念の具現化に努める最前線」という大まかな合意が存在するためであろう。つまり、大まかではあるが、現場は社会福祉実践の原点であり、福祉理論や政策の本質、状況を映しだす鏡であるとする合意があるためと考えられる。

しかし、実際の現場は自己実現や福祉理念の具現化をはかる場といいきれるほど、理想的で単純な姿をしていない。現場は福祉理念の具現化をめざす場であると同時に、さまざまな矛盾や問題をつねに抱えている。たとえば、現場では施設の事情と利用者のニーズのあいだに軋轢が生まれることがある。職員や利用者のさまざまな希望、思惑、利害が対立することもあれば、職員が無力さに悩むこともある。職員同士、職員と利用者、あるいは利用者同士のあいだで、馴れあい、陰口、対立などが生じることもある。(2) あるいは、いかなる現場も社会変動の影響を受けるため、そこには社会の矛盾や欠陥がさまざまなかたちでもちこまれる。なぜ、社会福祉実践の原点とされる現場から、いつまでも葛藤、矛盾がなくならないのだろうか。これが第二の疑問である。

第三は、いったい現場の力とは何かという疑問である。あるいは、職員はなぜ葛藤や矛盾に満ちた現場にとどまるのか、そこにいかなる魅力があるのかという疑問である。これらの問いは、われわれが現場の力を高めるための課題は何か、現場はいかに抱える矛盾に向き合うべきかという疑問と言い変えてよい。これまで、現場は自らの問題を克服するために、福祉制度の改革、施設運営の改善、さらに職員の倫理観の向上などに取りくんできた。しかし筆者の印象では、そのような努力にもかかわらず、現場の矛盾が目に見えて減少する様子は感じとれない。むしろ、社会福祉士などの資格や介護保険制度などが誕生し、制度改革が進みつつある現在でも、現場には多くの問題と矛盾が満ちたままである。

3　文献レビュー

以下では、いくつかの文献を参照することによって、いま少し現場の本質、特徴、魅力などへの理解を広げてみたい。ただし、社会福祉の領域で「現場とは何か」を直接論じた文献は案外多くない。そこで、文献を探索する領域を少し広げることにする。

■その場から逃げ出さないこと。その場で起きる変化に自らを開いていること

初めに、臨床の本質について論述をつづける家族療法家・佐藤悦子の指摘を参照する。(3) 佐藤は彼

女の最終講義の冒頭で、臨床の場の本質を以下のようにのべている。すなわち、臨床とは「もともと牧師が死の床にある患者のベッドサイドにいて聖餐を与え、全人格を投入して患者とともにいること」を意味したという。そして、彼女はこの定義にしたがい、臨床の場を構成する要素はわずか二点であると指摘した。ひとつは、援助者がその場から逃げ出さないこと。二つは、援助者がその場で起きる変化に自分自身を開いていることである。

佐藤は臨床の場の本質を、そこは援助者自身の生き方、姿勢が問われる場であり、援助者がこの課題を否認したり回避したりするかぎり、臨床の場を創造することはできないと論じている。臨床の場を援助者自身が問われる場であるとする理解の仕方は、社会福祉の領域でも古くから自己覚知、スーパーヴィジョンなどの概念とともに存在してきた。

■最良のケアプランは不完全

ついで、老年学の木下康仁が著した『ケアと老いの祝福』(4)を取り上げる。本書の執筆者のひとりでもある木下は、このなかで現場の本質について、佐藤とは異なる二つの視点を提示している。

第一は、最良の現場はつねに不完全な姿をしているという指摘である。彼は「現場」ではなく、「ケアプラン」の概念を検討の対象としているが、筆者は彼のいう「ケアプラン」を「現場」に読み替えてみると、現場のもつ別の特徴や本質を捕らえることができると思う。以下に、彼の指摘を要約する。

常識的に考えれば、ケアプランは利用者が日常生活上必要とするサービスをすべて盛り込んでいなくてはならない。しかし、そのような完璧なプランは最良のプランではない。なぜなら、利用者が自らの生活の主体者であるとすれば、利用者は自分の生活に対して何らかの責任をもつべきであり、ケアプランのなかにはその部分が含まれていなければならないからである。つまり、援助者側によって完璧にサービスが計画され、埋め尽くされたプランは最良ではないということになる。ケアプランは利用者のニーズ全体を理解したうえで、あえて不十分、不完全な部分を含めることによって、利用者の責任と主体性を生かすことができる。たとえわずかでも、些細なことでも、利用者の責任部分を本人との話し合いを通して明確化する。お仕着せではなく、本人が決めることが生活への意欲、責任意識につながる。どのような心身状態の人であれ、自分で自分のためにできることは必ずあるとみるべきである。

このように、木下は最良の現場はつねに不完全さを含んでいると指摘する。つまり、現場は利用者にとって最良の場となることをめざすべきだが、最良の現場はつねに不完全さ、不十分さをどこかに含みこんでいなければならない。かりに、葛藤も課題もすべて排除した現場があるとすれば、そこは人が自らの生き方に責任をもつ機会まで奪ってしまう。

■歴史を学び、受け継ぐ場

木下の第二の視点は、現場は歴史を学びあい、歴史を受け継ぐ場であるとする見方である。彼は、現場では利用者を単に援助の必要な人とみなすのではなく、それぞれに生きてきた時代を刻印している人と理解すべきだと指摘する。むろん、現場は心身面への援助を提供する場である。しかし、心身面への援助は現場のもつ目的の半分であり、現場はケアという行為を媒介にして、援助者と利用者が一人ひとりの生きてきた時代、文化を学びあう場でもなければならない。援助・ケアという行為を通して、つねに歴史を学び、受け継ぎ、そのことによって時代の本質を見通す力を高めること。これが木下のいう現場のもつもう半分の目的である。

■日常生活、社会を問いなおし、新たな生活を創造する場

互いが歴史や文化を学ぶ場。この視点は社会福祉の世界で古くから共有されてきた。たとえば、ハル・ハウスの設立者として知られるジェーン・アダムズは、すでに二十世紀初頭、セツルメントの目的をつぎのように述べている。「ハル・ハウスがそこに住む困窮者やレジデント双方にとって、生活全体のなかにリアリティを与え得る場所となること[5]」。つまり、セツルメントは、援助する側にとっては生活困窮者や移民から生活様式や歴史を学び、そのことを通して援助者自身の生活のあり方や社会を問いなおす場である。また、援助を受ける側にとっては援助者との共同生活のなかから日常生活や社会生活の知恵を学ぶ場である。この考え方を最も端的に表現しているのは、彼女の〈learn of life from life itself〉（生活自体から、生活を学ぶ）ということばであろう。

二十世紀半ばに活躍したイギリスの精神科医・マックスウエル・ジョーンズも精神科病棟を

〈living learning situation〉と呼んだ。すなわち、彼は病棟における多様な人間関係のなかで、患者と職員が互いに葛藤や矛盾を秘めたそれぞれの自分、人生を表現し、また他者と出会うことによって、あらためて自分や人生、そして現実や未来と直面する力を高めることが精神科病棟の役割であると論じている。(6)

わが国で長年セツルメント研究あるいはアーノルド・トインビー研究をつづけてきた阿部志郎も、ほぼ同様の見方を示している。(7) ここでは、阿部の指摘するセツルメントの今日的意義を、筆者なりに以下の四点に整理した。

すなわち、①セツルメントは公的機関、行政などが対応をはじめる前に、福祉課題をいち早く発見し、それに挑むボランタリズムを育てる場である。②そこは人格の交流によって、人びとの生活意識や態度が変わるだけでなく、援助者自身にも変容が起こる相互教育の場である。③セツルメントは福祉実践活動をコミュニティに結びつけ、実践の基盤をコミュニティに据える活動であるとともに、コミュニティや社会の改善に大いなる関心をもつ場である。④セツルメントは単なる貧困対策の場ではなく、危機に立たされた人びとのなかに新しい社会的態度や認識を生みだそうとする創造の場である。

以上のように、現場はそこに居る人びとの出会い、かかわりを通して、人びとが自分自身や生き方を問いなおすだけでなく、新たな生活文化・価値を創造し、社会や歴史を認識する力を高める場でもある。

■創意工夫、創造性を発揮する場

最後に、現場の魅力について語る内科医師・徳永進のことばを要約する(8)。徳永は医療をはじめ、あらゆる現場にはすでにできあがっている正しい答えは常にないという。それは、かくあるべきだと一般化できない事情をそれぞれの患者、家族、医療者が持ちあわせいるからである。したがって現場には、こうすべきというおよその原則はあるものの、あくまで一人ひとりが独特で、それぞれの人それぞれの援助場面にそれぞれの答えがあるにしかすぎないと考えるべきである。しかし、決められた正しい答えがないからこそ、現場は創意工夫する力、創造する力を育てることができる。

徳永が指摘するように、現場はつねに正しい画一的な答えをもたない。それが現場の仕事の難しさ、苦しさである。しかし、現場は決められた答えをもたないからこそ、創意工夫し、創造性を発揮するチャンスに恵まれる。このような指摘はすでに見たセツルメントの思想にも生きており、現場は創造性や新たな価値、生活文化を創りだす場という本質ももつと考えられる。

■まとめ

社会福祉実践における現場の意味はもともと多様であり、曖昧な部分を含んでいる。また、その意味は時代や社会の変化にともなって、変動する側面をもっている。これは、現場が人びとのさまざまな生き方を凝縮させ、時代・社会変動を反映する場だからである。しかし、前出の文献を参照すると、現場のもつ本質、特徴は以下の四点にまとめることができる。

①現場はサービスやケア、相談などの提供を通して、一人ひとりのクライエントの自己実現を支援し、職員と利用者が福祉理念の具現化をはかる最前線である。②現場はそこに居る人びとが互いにかかわり、交わることによって、それぞれが自らに向き合い、相互成長・変容をめざす場である。③現場は実践を通して生活、歴史、社会について認識を深め、社会の改革に関心をもつ場である。④現場は完璧な場ではなく、どこかに不完全さを含みこんでいる。また、現場にはあらかじめ正しい答えが用意されていない。しかし、だからこそ創意工夫が生かされる場であり、新たな生活文化、価値、創造性を育てうる場である。

4 本書の出発点

以上の視点はいずれも現場の本質を見事に捉えている。しかし、本書はこれらを参照しながらも、ここで新たな視点を提示し、追加する。そして、その視点を本書の出発点とする。

本書の視点は、現場は本来さまざまな葛藤や矛盾が存在する場、存在できる場であるという見方である。あるいは、現場は葛藤や矛盾と向き合い、それらを受けとめることによって、初めて力や可能性を創ることができるとする見方である。

むろん、多くの社会福祉現場は運営の改善を進め、問題の解消に努めている。また、職員の資質向上に努め、矛盾の克服に取り組んでいる。したがって、本書がいう「現場は本来さまざまな葛藤や矛盾が存在する場」という見方に違和感をもつ人がいることは当然予想できる。また、現場の力の出発点、基礎を葛藤、矛盾であるとする意見に抵抗を感じる人が少なくないことも想像できる。しかし、人はだれも自己実現をめざす過程で生きることに関する葛藤や矛盾を避けて通ることはできない。自己実現とは、生きることの葛藤を受けとめ、矛盾と向き合うことによって、はじめて進められるものである。現場はそのような人生が交わる場である。そこは人が生きにくさを抱えて暮らしあう場でもあり、さまざまな事情や歴史が存在する場でもある。人の哀しみや苦悩、怒りや後悔、矛盾が交錯しあう場でもある。

このような意味で、現場は葛藤や矛盾が存在することが本来自然な姿である。かりに、葛藤をすべて排除した現場、矛盾をまったく許さない現場があるとすれば、それはある偏った信念だけに支配された場であるか、施設側の都合だけが優先された場であるにすぎない。

むろん、本書は現場に福祉制度の欠陥によって生じる葛藤や矛盾が存在することを良しとしているわけではない。いつの時代も福祉制度の改革、施設運営の改善、職員の意識改革などは必要である。現場はそのような努力をつづけながら、同時に人が生きることに伴う矛盾、生きるうえで避けられない葛藤が存在できる場でなければならない。現場は葛藤、矛盾が存在する場であればこそ、「人が生きるとは何か」「人生や自己実現とは何か」を深く思索することのできる場となる。また、現場は葛藤と出合ってこそ、「援助の専門性とは何か、社会福祉実践の向かうべき道は何か」を議論できる場となる。あるいは、矛盾を無理やり否認しないからこそ、われわれは社会の矛盾や欠陥を見通す力を身につけることができる。すなわち、現場に存在する葛藤や矛盾こそ、じつは現場の力を創り、育てる原点である。

ただし、忘れてならないことがひとつある。それは、現場は葛藤や矛盾と向き合うだけで、力を高められるわけではないということである。つまり、ひたすら葛藤し、いたずらに矛盾と向き合えば良いというものではない。葛藤と向き合う力は、その力と組み合わされ、織り合わされるさまざまな別の力が育ち、構造化されてこそ、はじめて生かされるものである。

第2節　葛藤・矛盾を受けとめる力

後半では、編者の現場体験を記述し、葛藤や矛盾を受けとめる力について論じる。そして最後に、本書の目的と課題を整理する。

1　現場体験

筆者には、現場とは何か、現場の力とは何かを考えるうえで忘れられない体験がある。それは、大学を卒業して精神病院につとめ、約二年がすぎた頃の体験である。

当時、筆者は二十四歳。新米の精神科ソーシャルワーカーであった。新人なりにも、入院患者が早期に退院して地域での暮らしを実現できるよう支援にとりくんでいた。退院の準備を一緒に進めるための面接、退院についての家族との話し合い、家庭訪問、早期退院を準備するために患者が病棟から仕事に通う外勤療法などに取りくんでいた。病院をあげてのこれらの活動は、やがて少しずつ成果をみせはじめ、多くの患者が退院していった。そんな仕事を続けて二年がすぎた。そのころ、筆者は面接のたびにある患者たちから、こう伝えられるようになった。

■「仕事熱心な援助者は迷惑なんだよ」

筆者に、はじめてこう告げたのは五十歳代なかばの男性。服装にも整髪にも構わない、やせて小柄な人だった。彼は精神分裂病と診断されて入院して十五年、一度も外泊も退院することもなく、入院を続けていた。しかし、すでにここ数年、症状の再発はまったく見られていなかった。

「仕事熱心な援助者は迷惑なんだよ」。彼からそう言われて、筆者は何を言われたのかが分からなかった。彼のことばを何かの間違いではないかと思った。しかし、この面接以降、筆者は別の患者からも同じようなことばを伝えられることになった。複数の患者から同じことばを浴びせられ、筆者はようやく悩みはじめた。一生懸命援助することはなぜ迷惑なのか。いったい何が迷惑なのか。だが、筆者がその答えに気づくには数年を要した。

じつはこの体験には、約二年半前に遡る背景がある。二年半前、筆者は大学四年生。この病院で看護助手のアルバイトをしていた。山のなかの小さな病院で、アルバイトを始めた早春には裏の林でかたくりの花が下を向いてひっそりと咲いていた。当時、卒業したら福祉の仕事に就こうと考えてはいたものの、具体的な計画や進路を決められないままでいた。卒業後の進路を考える契機になればと思い、このアルバイトを選んだ。大学は学生闘争を鎮圧するための機動隊によるロックアウトがつづいており、長期にアルバイトをつづけることができた。

アルバイトの初日から、病院の現実に吐き気がするほどの疑問や驚きを感じた。電気ショック療法の手伝いを終えたとき、頭に通電される直前と通電中の患者の顔が忘れられなかった。また、保護室の光景とにおい、そこで全裸で叫びつづける人の姿もショックだった。あるいは、上を向いて口をあけたまま、看護者から薬を投薬されるために長い行列を作る患者たちの姿には疑問を感じた。薬は投与されるものではなく、自ら飲むものではないかと。さらに、トイレには自殺予防のため内鍵がなかった。誰かにのぞかれることを覚悟して、用を足さなければならない。すぐに便秘になった。驚かずにはいられない人びとにも会った。自分の名前も含めて、すべての記憶を失った人がいた。わが子を殺した人もいたし、荒縄で縛られ、パトカーに乗せられて入院した人もいた。

しかし、多くの患者も職員も親切だった。とりわけ、長期入院を余儀なくされ、帰る家もなく、社会から見捨てられた患者たちがやさしかった。筆者が落ち込んでいると、「元気出せよ」とさりげなく声をかけてくれる患者がいた。顔を合わせるたびに、「アルバイトなんかしてないで、勉強しなきゃだめだぞ」と笑顔で話かける人もいた。夜勤の補助をした晩に、「食べ残しだけど、誰にも内緒だからな」といって、食べ残しではない寿司と缶ビールをさし入れてくれた人もいた。さらに、筆者の仕事の失敗をだれにも気づかれないよう、かばってくれる患者もいた。

みな朴訥で生き方が無器用な人たちだった。だから、彼らのやさしさが身に沁みた。彼らはやさしすぎるから病気になったのではないかと考えたこともある。半年のアルバイトを終了して病院を離れるとき、卒業後の進路を決めることができた。社会が彼らを見捨てるとしても、私は見捨てない。そう考えて、精神保健福祉の現場に進むことにした。そして、卒業と同時にアルバイト先の病院に就職した。

就職初日、筆者は長期入院をつづける彼らがアルバイトのときと同じようにやさしく迎えてくれるものと思っていた。辞令をもらうと、すぐになつかしい患者たちに挨拶に行った。しかし、そのときの彼らはなぜか曖昧な表情をした。やがて、筆者は先輩の教えを受けながら、仕事に熱中しはじめた。患者の早期退院の少しでも力になればと意気込み、面接、家庭訪問、保健所や福祉事務所との協議に熱をいれた。患者自身の努力と病院の支援によって、退院してゆく患者が増えた。筆者はこの仕事に手応えを感じるようになっていた。そして、一年が過ぎた。

「仕事熱心な援助者は迷惑なんだよ」と告げられたのは、そんなある日のことである。最初にそう告げた患者は寿司とビールをさし入れてくれた彼である。アルバイトのとき、雑談のなかで「夢は何ですか」と尋ねた筆者に、「退院すること」と答えた人だった。このとき、彼の入院生活は十五年をすぎていた。しかしここ数年、病状はまったく安定していた。病院の紹介で、病棟から近くの工場に働きに出始めてからも、三年がすぎていた。働きぶりも見事で、工場では彼を正社員として迎えてもよいという話もでていた。ただし、家族が彼の退院を拒んでいた。彼のような病状は安定しているものの、退院できない患者が少なくなかった。入院期間の短い患者の多くはすでに退院を実現し、彼のような社会的入院患者、長期入院患者の退院支援が、病院の最重要課題になっていた。

彼と退院をめぐる面接を開始した。病棟の面接室に現われた彼は、椅子に座って黙りつづけた。筆者は退院を実現する方策を一緒に考えたいと伝えた。ついで、筆者が彼の家族と面接したり、家庭訪問したりしたい旨を提案した。彼が積極的に筆者の提案を受け入れてくれると信じていた。したがって、彼の口から帰ってきたことばが信じられなかった。「仕事熱心な援助者は迷惑なんだよ」。彼はたしかにこう言った。そして、しばらく沈黙をつづけたあと、何も言わずに面接室を立ち去った。以来、彼は明らかに筆者を避けるようになった。やがて、アルバイト時代にやさしかった別の患者たちと面接を重ねるたびに、同様のことばを伝えられた。なかには、床に正座して、腰を折り、額を床に押しつけて、「お願いですから、退院させないでください」と筆者に懇願する患者もいた。

2　葛藤と矛盾

あれから三十年が過ぎた。筆者は今、彼らのことばや行動の意味をこう思う。彼らは自分らしく生きること、自己実現をめざすことを自ら懸命にあきらめようとすることによって、自分を守り、生きようとしていた。徹底した自己否定をはかることによって、必死に自分の希望を抑えこみ、そのことによって不必要に傷つかぬよう、自分を守っていた。このような見方、理解の仕方があることに気がついたのは、あの面接から数年後のことだった。

家族や社会から見捨てられた精神病院での入院生活、それは自分を否定することによってしか、自分を守ることができない体験だったのではないか。自分らしく生きること、自分らしい夢をもつことを自ら抑圧することによってしか、生きることができない体験だったのではないか。それに対して、筆者は熱心な援助者であろうとし、安易に夢をもとうと提案した。彼らなりの必死な生き方にまったく気がつかず、彼らの懸命な生き方を破壊しようとした。

徹底的に自己を否定することによって必死に自分を生きる。これは矛盾である。しかし、彼らの生き方を単純に矛盾と片づけることはできない。その生き方には歴史があり、その歴史には数々の哀しみや複雑な事情が刻み込まれているはずだから。では、精神病院のあり方が問題なのだろうか。たしかに、そのような側面もある。しかし、彼らが病院を生きる場として選んでいる、あるいは社会のなかに他に選ぶべき場がないという事情もある。また、精神病者を隔離し、排除しつづけた社会がすべての原因ともいえない。

ある人が何らかの事情で他者から自分を否定され、社会から見捨てられる体験を生きざるをえないとき、その人が徹底的な自己否定をはかろうとすることはたしかに理不尽である。しかし、その生き方はおかしなことでも、責められるべき問題でもない。フランスの思想家であるシモーヌ・ヴェイユは人間の不幸の本質を二つのことばで表現している(9)。

■不幸とは、不幸であると発することばを喪失すること
■不幸とは、不幸であると感じる感覚や意識を喪失すること

不幸とは、不幸であると発することばを失うこと、不幸であると感じる感覚を喪失すること。不幸のさなかにある人は、不幸に圧倒されるあまり、自らことばや感覚を消去せざるをえない。シモーヌ・ヴェイユはこれが不幸の本質だという。だとすれば、精神病院の片隅で徹底して自己を否定しようとする彼らを、単純に矛盾を生きる人と片づけることはできない。決して多くを語ろうとしなかった彼ら、夢や希望を徹底的に抑圧しようとした彼らには、そう生きざるを得なかった歴史、とりわけ葛藤と矛盾に満ちた歴史があったはずである。

あれから三十年がすぎ、筆者はよくやくあの面接を文章にした。逆にいえば、忘れられない体験でありながら、自分と対話することを避けてきた体験である。現場とは職員・利用者それぞれが抱える矛盾、複雑な思いが交錯する場であることを、自分で受け入れられるようになって、ようやく文章にすることができた。

現場とは、まずはこのような葛藤、矛盾が複雑に交錯する場である。あるいは、葛藤が存在できなければならない場である。むろん、現場には最低限の倫理、価値、システムなどが備わっていなければならない。しかし、それらに加えて、現場は葛藤が存在できる場、矛盾を受けとめることのできる場でなければならない。なぜなら、人がいかに生きるべきかに絶対的解答はなく、いかなる人生にも葛藤と矛盾が存在するからである。しかし、多くの援助者は現場を葛藤や矛盾が存在して

はならない場、あるいはクライエントを救う場でなければならないと考えがちである。そして、この考え方は大きな誤解を生みやすい。この考えを鵜呑みにする援助者は、現場から葛藤や矛盾をすべて排除しようとする。また、「援助者たるもの、相手を救うべきだ」と思いこんでしまう。あるいは、クライエントの葛藤や矛盾を解消してあげようと必死になってしまう。そして、どうにかしてクライエントの生活や心を変化させ、自分が救済者であることを確認しようとする。さらに、救済者は自分たちの日常世界にクライエントを引き上げ、連れ戻すことが援助だと錯覚してしまう。筆者もまったく同じであった。クライエント・援助者にかぎらず、いかなる人生にも矛盾や謎、葛藤が存在する。絶対的解答のないテーマ、矛盾に満ちた人生の前で、いかなる人も悩み、無力さを痛感する。この点で、援助者とクライエントは対等である。援助というかかわりはここからはじまる。援助者が相手と自分の葛藤から逃げださないこと、否認しないこと、これが援助の出発点であり、現場の力の基礎である。

筆者があの面接で、あるいはあの面接以降に考えるべきだったのは、これらのことであった。まずは、「退院を可能にする救済者」という幻想を自ら否定する必要があった。また、彼らの前で矛盾や葛藤を抱えた者同士として、互いに向き合おうとする姿勢が必要であった。矛盾と葛藤に満ちた人生と向き合う過程では、明晰に分析すること、救おうとすることだけが必要とされない。安易な理解を拒む現実、どうすべきか分からないほどの現実に向き合うことがまずは不可欠である。人生の矛盾、不思議さに圧倒されつつ、彼らの人生に向き合うこと、そして筆者自身の生きている現実に向き合うことが必要であった。

3　葛藤・矛盾を受けとめる力

葛藤はことばで表現することが難しい。矛盾はことばになりにくい。したがって、矛盾、葛藤を受けとめるとは、声にならない声を受けとめようとすることである。クライエントが自分の感情を心のなかに押しこめきれず、こぼれるように溢れでるときの一瞬のことばを聴き逃すまいとすることである。

もう一度、「仕事熱心な援助者は迷惑」ということばの意味を考えてみたい。彼らのことばは、たしかに筆者のかかわり、働きかけを否定している。つまり、表面的には「退院させるな」「放っておいて欲しい」という発信であった。しかし、このことばの陰には、彼らの声にならない声が発せられていた可能性がある。「熱心な援助者は迷惑」は、じつは「退院したい」「夢を実現したい」という必死な願いを自ら打ち消そうとする大いなる葛藤を表現していたのではないかと思う。抑えようとしても、溢れるようにわきあがってくる退院への希望があったからこそ、彼らはいっそう激しく夢を否定しようとしたのではないか。だとすれば、あの一見拒絶に思えることばは、じつは拒絶ではなく、彼らの葛藤をみごとに表現していたと考えることができる。「熱心な援助者は迷惑」は、「できるなら、退院したい。しかし、夢をもてば、またとりかえしのつかない辛い目にあう。だから、頼むから、もう俺に構わないで欲しい。しかし、……」という葛藤を筆者に伝えていたのだと思う。

あのとき、このように聴きとることができていれば、筆者はうろたえる自分と向き合いながらも、「私はあなたをおびやかしているのですね」「しかし、できたらあなたの気持ちや歴史をもう少し知りたい」と伝えることができたのかもしれない。しかし、当時の筆者は彼らの声にならない声を受けとめる力をもっていなかった。彼らのことばを「拒絶された」「分からない」としか考えられなかった。そして、彼らへの働きかけをあきらめ、彼らと向き合うことをやめてしまった。援助者としての無力さは感じたが、筆者は彼らから逃げることによって、自分からも逃げたのである。ほとんど何も語らず、多くを表現することのなかった彼らは無言のままで、逃亡する筆者の姿をどのような思いで見たのだろうか。こうした意味で、一般に激しい訴え、理不尽な要求をつきつけるクライエント以上に、何も要求しないクライエント、何も語らない利用者ほど、援助者や現場の力を映しだす鏡である。

しかし、援助者もひとりの人間であるから、クライエントの葛藤、矛盾を受けとめることは容易ではない。しかも、相手の葛藤や矛盾を受けとめようとするとき、そこでは援助者自身の葛藤や矛盾、そして思想、価値観、存在までが問われるため、その困難は倍化する。クライエントと葛藤や矛盾をめぐって対話を進めることはさらに困難である。なぜなら、そのような対話では、「援助者一般」にも「クライエント一般」にも還元できない「わたし」と「あなた」がそれぞれに生身の身体、歴史や価値観をもつ者として直に向き合うからである。理屈では割りきれない一度かぎりの人生、葛藤に満ちた人生を生きる「わたし」と「あなた」として向き合うからである。そのような対話のなかで、ときには「わたし」と「あなた」のあいだに深刻な対決が生まれることがある。たとえば、援助者が、「あなたの考え方は矛盾だらけではないか」と問えば、クライエントが「そのようにしか理解できないあなたは援助者と言えるのか」と問い返すような対決が生じる。あるいは、援助者は利用者の「なぜ、わたしはあなたに頼らねばならないのか」とか「わたしを援助しようとするあなたは、いったい何様なのか」という素朴ではあるが、きびしい問いにさらされることもある。このような対決、せめぎあいのなかで、単純に受容や傾聴に努めても意味はない。葛藤を生きるクライエントはそのような援助者の行為の底の浅さを見抜いてしまう。多くの場合、大いなる葛藤や矛盾をまず体験しているのはクライエントのほうだからである。

現場にとって何より重要なこと、それは援助者も含めたあらゆる人の人生が矛盾や葛藤に満ちていると認識することから実践をはじめることである。あるいは、安易な理解を阻む現実、どうすべきか分からない現実から実践を出発することである。こうした意味で、現場に求められる力は、まずは圧倒されるほどの葛藤や矛盾に対する感性と耐性を育てることである。現場は、人はいかに生きるのか、そしてどのように死んでゆくのかという問いを解答困難なものとして自らの中心に据える。そうしてこそ、矛盾や葛藤を抱える人生に向き合い、受けとめることができるようになる。現場は生きることの葛藤や矛盾に根を下してこそ、クライエントの生や死に開いた場となることができるようになる。(10)

第3節　本書の目的と課題

序章では、現場ということばと概念を検討した。また、本書の出発点として「葛藤、矛盾を受けとめる力」という視点を提示した。

しかし、すでに述べたように、矛盾、葛藤を受けとめるだけで現場が力を創り、育てられるわけではない。現場には別の力も必要である。たとえば、人と人がかかわる力も必要であるし、そこにいる人同士が互いを開く力、現場が自らを地域社会に対して開く力も必要である。あるいは、現実を直視する力、現場全体や地域社会を見通す力も不可欠である。さらに、個々の援助の方向を判断する力も不可欠であるし、クライエントに対して毅然とした態度をとる力が必要となることもある。ただし、直視する力、判断する力は葛藤、矛盾と向き合い、視野を広げることによってはじめて育つものである。また、クライエントに対する毅然とした態度とは、援助者が無理に防衛してゆらがない態度を維持することではなく、援助に伴う葛藤や矛盾をまるごと引き受けようとする覚悟から育つものである。

現場の力とは、葛藤、矛盾と向き合う体験が基礎となって育ち、この基礎にさまざまな別の力が織り合わされて、はじめて構造化される。次章以降では、さまざまな現場の力について論述が進められる。それらを参照したうえで、本書の結論はあらためて終章で提示する。

第Ⅰ章

ソーシャルワークの経験

愛知県立大学文学部
須藤　八千代

第1節　現場という場所

現場という言葉に込められたイメージは、二極化している。貶められ、賛美される。そのひとつは、現場イコール組織・機関の最底辺、またそれゆえ汚れた仕事、苦しい仕事、割に合わない仕事が集積している場所というイメージである。現場にいる人は汚れてもいい服装をして、直接的な役割を担う。それは世の中の仕事の有り様を見回してみればよく分かる。

私が長く働いた福祉事務所でいえば、ケースワーカーといわれる職員は、だいたいそのままの姿で汚れた人、汚れた場所に立ち入ることができるスタイルをしていて、「現業員」というもうひとつの名称を体現している。そうでない人は、ダークな色の背広にネクタイを締めて事務所内での仕事を受けもつ。同じ福祉事務所という社会福祉の現場のなかにも、その先にさらに「現場」として認識されている場所が在る。

また、現場は物理的な場所というだけでなく、実際に「ケース」と呼ばれる人に対面していく仕事の場面、そしてソーシャルワーク実践の過程として構築されていく目には見えないものでもある。そうでない事務処理、記録を書いたり、さまざまな書類を作成したりまた現在ではコンピュータに向かって入力していくような仕事とも一線を画した、人間やその問題への直接的な援助や介入の仕事の総体が、社会福祉機関において現場と認識されている。現場とは、このように見えるものであり、また見えないものでもある。

「医療の現場」「教育の現場」「製造の現場」「ジャーナリズムの現場」という言葉もよく聞くが、現場という言葉には単なる場所以上の意味が込められている。共通するのは、はじめに言ったように、機関や組織の裾野に広がる実際的な作業の場所を指すという意味ではないだろうか。

はじめに、ここで述べる事実は、私が経験した現場に限定されたものだと断っておこう。この上位・下位という秩序のなかで、現場はどこか打ち捨てられ、また政策決定や企画立案の部局から切り離されている。現場に出て話を聞こうとするリーダーが誉めそやされることのなかに、切り離され、忘れられた場所に目を向けるという行為への賞賛がある。このような矛盾した状況に置かれ続けているために、現場の人びとの意識は屈折している。その結果、自閉的になった現場は豊かではない。

さらに社会福祉の現場全体のなかには、対象者の違いや機関の規模、社会的関心の度合いによって内なる序列化がある。生活保護業務が中心だった時代から、高齢化社会に向けて新しい社会福祉サービスを担う現場への関心の移動があった。また、大規模なリハビリテーション・センターなどに象徴されるシステム化され、専門分化した現場のもつ先進性は、旧態依然たるほかの社会福祉施設とのあいだに微妙な序列を生み出す。

くわえて、現場のジェンダー秩序がある。社会福祉施設では、事務室のなかに座っているのが男性で、直接子どもや障害者とともに過ごす仕事の多くが女性というジェンダー関係がある。現場は女性の職域という私たちがさして気にもしてこなかった光景は、社会福祉現場のもつ社会的ヒエラルキーを考えるとき、ジェンダー概念が重要な分析指標であることを示す。

少し現場の序列にこだわりすぎているかもしれない。それは現場に長く身を置いた私のなかに残っている鬱屈した感情のせいだろう。ともかく現場という場所は人びとのイメージや認識のなかで広がったり、限定されたりしながら形成されていく。ここが現場だと地図のうえで指し示すことができるほど簡単ではない。一人ひとりの「ここが現場である」という認識によって構築されると、結論づけよう。大学病院で長年ソーシャルワーカーとして働く堀越由紀子は、次のように現場の位置を確認している。

ある高名な社会福祉研究者が、大学院で高度な社会福祉理論を学んだ後で現業に従事した若者を評して「社会福祉の上から下までをこなす」と発言するのに驚愕したことがある。

（堀越　二〇〇〇[1]）

また現場は、現場主義というようなこだわりをもった意味づけもされている。現場を崇高な場に仕立て上げ、そこにこそ一切の価値があるとする立場である。研究者が次のように語りかけるとき、現場は高い価値を帯びている。

君は大学を卒業して現場にとびこんでいくとき、アナーキーに近いほど一匹狼的な「実践主義者」だった。私はそれを賛美したことはないが、心情的には同一化できた。何故なら、組織に寄りかかってだけ仕事することはよくない、とお互いに考えていたからだった。

（高沢　一九八五）(2)

言葉の記述はそれを否定していても、現場はこの文脈のなかではやはり賛美されている。現場にとびこんでいくという意識は、その行為に勇気と決断とを付託し、そして美化していく。結論的には、前の文脈と同じと言えるかもしれない。

ただ、社会福祉の現場が、教育の現場や医療の現場と明らかに違う意味をもって語られるのはなぜか。それは社会福祉が、社会の極北に位置する人びとを対象にしてきたからだろうか。社会は、社会福祉の現場を隔離したうえで、この現場に「飛び込む」行為を賛美してきた。社会福祉の現場は、長い隔離の歴史を背負っている。その歴史的文脈のなかで、現場は特殊であるがゆえに崇高な場所になった。そして今日においても、社会福祉を大学で選択する学生に、「偉いね」という言葉がつきまとう。普通なら選択しない決断をした人という意味がこめられている。

しかし実際は、かなり違う。社会福祉の現場は、病院や学校などと並んで普通の職場になりつつある。逆に大学進学のときの成り行きのような、また就職口が見つかりやすい分野として選んだという打算があるとき、学生は周囲との違和感をどう片付けていいのか戸惑っている。社会福祉実習準備講座における学生のレポートには、このような困惑を抱える様子が書かれている。(3) このように特別な場所を作り上げたうえで、そこにおける行為を聖職視する歴史は過去のものである。ともかく、この二極化から現場は逃れたがっている。どちらも、現場のリアリティからずれているからだ。

私が本論で書こうと考える現場は、侮蔑的な場所でもなく、苦労が多い、「どろどろしている」と表現される現場でもない。美化すべき場でも賛美される行為に満ちた場所でもない。それはソーシャルワークについての経験の場所なのである。今、先取り的に本書のテーマに向けて、私の結論を述べておくならば、現場の力とは日々の経験を、ソーシャルワークの文脈において解釈しつづける力であるということになるだろう。

第2節　日常としての現場

現場という言葉に焦点を当てて考えるとき、社会福祉現場の特質は専門的な技術や理論というより、常識的な規範を大切にする日常性である。現場が「一度はもち上げられ、一度は貶められる」[4]（鷲田清一）結果になるのは、日常性に絡む特質ゆえではないかと考える。先に見たように、現場は新しい計画や情報から離され、ルーティンワークが大半を占める日常性によって占められている。しかし、現場の仕事がルーティン化した進歩のない、決まりきった退屈な仕事であると、日常性の意味とともに簡単に片付けるべきではない。日常化、ルーティン化は、現場の力である。

たとえば、自閉症児の通所施設において指導員として働いた私の経験を振り返ってみよう。

就学前の子どもたちに、靴を脱ぐ、かばんを自分の場所に置く、着替えのために着席する、という小さな行為を日々、同じ手順で、同じ声かけで繰り返す。私の働きかけに視線や意識を集中させたり、共同的行為をしたりするまではルーティンワークに徹するしかない。指導する側はしぶとくこのルーティン化した仕事に耐えなければならない。この身辺自立行為の日常性が、子どもの生活のリズムとなる必要がある。

ここでは鷲田がいうように、「日常性とは人びとの生が一定のリズムを手に入れ、一定のかたちへ組織されるその仕方」[5]であった。このように現場は日常性なしには存続しない。この日常性が「訓練」あるいは「療育」といわれるものの根幹になければならない。しかしこのような現場の退屈さ、マンネリさから脱出したいと感じるときもある。同一のリズム、同じ形にうんざりしてくるのだ。しかしこの日常性が現場の崩れを守っていると考えることもできる。私たちは現場の日常性に反発しつつ、私たちを支え続けるリズム、そこにある深みに気づいている。

私が最後の六年間働いた福祉事務所も、「日常の迷宮」[6]であった。大勢のケースワーカーたちは社会福祉職として採用され働いているが、日常の仕事は、ほぼ常識の範囲によって処理されていく。そこにはソーシャル・ケースワークにまつわる専門用語もあまり出てこない。しかし、その常識に支配された現場の日常は、理論もたず覚束無いように考えられるが、硬く組織され日々の変化を統合して破綻がない。

社会福祉の理論や研究は、この現場の日常のごく一部を取り上げてその対象としている。社会福祉の研究は、「理論なくして実践なし、実践なくして理論なし」というほどに「実践の学問」であることを強調している。その相互関連性をこれほど強調する学問領域もあまりない。そうであるならば、現場をより総体的に対象とする研究が求められる。ただこの理念にもかかわらず、実践と理論との相互作用はうまくいっていない。堀越もいうように研究と現場には大きな意識の壁がある。この理念を大切にして研究者が現場を尊重し、関心を示しているのは分かっても、現場は研究者に関心をさほどもたない。

その理由を、私はつぎのように考える。私が経験した社会福祉の現場が、理論と無関係に成り立っているようにみえるのは、理論の対応概念である「実践」という概念とも現場は一線を画しているからである。実践とは、現場のなかで行なわれる仕事を、理論の視座を踏まえて取り出しているのである。実践という概念には非日常性がこめられて、現場の日常性になじまない。たとえば「私の経験では」という表現は現場の言説になじむが、「私の実践では」という表現はそこにある雰囲気を壊す。実践は理論が求める概念である。実践は「理論と実践」という括弧で括られるなかに存在する。研究者が理論を生産し、現場がそれを消費するような、現場の需要に応えて理論が供給されるような二者関係が想定される。そのために、理論に無関心に成り立つ現場で実践というと浮き上がる。理論が措定する実践は、現場の日常性のなかから意図的に、客観化、理論化できるものすなわち取り扱いやすい部分だけを取り出し、それ以外の膨大な部分を削ぎ落としている。このどこにももち込めない時間に包まれて現場は存在する。実践という概念からこぼれる膨大な何者かをはっきりと対象化しないと、現場の力は見えてこない。現場の力を考えるとき、格闘しなければならないのはこの現場の日常性である。

哲学者の鷲田は、この誰もが共通してもつ日常性について、その自明性ゆえにすり抜けてしまう特性を執拗に追い詰めている。鷲田は「日常性はみずからが前提としているものを同時に覆い隠すことによって成り立っている」といい、これを日常性の特質の一つである「被覆の力」と表現する。(7) 現場の日常性を考えるとき、クリフォード・ギアーツが言ったように、常識に導かれる日常は、「パリのカフェやオックスフォードの集会室で話題にされるよりもっと覚束無くて、かつもっと深いことがら」(8) という表現で言い尽くされる。この「もっと深いことがら」を「被覆の力」が隠している。

自閉症あるいは自閉的傾向にあると診断された幼児たちと過ごした経験に戻ろう。通園施設の擦り切れた畳の上で、四歳の男児が積み木遊びをしている。しかし、それは普通の子どもが作る家や汽車ぽっぽという造形ではない。彼が一瞬にして作り上げるものは、抽象的でかつ造形的に美しい積み木の構成物で、完成した形をもつ。それが出来上がると奇声を発し、両手を叩き、「できた、できた」というような喜びを身体全体で現わすが、すぐ次の瞬間それを壊す。私は、それをすばやくカメラに捉えた。その合間に、子どもはさっと走って行って畳の部屋に入ってきた私たちの脱ぎ散らかした上靴を並び替える。子どもは目に入る「もの」すべてに、整序された形を与えると満足した。このようにして、私は子どもの能力だけでなく、喜び満足する時間、子どもとの関係の築き方を発見していった。

大人もかなわないような造形力が、現われては消え、消えては現われる施設の片隅で、カメラを用意してその一瞬を待つとき、現場という空間は、色濃く凝縮されてファインダーの大きさになる。このような子どものそのとき、そのときのできごとは、そこにいる私の前にしか現われない現場である。私が関心をもつ現場が、他の人に現場と認識されるとは限らない。そこは私が休憩時間には昼寝をする畳の部屋でありながら、「被覆の力」に抗して日常の瞬間的なきらめき、「深いもの」を発見した現場である。

ともかく私が知る社会福祉の現場は、「理論と実践」という枠組みからは無縁に成立してそこにとどまっていた。理論と断絶したまま独自に進んでいく「現場の力」を貶めず、もち上げず、ありのままに記述する試みは簡単なように見えて、手がかりがない。私が今、頼るのは鷲田の次のような視座である。

日常性そのものから離脱することなく、しかも同時に批判的視点を断念しないような地点から日常を構造的に解釈／批判しうるとすれば、そのとき日常はどのような相貌を持って現われてくるのだろう。

（鷲田　一九九七[9]）

第3節　経験としてのソーシャルワーク

現場は、ソーシャルワークの経験を生みつつ消していく。私たちは「被覆の力」「寄せては返す波」のような力のなかで沈んだり、ゆれたりしている。現場という日常のなかで、ソーシャルワークの経験は紡がれる。「日常はたしかに経験の母体ないしは地盤としてあるまとまりをもつ安定的なもの[10]」であるが、その繰り返しはどんな人にも一種の苦しさを与える。私はそれを次のように書いている。

もう一つには、自分が働いている組織体としての集団に、私は恐ろしいような怠惰な日常性を感じていた。そこで平穏に一日を終え、ポケットに手を入れて家に帰っていく人びとの群れに自分が紛れ込みながら、「緩慢な死」というどこかで読んだ言葉が口をついて出た。（中略）そのなかの一人でありながら、なぜそんなに反発していたのだろう。私はそこにいる人びとの仕事には自分のテーマがないと感じた。その希求がないと感じた。若かった私の感性がそう感じさせた。日常性の持つ意味深さよりも、それに埋没することを恐れていたのだ。私自身が日々の時間の流れのなかに、自分のテーマを探していたのだろう。

（須藤　一九九五[11]）

さまざまな人びとと過ごす福祉事務所の日常を、私は自分のテーマにおいて解釈しようとする強い契機をもっていた。他の、ソーシャルワーク理論などに接したこともない同僚から見れば、過剰な契機でありオーバーな解釈でしかない。そのために、私の解釈や意図を現場では口にできない。しかし、そのような自分独自の解釈と意味づけなくして、私が現場の日常に堪えていくことは難しかった。専門職の集まる研究会に参加し続けたのは、そのような自分の解釈を伝え、共感を得たい、承認を得たいという気持ちである。

私は福祉事務所の日常を、ソーシャルワークの経験として「一貫して変形[12]」し続けてきたということになるだろう。

一九七〇年の四月であった。急激に都市化し始めた横浜市郊外に住む家族を、初めて訪問した光景が記憶に残っている。鉄道事故で両手を切断した夫と、知的な障害をもつ妻という夫婦に子どもが一人いた。一歳を過ぎた乳児は離乳期に入っていたが、母乳しか与えていなかった。農家の次男家族で、近くには農業を営む夫の親や兄弟もいる。生活苦のため生活保護の申請があった段階での家庭訪問である。私が東京での大学生活を終えて、ケースワーカーとして働き出したはじめての家庭訪問である。この家族の家の縁側で、けたたましいほど高い声で親族のいじめや非情さを、吃音を交えながら、また泣きながら話す夫婦に、私は怯えを感じた。夫の両肩についている義手、妻の荒々しく話す言葉と、背負われた子ども、三人のこの家族像は、一気に私をソーシャルワークの現実に引き込んだ。目の前に出された屑のようなジャガイモは、生活苦と親族の冷たさの印として私に示された。この家を辞して岩陰の道まできて、この初めての経験のショックを嚙みしめた。

新人の私に代わって、福祉事務所の上司はこの家族に何らかの財産分与をするよう家族調整をし、生活保護は適用されなかった。私は、母親と子どもを保健所の助産師のところに連れて行き、離乳などについて指導を受ける場所にいっしょに座った。地域に住む貧困な家族とその一人ひとりがかかえる問題に対してソーシャルワーカーとして担うべき役割がある、と認識していた。私は、きわめて未熟ながらソーシャルワークという言葉と意図をもって現場に入ってきたところであった。

さて、そのときから一気に三十年ほど後のソーシャルワークの経験に移ろう。横浜市中福祉事務所は、「ことぶき」といわれるドヤ街を抱えている。都市の一角が、かつての日雇い労働者の「寄せ場」から、社会福祉の現場に変容している。現場を一つのフィールドと考えるなら、ここほど誰の目にも明らかな場所は他にない。道路を隔てて、そうでない場所と厳然と区切られている。何よりも人が、あまりにも簡単に死んでしまうのに驚く。普通、人が死ぬということは非日常性を意味する。しかし、ここでは死が日常のものになっている。

二〇〇〇年四月、生活保護費の支給日のことである。まだ後任のケースワーカーが決まらない時期のため、私は自分の仕事に加えて、三月末日で退職した同僚の業務を代行した。寿地区では、生活保護費の支給をするとき、担当のケースワーカーが支給証を毎月一人ひとりに手渡し、その後、現金を窓口で受けとる。被保護者が各自、支給証を持っているという一般的なやり方はしていないという意味である。先月はドヤに居たのにどこかに行ってしまった、逮捕されてしまった、など人びとの動きが激しいのがドヤ（簡易宿泊所）という場所の特徴である。もし本人が支給日に、決められた時間に担当ケースワーカーの前に現われなかった場合、私たちが把握していない状況の変化が何かあったと推定する。その推測のなかには、死んでいる可能性も当たり前のように含まれている。

それほどに、重症の肝炎や糖尿病、癌などにかかった人びとが多い。それだけでなく、精神病による自傷の可能性、自殺のおそれなど予測するデータを私たちは、把握している必要に迫られている。

その日、退職したケースワーカーが担当していた人びとのなかに支給日にもかかわらず来なかった男性がいた。ドヤの帳場に電話して部屋をのぞいてもらうと、部屋で縊死しているという返事だった。死亡時刻は司法鑑定によれば、その日の朝、五時頃ということである。ケースファイルには、自殺する可能性を感じさせるような記載は無い。同じとき、病院に入院中の人が死亡したという電話連絡が二件あった。私は、これらについての事務処理を依頼するメモをその場ですぐ、後任者のために書いておいた。

同じ日、向かい側の席にいる女性のケースワーカーも雑談の合間に、ドヤの居室で担当するケースの人が死んでいたと話していたし、若い男性ワーカーは「触っちゃったよ」と言いながら終業時間近くに戻ってきた。いつものように保護費を届けにドヤの居室に入り、声をかけて布団をめくったら死んでいたと話していた。それればかりでなく、隣の部屋の人が酒のうえの喧嘩から刺されて死んだとか、自分の部屋に居たら目の前に「どすん」と人が飛び降りてきたとかいう話が、訪ねた部屋の入り口で私に伝えられることもよくあった。

これが私たちの日常である。怖いことだが、「なぜ、死んだのか」という問いかけをお互いにしなかった。人間が死ぬという衝撃の重いできごとを、自明のことのように認め合って日常化させることにより、その衝撃を強く受けないようにしていく力が現場にある。あるケースワーカーが「彼らは、死に場所を求めて寿に来ているんだよ」と呟いたことがある。そう解釈するのも、ソーシャルワークの経験がもたらす力である。寿地区でのケースワーカーの仕事は、彼らの生活がたった一枚の着替えも持たず、ときには拾ったペットボトルに入れた水だけという極限に近い生活をする人を相手に、生活保護法の実施要領にもとづいて「資産調査」をするという内容であるため、仕事の中身は一種たわいないことの繰り返しになった。

しかし、このような日常に批判的視点からかかわるソーシャルワークとは、この日常に流されることではない。彼らが異常な死に方をするのをいかにして防ぐか、一人の日雇労働者である男の小さな生活世界を、生活保護費とケースワーカーの専門的な役割を通じて、いかに平穏な形で守るかということである。彼の死を本来の非日常の位置に戻すことだと、解釈していた。

そのような方向を求めていったソーシャルワークの経験を書いておこう。そのケースは、新しく建てられたドヤ（簡易宿泊所）の六階に住んでいた人である。七階建てのビルで、エレベーターがついているが、夜、十時以降は止められる。外部からの人の侵入を警戒しているのだ。部屋代は、一日二千三百円だった。午後三時になると帳場に女性が座る。一見、町のなかの小奇麗なマンションのような構えである。

部屋は畳二畳ないし三畳ぐらいのスペースで区切られ、テレビと簡単な戸棚が設置されている。彼の部屋は、冬のジャンバーやら作業着が窓にかけられ、衣類や鍋や炊飯器、小さいガスコンロ、洗面器、目覚まし時計や古新聞などで周囲の壁は埋め尽くされている。残された場所は新しく買ったビニールのゴザ一畳分である。横には折りたたみの椅子もある。ときにはそれを広げて座って、隅に備え付けられているテレビを見ている。そんな暮らしのなかで、彼の肝臓癌は相当進行し始めていた。

私が担当して間もなく、それまで通院していた総合病院の医師から私に、検査から肝臓癌が判明したため入院させてほしいと電話が入った。それを彼に伝えたところ、彼はこう言った。「あそこの病院は、すごく立派で設備もすばらしい。ただ、長く通院していたが、担当の医者は自分に向かって一切、口を開かない。訊いても答えない。だから癌であっても、病院に入院する考えはない。また、生活保護の医療扶助は膨大な金額になっているが、無駄な医療費もあるにちがいない。そのような税金で治療を受けることを自分は望んでいない」。

福祉事務所で私は彼と、医師が伝えてきたことについて話し合い、彼の話を聴いて、このケースに対するケースワークの方向性をおぼろげに決めた。そして、それ以上彼に入院を求めなかった。その後は何もなかったかのように、毎月、支給日に彼は私の前に現われた。そこで私は、ほかのケースと同じように、「身体の調子はいかがですか」と声をかけた。

ただし医師の診断どおり、一年ほど経つと身体の変調がぐっと出てきたことを本人も自覚し始めた。あるとき、自分で救急車を呼んで近くの病院へ入院した。入院先は古い商店街の裏通りにある野戦病院のような医療機関である。連絡を受けて数日後、私が病院に行くと、彼は、病院で支給される病衣ではなく、自分の服を着てベッドに横になっている。ここにいても仕方がないので、まもなく退院して自分の部屋に戻るつもりだという。心配する私に、「この病院に外来で通うから」と話した。その日、ナースステーションで会った大学病院から来ているという若い医師は、彼の病状について「今年の夏は越せないと思う」という判断を私に示した。すでに季節は夏に入っていた。

それでも自分の部屋に戻った彼は、通院にタクシーを使って領収書を出すように勧めても、自転車を身体の支えにして病院に薬をもらいに行っていた。大阪万博のころまで調理士の免許をもって働き、出前の蕎麦を自転車で軽々運んだものだと話した。彼は万博が成功を収めた時代の建築ラッシュにのって、調理関係の仕事から建築関係の日雇労働者に転職した。

まもなく自分で病院に行くのも難しくなった。私は地域の看護ステーションに訪問看護を依頼した。抗癌剤の点滴を部屋でやろうと、彼に相談して決めた。外来の主治医も了解した。電話口で「理想的なやり方ですね」と答えて、訪問看護の承認書類に必要なサインをしてくれた。しかし数回実施したところで、病院が看護ステーションとの連携が医療費請求のうえで不都合である、という理由でクレームをつけてきて中止された。それからは私が、彼の希望する薬を取りに行くことにした。

手帳には次のようなメモが残っている。「タケプロン、下剤、利尿剤、おかゆ、野菜てんぷら」……あるとき、彼に頼まれた品々である。彼は自分で判断して必要だと思う薬以外は飲まなかった。かなり腹水が溜まって苦しいため、下剤、利尿剤でコントロールしようとしていた。すでにあまり食べ物は入らない状態だった。それでも食べなければという気持ちから、私が「何か買い物ある?」と、少し開いているドアから顔を出すと、野菜のてんぷらだったり、冷たいうどんだったり、「何か苦いものが食べたい」と、うなぎの肝の串焼きを買ってきてほしいと言ったりした。

それらの一つひとつを、古い商店街の彼の指定する店で買い、ときには店を間違えて買いなおしたりしていた。ともかくその八月、夏休みをとらないで毎日、彼の様子を見に行くことにした。私以外に彼の窮状を知る人はいなかったからだ。寿地区では一万人近い人間が、ドヤの小さな部屋に一人ひとり棲んでいる。新しいドヤであれ、その壁は見かけと違って薄いもので、音は筒抜けだ。

また、福祉事務所には百人に近い人びとが働いている。それにもかかわらず、いやそれほど高密度で、大勢の人のなかに混じっているからだろう、ちょうど、満員電車のなかにいるように、じっと自分の内部だけを見つめている以外にない。ここに死に瀕している男性がいて、私がその人の痛みに苦しむ日々の変化に一喜一憂しているという事実は、多くの人に共有されにくい。はじめにも言ったとおり、同じようなケースがごろごろしているから、このケースの前任者に雑談を挿んで話しても、「そう」という言葉だけで、このケースについてすでに忘れかけている様子だったのである。

「この夏が越せないかもしれない」という医師の無情な予告を、そのまま本人に伝えはしなかった。が、その言葉を嚙みしめながら、彼の状況を日々確認し、彼の小さな希望や望みを聞いて過ごした。小さいとき生母が死に、祖母に育てられて十代から一人で生きている。父にも異母兄弟とも会ったことはなく、寿に来て二十年は過ぎているというのに、一人の人の名前もその口から出てこない。病状の変化に戸惑う私に、「この夏が過ぎれば、何とかなると思うよ。今が山場だと思うよ」と彼なりの見解を示し続けていた。

八月の後半になると、隣のトイレに行くのもつらくなったようで、尿瓶と便器を買って使い出した。苦しい日々のなかでも、時には楽な日もあり、明るい表情でトイレから出てくる。その変化が彼に希望を繫がせた。しかしあるときは、睾丸がバレーボールのようにふくらみ、その痛みのためにパンツがはけず、下半身を丸出しにしたままビニールのゴザに身体を横にして眠っていた。頭の上の窓は開け放たれて、五時過ぎても真昼のような青さの空のままで昼の暑い空気が充満していたことを覚えている。息絶えていないか不安になり、声をかけずにはいられない光景であった。

彼が要求しないことを押しつけまいとしてきた私も、彼の苦しみ方や特に夜がつらいという言葉に、状況を変えていこうと考え始めていた。いつでも救急車を呼んで入院できる病院はあるが、「人が吐いた汚物がいつまでもそのままだ」と彼がいうとおり、大部屋のベットで、割り切った看護を受ける覚悟がいる。そこに行くなら、自分の部屋がいいという彼の考えに私も賛成だった。その病院で死ぬなら、ここまで頑張ってきた彼が、自室で息を引き取るほうがまだ私も納得する。しかし、それは私がいつも周囲から聴いていたような厳しい孤独死になるだろう。このままでいいのだろうか。

福祉事務所の机に座って、横浜市、神奈川県、そして東京や関東圏まで網羅した「生活保護法指定医療機関名簿」をめくりながら、思いにふけった。休日を除き、一日のうち一度は時間を見つけて彼の部屋に行き、「今日はどう?」と声をかけ、「何か買ってくるものある?」と訊く。今年の夏はともかく、この人の、この体調に添って自分も暑い時期を過ごしていくと腹をくくっていた。しかし、病気の進行とその環境の苛酷さを考えると、これは決して「理想的な在宅でのターミナルケア」といえない。

終わりそうもない酷暑のなかで、ほとんど食べられず、臨月の妊婦のように脹らんだ身体で眠る彼の姿を目の当たりにして、私は次の方法を考え始めた。考え始めている内容について、彼にも話した。それは「ホスピス」という看板を掲げた病院についてである。

そこに相談に出かけ、生活保護のため特別な支払いに対応できないが、受け入れてもらえないかと頼んでみた。入院ができることを確かめた後、携帯電話をもって彼の部屋に戻り、私が会った医師と直接、話をさせた。病院のホスピス病棟を紹介する資料も手渡した。

私はここで彼が、すぐに入院の決断をするだろうと期待した。それほどつらい日々が続いていた。しかし、しばらく医師の話を聞いた後、「今は大丈夫なので、またぐあいが悪いときお願いします」と言って電話を切った。「この医者はいい人だね」とは言ってくれたが、今日か明日に、入院の手配を済ませてこのケースの事態にけりをつけようと予定していた私は、ちょっとがっかりした。しかし、彼の方針に従わざるをえなかった。しかし数日後、彼が自分で救急車を利用して入院してきたとホスピスから連絡を受けた。

病院の三階部分がホスピス病棟に当てられている。病室をすべて個室にして、ベッドの傍らにはソファが置いてある。小さな花や手作りの品々、また音楽を聞くカセットデッキやCDがある。私が彼に頼まれた物をもってすぐに行くと、すでに胸に痛みを緩和する装置が着装され、苦痛から解放された表情でベッドの枕に頭を埋めていた。ベルを押せば、すぐそばのナースステーションから看護師がくる。看護師や医師、ソーシャルワーカーの態度が、「どんな希望でも言ってください。遠慮はいりません」というメッセージを伝えていて、彼は大いに安心し、満足したようだった。ベッドにかけた私の手に始めて触れて、「須藤さん、ここはいいね」と言ってくれた。

ホスピスといっても十分な環境があるわけではない。かつて倒産した病院の建物の一部の内装を変えているに過ぎない。廊下も病室も狭く、窓の外はごみごみした住宅街である。しかし、そこに働く医師、看護師、ソーシャルワーカーがホスピスのコンセプトを体現している。そのことに私と同じように彼も満足したようだ。日本におけるターミナルケアの現実や、「ドヤ」に住む「日雇労働者」で、「生活保護」を受けている「癌の末期患者」という、何重にも重なる差別構造の最下位に位置するケースのために探り当てた場所としては、彼のいうように悪くはない。

医師の「二週間ぐらいでしょう」という予測どおり、翌週にはもう私に話し掛けてくることはなくなった。死亡の連絡を受けて、葬儀屋に遺体の受け取りと葬祭扶助の手続きを電話し、ドヤの帳場に部屋の明渡し日について連絡するとそれで大体が終わる。身寄りが全く不明のままなので、遺骨保管の書類を葬儀屋に出し、またコンピュータに向かって、「死亡により廃止」の事由で事務処理を済ませる。決裁が済んだファイルは死亡廃止だけの別の戸棚に入れることになっている。その戸棚にファイルがぎっしり入っている。

第4節　経験によって構築されるソーシャルワーク

「経験はこれまで散文化されすぎてきた」[13]。ソーシャルワークの経験についてもこういうことができる。現場の経験が充分に吟味された言葉にされることもなく、書くほどの価値もないものとして「平凡な散文」[14]になるのがせいぜいのところであった。また、ソーシャルワークの経験は「事例」として切り詰められ、またソーシャルワーク理論の概念や言葉に定型化され、収斂された。ソーシャルワークの経験を切り詰めた結果は、公文書として書かれるケースファイルの記録に行き着く。それは、ソーシャルワークの経験を残すことより、消し去ることを目的に書いたのではないかと思えるほど、無味乾燥なものに変形する。

また、ソーシャルワークの経験が客観的な理論のなかの言葉に置き換えられて記述されることで、失われるものは大きい。ソーシャルワーク研究の記述に還元されて、切り捨てられてしまった経験の時間やソーシャルワーカーの主観的な意図、ケースやそれに関連する人や機関、地域との相互関係をみえるように記述することは予想以上に難しい作業である。しかし、ソーシャルワークの経験を切り詰めないで、もっと開放しなければならない。「ぶくぶくとあちらこちらからあふれでる声」[15]をそのままにして、経験を記述することが許されてもいいのだ。それは私たちの課題である。饒舌な表現にするなら、つぎのようにいうことができるだろう。

経験の多義的で厚みをもった動性とその生き生きとした力能を取り戻すこと、すなわち「絶えざる誕生」としての経験の詩的＝制作的な機能を再発見すること、ここに最初の課題がある。

（鷲田　一九九七[16]）

私はここでソーシャルワークの経験を記述することを試みたが、その試みは「平凡な散文」以上のものにならなかった。限界は明らかだが、私が意図したのは「経験の動性とその生き生きとした力能を取り戻すこと」であったと繰り返しておこう。しかし、一般的に「専門的・科学的な援助方法」としてのソーシャルワークの理論は、このような経験の過程を次のように定型化する。

「①受理（インテーク）、②情報収集とアセスメント、③計画（プランニング）、④介入（インターベンション）、⑤評価と終結」。もちろん理論は、現実にはこのように平板な順序には還元できないものがあり、この五段階が「複雑な循環過程」を含んでいることを示唆している[17]。

さらに、専門化、科学化を目指して発展したソーシャルワークの理論は、数々の「実践モデル」を示してきた。「援助過程で用いられるさまざまなモデル」として、「課題中心モデル」「危機介入モデル」「心理社会モデル」「エコシステムモデル」などを示し、「社会福祉の世界で一般に使用・活用されている」と説明される[18]。ソーシャルワーク実践とは、これらの実践モデルの現実への適用とされる。このような「高度な理論」に対して実践の力は及ばず、「理論と実践」と併記されながらその対抗関係において、実践は理論に従属してきた。本論で私が実践ではなく、経験とした意図は実践を理論への従属から解き放つためである。ソーシャルワークの経験を通じて、世界との生き生きとした関係を持続し続けること、現場の意味を正当な位置に戻す必要があるからである。

私の経験を、さらに言葉を加えて広げ、書き換える作業を続けることで、ソーシャルワークの経験が、厚さや多義的な意味を含む物語に変わっていく可能性を感じている。それは画家が、自分のなかのイメージに向かって、一枚の絵にいつまでも筆を入れ続けるのと似ている。

たとえば、第九回開高健賞を受賞したノンフィクション作品『山谷崖っぷち日記』のなかで、著者は私が聞いた事実と同じような「無言診療」の経験を述べている[19]。山谷にある医療センターの医師の一人は、十回以上の診療において「一度として私を見ることはなく、私に語りかけることもなかった」。語りかけても返事はなく「一度としてこの男は私の身体に触れることもなかった。ウソのような本当の話だ」と書いている。著者はこの不愉快さに耐え切れなくなって、その医師の診察日を調べてこの関係から逃れている。このような「本当の話」が、私のソーシャルワークの経験にも重要なエピソードとしてからんでいる。この本の著者である大山史朗は、この経験をじつに濃く記述している。

あるいは、訪問看護の承認を医師にお願いしたとき、私の予想に反して医師は、「理想的ですよ」と好意的な反応だった。しかし、その認識は私が見ている現実とかみ合わない。そこは衣類や什器、多少の食べ物と便器や尿器がごちゃ混ぜに置かれたドヤの一部屋で、ビニールのゴザ一畳という彼の小さな身体ひとつ分の場所である。私は「理想的ですよ」という医師の言葉を聴いて、その上でその言葉を捨てた。経験は、自分の目で見ることのできる現実を母体にしている。医師と私は同じケースを対象としていても、実は別々の経験をしているということになろう。ただ、「この夏は越せないだろう」という彼の診断は、ソーシャルワークを「死」というテーマに凝縮させていく力になった。

またこの過程において、日本のなかでまだ充分行き渡っていない「ホスピス」という場所を探り当てたのは、この病院が企画したセミナーの情報が私の頭のなかにあったからだ。ターミナルケアやホスピスケアといわれる問題は、長年の間、ソーシャルワーカーである私の関心領域であった。だからこそ、自分の現場にある死の日常性に批判的視点をもっていた。個室料が払えないという条件にもかかわらず、携帯電話で彼に入院を促してくれた医師の言葉もまた、ソーシャルワークの形を作り上げた。このように、経験が物語あるいは一つのレリーフになっていく過程は、「無言診療」する医師も含め、良いとか悪いとか言うような簡単な価値判断を退ける事実の集積である。

ソーシャルワーカーである私の解釈と関与の仕方と行為、ケースとソーシャルワーカーを取り巻くさまざまな人の経験的な理解という複雑な現実の構造のなかにある、このソーシャルワークの現場に充満する複雑さをとらえようとしてきたのは、私だけではない。

第5節　「行為のなかの省察」（Reflection-in-Action）とソーシャルワーク

マイケル・ポランニーは理論に還元できない、また厳密な理論では逆に表現できない経験を成立させる「暗黙知」を、重要視している。[20]「暗黙知」は、ソーシャルワーカーだけでなく、ケースと呼ばれる人間のなかにも存在する。いや、私のケースであった彼が生きてきた経験の広さから言えば、暗黙知の深さは、私以上のものだったかもしれない。表現される機会が極端に少ないために、無知と片づけられている彼らの沈黙のなかに計り知れない暗黙知があると想像することさえある。この経験においても私と彼の暗黙知が相互に働きかけあって、ソーシャルワークは構築された。しかし私の記述が平板になるのは、この暗黙知を表現する言葉が抜け落ちているからである。

ドナルド・ショーンは、ソーシャルワーカーなど「マイナーな専門職」といわれてきた分野では、日々の実践において言葉で説明したり書いたりできない、また「記述しようとすると、戸惑ったり、あるいは明らかに不適切な記述をしてしまう」いわゆる暗黙知にもとづいて、「暗黙の認識や判断」「技能」「熟練したふるまい」を無数にしているという。そのような「行為の〈中〉」(in)にある知に着目し、それを「行為のなかの省察」として研究していこうとする。[21]

実際、現場で働くソーシャルワーカーは、このような「行為のなかの省察」を言葉に置き換えて、他の人に伝えるという努力をあまりしてこなかった。それだけでなく、奥川幸子の次のような考えは、現場にいるソーシャルワーカーに共通する感覚でもある。すなわち、

それに、本当に大切にしていることは、書いてしまったらおしまいだとも思う。またせっかくの想いは、そのときの私のこころとからだが浴びた臨場感がすべてであって、あとから再現しようもないものでもある。

(奥川　一九九七[22])

だが、行為のなかの知が取り上げられてこなかったのは、このようなソーシャルワーカーの側だけの特質ではない。それは本論の始めにも書いたように、社会的な文脈における現場の仕事の位置にも原因する。行政組織や大学のような機関は、国の新しい政策や「高度な理論」には耳を傾けても、現場の日常的な行為に関心を示すことが少ない。そのような価値観を、実践する人たちも内面化し、自分のなかに生まれる「省察」を振り返ることなく捨ててきた。

ショーンは、「マイナーな専門職」と「メジャーな専門職」という区分は、「技術的な合理性」(technical rationality) モデルがもつ「四つの本質的な特性」にもとづくという。すなわち、「専門分化していること」「境界が固定していること」「科学的であること」「標準化していること」である。そして、社会福祉は、「マイナーな専門職」であるがゆえに「メジャーな専門職」への上昇を目指して、「技術的合理性」モデルによって体系的な理論を構築し、また科学的方法を目指して実践することで専門職の階段を上り続けている分野と考えている。またこの合理性、科学性へのゆるぎない信仰が、研究と実践との序列を作り「メジャーな専門職」である医療においてさえ、開業医であるよりも、医学研究センターの研究員に上位の位置を与える社会的、制度的文脈は、人びとの心にも、またあらゆる分野にも波及している。しかし、現実の世界は「技術的合理性」モデルが解決してくれる「高地」ばかりでなく「混乱しぬかるんだ低地」が広がり、多くの人間はそのぬかるみに足をとられていることを考えるとき、「技術的合理性」モデルの限界に気づくべきだと考える。

ショーンは、現場というぬかるんだ低地、あるいは〈拡散した〉状況を、そこで実践する者が

「研究者」となることで研究していく方法を探究する。そこでは、ソーシャルワーカーと並べて、弁護士やビジネスマン、医師や教師、野球の投手、ミュージシャンまでが対象になり、またブロックを使った子どもたちの実験を検証しながら、「不確実性、不安定性、独自性、そして価値の葛藤という状況」である日常性の低地に限りなく接近して、「技術的合理性」モデルに代わる方法を検討している。

ショーンは「行為のなかの省察」のための「反省的研究」の方法として、次の四つの種類を示唆する。それは①実践者が問題と役割に枠組みを与える「フレーム分析」、②実践者が独自の状況にもち込むレパートリーを築く研究、③実践者がその場その場で発展させてきたバリエーションから事象を探求する方法と理論をつなぐ研究、④「行為のなかの省察」に関する研究、である。

第3節で書いた私の経験を素材にして「フレーム」分析を試みてみよう。そこにはショーン自身がソーシャルワーカーの役割のフレームとして示す「臨床的ケースワーカー」「社会的行動のモニターと統制者」「社会的なサービスの提供者」「クライエントの権利の唱導者あるいはコミュニティの組織者」のほとんどが、入ってくる。このようなフレームに添って、さらに私の「行為のなかの省察」を記述してみよう。私はガン末期の痛みに苦しむ彼のベッドサイドに立つ「臨床的ケースワーカー」として、ひと夏を過ごす決意を固めていた。

しかし私の役割は単純ではない。彼の行為の方向性、生活の実態を常に管理し統制する権限をもち、また同時に「寿地区」というドヤに住む人びとの経済的、社会的、倫理的生活までも監視、管理していく「門番」的役割も担っている。私が感じ続けてきたジレンマの一つは、ソーシャルワークが「社会福祉援助技術」と言い換えられるとき欠落する、監視し、管理し、統制する権力的な役割であった。

行政職員として保護者を管理していく役割と、「臨床的ケースワーカー」というフレームとのジレンマを抱えつつ、私は彼のライフヒストリーを知り、生活や文化のスタイルを理解する。彼の現在の希望を受け止めつつ、私の経験の過程で蓄積された社会福祉や医療の情報を自分のなかで反芻する。そして、どのような情報を、いつの時期に彼に伝えることが適切なのかを考えている。それは、下半身を裸のまま曝して眠っている姿を、開け放たれたドアから見つめている短い時間においても続く省察である。

また私の省察のなかには、彼が医師や社会全体から受けた無視と差別に対する彼の深い怒りへの共感がある。しかし、「クライエントの人権の唱導者」と表現されるフレームには入らない。六年間、寿地区というドヤ街を核にして生きる人びとを相手に、ソーシャルワーカーとして働いた経験は、医療にとどまらずすべての社会制度のなかで、彼らが受ける差別と人権侵害について深い省察を与えたことは事実である。しかし、山谷に住む大山も、私のケースも、私自身も人権を唱導するより、そこから逃れるほうが有効なやり方であることを知っている。そしてこの省察が、次のソーシャルワークにおいて、レパートリーを築き、方法と事象をつなぐ理論を求める力になると考えている。

ショーンはフレーム分析とは「専門職へのアプローチに選択の基準を与えるものではなく、実践者がある役割フレームの感じをつかみ、その適用の結果と示唆を感じ取りながら、実践の役割にフレームを与える方法を〈試みる〉のを助ける[23]」という。よく読んでみると分かるように、フレームは感じるものであり、感じ取ってフレームを与えようとする実践者の試みのなかにあると語る。それはソーシャルワーカーの内的世界の重要さを示すものである。行為のなかにある知、暗黙知に関心をよせなければならない。

またショーンは「レパートリーを築く研究」について、しばしば、「事例の書き手が、探求の終わりになってはじめて現われたその事例についての見解を、最初から利用可能であったかのように書くという歴史的な修正を含んでいる[24]」場合があることに注意を向けている。私が気をつけたのも、この点である。それは実践モデルを現実に適用したソーシャルワークではなく、事例について の見解は状況の推移とともに作られていった。ホスピスがあのような人びとによって構成され、私の説明と要請を受諾し、入院に至った事実も始めに見えていたことではない。「これでよかった」という本人の言葉は私たちの間に探求の過程が存在したことを意味している。

③の「探求と理論の橋渡しをする基本的方法」としてアクション・サイエンスの考え方が紹介されている。ソーシャルワークを「有用性のない厳密性」ではなく、「有用な曖昧さ」を追求するアクション・サイエンスと考えることができるならば、現場はありのままに位置づけられることができると考える。

おわりに

ショーンは「無反省な実践家は、自らを専門家と規定しようと反専門家と規定しようと同じく、閉ざされており破壊的である」[25]という。この文章を発見して「自閉的になった現場は、豊かではない」という私の驕りを感じさせる表現も、そのまま残しておくことにしたい。ソーシャルワークの経験の多義性や厚みを記述する努力が、現場のなかの省察に依拠した「反省的実践家」としてソーシャルワーカーを有用なものにしてくれると信じている。

第2章 虚々実々のなかの育ちあい
――現場の力

川崎医療福祉大学医療福祉学部
石川　瞭子

いつのころからだったろうか。ずっと私は真実の行方にこだわってきたように思う。ひとつの事象に対してそれは真実なのか、あるいは嘘なのかを瞬時に見きわめて、すみやかに善か悪の判断をしないと私は落ち着かなかった。真実か嘘の見きわめが瞬時にできないときは、とりあえずは事実と判定をして、つぎに善と悪の判断をくだして安心しようとした。たいてい嘘は悪で、真実は善であった。真実か嘘か分からず、まして善か悪の判断もできないときは心が定まらず、私はあせって不安定になった。それらの中間という曖昧なものは私の目に写らない、存在しないに等しいものだった。

そんな私が福祉の実践現場で働くようになった。私は心理士として福祉センターで療育相談員をすることになったのだ。本著でとりあげる内容はその当時のできごとである。自明のことながら、援助の現場はつねに虚々実々としている。しかし私は、その現実をなかなか受けいれられないでいた。援助の現場は真実で善であると私は思いこんでいた。

その母はヒラリと私の前に現われた。そして、ヒラリと私の前から消えていってしまった。援助者は相談が終わっても、心に引っかかり忘れられない事例をいくつかもっているものだと思うが、私にとって、その母との出会いはその代表だった。その母が私に教えてくれたことは真実と嘘、あるいは善と悪は別々のものではないということだった。

片方の目で真実を、片方の目で嘘をみていたのでは、その母の現実の生活は見えてこない。片方の目で善を、片方の目で悪をみていたのではその母という人となりは見えてこない、と母は私に教えてくれたような気がする。たしかに面接当時の私は、母が見えていなかった。だから混乱し、あせり、母がヒラリと消えたあとは無能感にうちのめされた。

そして気がついた。その母はたくさんの嘘を私の前で話したが、たくさんの嘘を話したという真実を私に残していったことに。つまり母は「悲しい嘘」という嘘をつきながら、変わりたくないという母の真実を一貫して主張していたのである。しかし、それが事実かどうかは、私には分からない。今にいたっては確かめる術もない。

ただ間違いないのは、真実と嘘、あるいは善と悪が交差する場が援助の現場であるということである。援助の現場は虚々実々のなかで、利用者と援助者が互いに育ちあいをする場であるという、側面がある。私はそこに現場の力を発見する。まずは母との面接から話をすすめよう。

1　悲しい顔

新聞紙の上にぬいだ靴をおくのが、その母の癖だった。すり減った底をみせた靴が新聞紙の上に乗っていた。それはいつも面接室の外の廊下におかれていた。私がドアのなかに靴をおくようにと言っても、母は「はい、分かりました」と答え、そして靴をドアの外においた。面接の終了時、母は持参したスーパーの袋に新聞紙を入れ、もち帰った。

色白のふっくらとした頬の母だった。パーマのかかっていない短めの髪の毛は、化粧をしていない額に影をおとしていた。澄んだきれいな瞳をしていた。いつも清潔そうな仕事着を着用していた。母は仕事の合間をぬってAの不登校の相談に訪れていた。その母との出会いは十年ほど前にさかのぼる。

四月の下旬だった。中二のひとり息子のAは半年間、登校していなかった。その母は担任のすすめで私の相談室に来所した。「いつか登校すると思っていたんですけども……」と母は申し訳なさそうに述べた。「不登校の理由があったと思うけれど、聞いても言わないのです。もともと、おとなしい子で」と、母は言う。

私は多少、うんざりしながら母の話を聞いていた。同じような内容の相談が連日、押しかけてきていた。四月の下旬は毎年、このような相談がひっきりなしにもち込まれる。だから「またか……」といくぶん気が滅入っていた。午後の日差しが母の顔を照らしていた。まぶしいのか、母は目を細めて話していた。なんて悲しい顔をした人なのだろう、と私は思った。

「次回は息子さんとおいでください」と言って、私は面接の時間が終了したことを告げた。母は「ありがとうございました」と、深々とおじぎをした。私は、小走りに玄関に向かう母のうしろ姿をながめていた。母が記入した面接の申込表を手にした。几帳面な字で、母子の名前が記されていた。父親の欄が死亡となっていた。

二週間後の午後、穏やかな晴れた日だった。廊下に母のぬいだ靴が新聞紙の上に裏返しておかれていた。面接室に母は立ったまま、私の入室をまっていた。「あら、座ってくださっていいのですよ」と私が言うと、母はすまなそうに体をちぢめ、着座した。私が「A君はどうしましたか」と質問しようとすると、母はさえぎり、「Aはまだ眠っているものですから、すみません」と、早口に謝った。

2　話せない苦しみ

不登校になってからAの生活が乱れて、昼過ぎまで寝ていることが多くなった、と母は言う。今日も起床するように促したが、Aは起きられなかった。深夜までファミコンをしているから起きられない、と母は言う。私は「たいへんですね」と感想を述べると、母は「でも、Aには、誰にも話せない苦しみがあるでしょうから」と、答えた。

Aは昼過ぎに起床して母の実家に向かう。実家には祖父がいて、Aと昼食を食べようと準備して待っている。昼食のあとは、一緒に庭の掃除や盆栽の手入れをする。夕方は「水戸黄門」の再放送を見たり、相撲があるときは中継を見たりする。夕食は二人で買い物して、料理して食べる。一緒に風呂に入り、Aは祖父の背中を流してあげる。十時頃に母が迎えにいくときは、たいがいは二人で将棋をしている、と母はAの一日を話した。

実家の祖母が亡くなって十年が経過する。年金生活の祖父が、ひとりで生活している。母はひとりっ子だった。祖母が亡くなったとき、親戚といざこざがあった。だから親戚つきあいはしていない。実家に訪ねてくる人もいない。祖父はAがくることを唯一の楽しみにしている、と母は祖父の生活を語った。

私は「A君のそのような生活は何年くらい続いているのですか」と質問した。母は指をおりながら、「八年になります」と述べた。不登校をする前も、Aは学校が終わると実家に直行して、祖父と一緒に母が迎えにくるのを待っていた。不登校をするようになって、Aはますます祖父と仲良しになった。Aはもともと植木や土をいじっているのが好きで、祖父と趣味が一致していた、と母は言う。

私は「できたら息子さんにお目にかかりたいので、次回は二人で起こしください」と再度、母に申し出た。母は「分かりました。二人で来るようにします」と述べ、深々と頭を下げた。そして靴をはき、新聞紙を折りたたんでスーパーの袋の中にしまい、早足に玄関に向かった。

約一カ月後、廊下には母の靴が新聞紙の上に置かれていた。母は椅子に着座していたが、私が入室すると立ちあがり、深々とおじぎをした。五月のやや汗ばむ午後だった。強い日差しが部屋に差しこんでいた。私はカーテンを引きながら、「A君はどうしましたか」と聞いた。母は「すみません、体調が悪かったので寝かせています」と答えた。実家で昼食を食べてから、気分が悪くなったのか嘔吐したという。不登校になってから体調をくずしやすくなっていて、すぐに吐いたりする、と言う。そして母は「そうした神経質なところは、亡くなった夫とそっくりです」と言った。私は「もしよかったらA君のお父さんのことを教えてください」と母に申し出た。母は「はい、分かりました」と述べ、身繕いをして、Aの父の話をした。

3　父の死

Aの父が死んだのは、Aが四、五歳の頃だった。当時、父は郵便局員で、営業を担当していた。母は別の郵便局でパートをしていた。Aは保育園児だった。その日の朝、いつものように、父と母とAは家を出た。母はAを保育園に送るために自転車に乗せた。父はスクーターにエンジンをかけた。Aが「バイバイ」と言いながら、父に手をふった。父は「バイバイ」と、Aに手をふりながら「じゃあな」と母に言った。父はエンジン音を残して、大きな道路に向かった。いつもの光景だった。母とAも父のあとを追って、大きな道路に向かった。

父のスクーターはたくさんの流れる車のなかに消えていった。道路は大きな交差点に差しかかっていた。そのとき、ガガーッという凄まじいブレーキ音がして、同時にゴーンという大きな衝撃音がした。キャーッという悲鳴のような声が聞こえた。人が交差点に向かって駆け出していくのを母は見た。交差点にダンプが煙をたてて止まっていた。

母はその光景が信じられなかった。母が見たのは、頭や顔から多量の血を流して道路に倒れている父の姿だった。ダンプから運転手が降りてきた。そして道路の中央にたおれていた父を、いあわせた人とともに道路際に移動しようとしていた。父の首がぐらぐらしていた。父は引きずられて道路の端におかれた。引きずったあとに血の帯ができた。父の目にはめがねのガラスがくいこみ、耳から血が流れていた。

母はAを抱きながら道路にくずれた。救急車が来て、一緒に病院に行った。その後の記憶があいまいだった。気がついたら葬式になっていた。たくさんの仕事先の関係者が弔問にきた。あわただしく葬式は終わった。あっという間だった。すべてがあっという間に終わってしまった。

母はつぎからつぎへと流れる涙を、親指でぬぐいながら切々と話をしていた。都心のマンションに母とAが残された。母はパートをやめ、Aも保育園を休んだ。外に出るのが怖かった。交差点を渡ったり、救急車のサイレンを聞いたりするのが怖かった。夜になると不安でたまらなかった。母はAを抱きしめて、朝が来るのを待った。

そうしたある日、保険会社の人が訪ねてきた。その人は、今回の事故は父のミスによるもので、保険金がおりない可能性がある、と伝えた。警察の取り調べが続いていた。ダンプカーの運転手は、父のスクーターが信号を無視して突進してきて、衝突したと主張していた。ダンプカーの運転手以外の証言がなかった。目撃者はたくさんいたはずなのに、証人になる人がいなかった。警察署は交差点に立て看板を出して、調査の協力をよびかけた。しかし、誰も名乗りをあげなかった。父が亡くなり、それだけで大きなショックなのに、世間の冷たさに母はさらにショックを受けた。

そのようなときに、交差点の近くで不動産業を営んでいたFさんという人が名乗りをあげた。当日、偶然に衝突事故を見た。Fさんは、父に問題はなく、スピードをつけたまま無理な右折をしようとしたダンプカーの運転手に過失がある、と警察署で証言した。Fさんは、警察の実況見分でも詳しく説明した。Fさんの証言がきめ手となって、父の保険金は保険会社から支払われることが決まった。「Fさんのお陰です」と母は話した。

4　地獄に仏

私はしばらく間をとった後、面接の終了時間がきたことを告げ、「次回はお母さんひとりでおいでください」と言った。母は呼吸をととのえ、髪をなでつけてから靴をはき、新聞紙を折りたたんで、足早に玄関に向かった。

一カ月後、母はいつもより早目に来所して、私を待っていた。六月とはいえ、強い直射日光が照りつけていた。母は椅子に着座して待っていた。私が入室すると、立ち上がっておじぎをした。母は前回の話のつづきを一気に語った。

母は保険料が保険会社から支払われるようになったと、父の実家に報告した。今後の生活のことを義父母は心配していたからだった。報告して義父母を安心させたいと母は思った。しかし、思いもかけない話を、母は義母から聞かされることになった。父の借金があるという。相当な金額を父は義父母に借金していた。

訪ねてきた義父母は、生前に息子が書いた借用書を見せた。たしかに父の筆跡だった。母は愕然とした。そのような大金をなぜ父は借金していたのか、しかも、なぜ妻に内緒で借金したのか。母には理解できなかった。父に裏切られたと思った。

義父母も借金の内容は知らなかった。父は二年ほど前に突然訪ねてきて、せっぱつまった様子で「ともかく用意してくれ」と、何度も頭をさげた。義父母は老後のための蓄えのほとんどを息子であるAの父に預けた。仕事上のトラブルでもあったのかと、義父母は思ったらしい。金融不況が出始めた頃だった。

義父母は保険で借金を返済しろと母にせまった。義父母と夫とのあいだの約束であった老後の面倒は考えなくていいから、ともかく借金を返済してほしいと母にせまった。「そのほうがあなたのためでしょう」と、義母は強調した。借金は保険金だけでは足らず、入居していたマンションを売却しなくてはならない金額だった。母は途方にくれた。

母は当時のとまどいを思い出すかのように身ぶるいした。そして顔を左右にふり、一点を凝視しながら話し続けた。母は再度、不動産業を営むFさんを訪ねた。マンションの売却の仲介をしてほしいと頼んだ。父の両親には二度とあいたくない、と母は思った。義母の非情が身にしみた。すべてのことをFさんに話した。Fさんは聞きながら、「たいへんだったね、できるだけ力になるから」と、母を励ました。

そして、ほどなくマンションの売却が決まり、保険料も支払われた。Fさんは、母と父の両親とのあいだに入って手続きを代行した。「地獄に仏を見るってこういうことかと思った」と、母はつぶやいた。

5 やさしさの様相

ある日、Fさんは、「Aちゃんはどうしているの」と聞いた。母は「保育園を休んでいる」と答えた。「それはよくない、Aちゃんを保育園に行かせるべきだ」とFさんは言った。Fさんには A と同年の男の子がいた。その子は生まれながらに障害があった。その子は保育園に行くこともできずに亡くなった。「Aちゃんを立派に育てなければいけない」と、Fさんは母に話した。

借金を返済したら、母の手元に残った金額はほんの少しだった。しかも、マンションから立ち退かなくてはならなかった。実家近くのアパートに引っ越した。アパートはFさんが格安の物件を見つけてくれ、しかも、無料で引っ越しを引き受けてくれた。アパートは実家の近くにあり、小学校と中学校へも近いという好条件だった。ちょうどAが小学校に入学する年だった。Fさんのやさしさが身にしみた。

面接の時間がオーバーしていた。私は母に、「次回もおひとりでおいでください」と申し出た。

母はいそいで靴をはき、新聞紙をまるめて小脇にかかえ、足早に玄関に向かった。

一カ月後の面接は、夏の日差しが照りつける暑い日だった。クーラーをきかせた面接室で、母はにこにこしながら私の入室を待っていた。母は、「Aが学校に行き始めたんです」と報告した。終業式を二週間後に控えたある日、級友が迎えにきた。Aは一緒に登校したという。母はうれしそうだった。そして前回の続きを話しはじめた。

母は職安で仕事を見つけ働きはじめた。繊維の卸問屋だった。Aは小学校に通いはじめた。Aを学校の近くの実家に預け、母は仕事にでかけた。祖父がAの登校に連れそった。祖父は頑固で気むずかしかったが、Aにはやさしかった。母も祖父がAを見てくれるので、安心して働けた。

そのような生活が二年から三年ほど続いたある日、母の職場の親会社から大幅な人員削減の通告があった。繊維不況がもともと進行していたうえに、ビックバンの影響から金融不安がひろがり、会社は壊滅的なダメージを受けた。倒産する可能性も示唆された。職場はパニックの状態になった。上司がつぎつぎに去っていった。運よく母は解雇からまぬかれたが、給与は三分の二に減らされた。もともと多くはない給与だったから、Aとの生活はたちまち困窮した。

アパート代を支払うと、手元に残る金額はほんのわずかになった。それは食費にも事欠くような金額だった。そのようなときにFさんから店の手伝いをしてくれないかと誘いがあった。母の職場とFさんの店は近くにあった。母にとって好都合だった。夕方の六時から九時までのパートだった。客も多くはない時間帯で、仕事も楽そうだった。

6 からむ糸

Fさんは自宅に帰っても居場所がないんだ、と母に話した。Fさんの実母はとうの昔に亡くなっていたが、実父が高齢で、最近は痴呆症が進行して目が離せない状態だという。それで妻は疲れている。家に帰っても妻の負担になる。だから、ひとりで外食してから帰る。そんな生活をずっとしている、とFさんは母に話した。そして母が一緒に食事をしてくれるとうれしいと話した。六時から九時までのパートの時間のほとんどは、Fさんの話を母が聞くことで費やされた。夕食後、Fさんは母を自宅まで車で送った。

私は「それは何年くらい続いているのですか」と母に聞いた。母は指を折りながら、「六年から七年……」と言い、「夏休みに入ったら三人で泊まりがけで旅行するんです」とうれしそうに話した。びっくりしている私に母は、「贅沢をさせてもらえるので、Aもよろこんでます」と答えた。旅行は二週間後だった。そのような旅行は過去に何回かあったらしかった。

十五日後の朝、私が職場に到着したときに母からの緊急の電話が入った。至急に面接をして欲しいという。母は私の職場の近くの公衆電話からかけていた。来所した母は、腕や足に赤あざをつくっていた。私は氷で冷やしたタオルを母に渡しながら、「どうしたのですか」と聞いた。

Aが母に暴力をふるったという。Aは大声をあげて電話中の母をなぐり、そして電話器のコードをカッターで切った。さらに電話器を投げつけて、壊した。「おかあさんは誰と話をしていたのですか」と私が聞くと、躊躇するしぐさを見せたあとに「Fさんです」と答えた。Aは機嫌よく、Fさんとの旅行をして帰ってきた。望遠鏡を買ってもらってご満悦だった。母はお礼の電話をFさん宅にかけていた。そうしたら突然に悲鳴のような大声をあげて、Aが母になぐりかかってきたという。

Fさんは Aのアパートに駆けつけた。母に暴力をふるっているAを目撃して、Fさんは大声でどなった。どなり声が大きかったのか、Aはびっくりして体を硬直させた。そして次にワナワナと震えだし、立っていられなくなった。母はFさんに帰宅してもらった。

布団をひいてクーラーのきく部屋にAを寝かした。Aは目を開けて体をけいれんさせていた。母はまんじりともせずに朝を迎えた。Aの手足のけいれんは明け方まで続いた。今朝方、近所の小児科にAを連れて行った。医者は首をひねった。

「このようなことは初めてですか」と私は聞いた。母は、ためらっていた。しばらくして、「初めてではありません」と言った。過去にAが暴れることは数回あった。たいていFさんと一緒に旅行したり、食事をしたりしたあとだった。そのうち何回かはFさんがAをなぐった。Aは決してFさんに殴り返すことはなかった。Aはけいれんを起こし、そのあとに気絶したようになった。そのようなことが何回かあった、と母は言った。私は、「至急、A君の脳波と脳のCTスキャンを大学病院でとってもらってください」と母に言った。母は飛びあがるようにして面接室をあとにした。

7　変われること、変われないこと

検査の結果、Aの脳波も脳のCTスキャンも異常は発見されなかった。母は病院から電話をしてきた。ほっとした様子だった。その後、Aは何事もなかったかのように、母の実家で夏休みを過ごしたようだった。

一カ月後の八月、母はいくぶん憔悴した様子だった。面接時間のぎりぎりに来所した。新聞紙を忘れたのか、スーパーの袋の上に靴が直接置いてあった。私は、「検査結果に問題がなくてよかったですね」と前置きした。そして「Aくんの不登校の件ですが、Fさんとの影響が払拭できない……」と切り出した。母は身構えていた。

母は泣いていた。私の次のことばに身体を緊張させていた。私はゆっくりと話した。「Fさんとお母さんの関係と、FさんとA君の関係は別のこととして、離して考えたほうがいいと思います」。母はしばらく黙ったまま、一点を凝視していた。私は「A君は中学二年というむずかしい時期、しばらくはFさんとの会食や旅行はやめられた方がいいと思います」と追加した。母はかすれた声で、「分かりました」と答えた。

そして九月の面接はキャンセルになった。仕事が忙しいと母は弁解した。Aは二学期から登校しているとのことであった。祖父が登校に連れそっている、と母は報告した。私は「A君はひとりで登校できるはずですが」と言った。母は「実家の前が学校なので、祖父に見送るなとは言えないんです、でも頼んでみます」と答えた。

十月の面接は高校受験が話題になった。そろそろ学校で三者面談があるという。母は「どこか受かってくれれば」というだけで、具体的な話をすることはなかった。Ａは学習塾に通いはじめたらしい。Ｆさんとの件は「会っていません」と述べ、祖父の件は「いまは送っていません」と、母は言った。

しかし十一月に入って、母から緊急の面接の依頼があった。Ａが暴れて家具をこわし、母に暴力をふるい、しばらく学校を休んでいるという。暴力が続くことは今までなく、連続して休むことも最近はなかった、と母は訴えた。

来所した母は額の赤いあざを手で隠すようにして、面接室の椅子にすわっていた。今回の暴力は、これまで経験したことがないほど激しかった、と母は言う。母の着衣が汚れていた。私は衝撃を受けていた。母は、「誕生日プレゼントにＦさんから顕微鏡を買ってもらって、Ａはとても喜んでいたのに……」と話した。

私は耳を疑った。八月の事件のあとは、ＦさんとＡ君の交流は途絶えていると母は話していたはずである。再度、ＦさんとＡの関係を確かめた。母は、二週間に一度の三人の会食は今もつづいている、と答えた。母は「すみません」と言いながら、顔をふせた。今回の暴力は前回と同様に、母がＦさん宅にお礼の電話をしている最中にはじまった。Ａは塾代もＦさんが払っているのを聞いてしまった。Ａは悲鳴のような大声をあげて、母に飛びかかり、なぐった。そして、手あたり次第に家具をこわした。

8 虚々実々

「やはりA君の問題行動と、Fさんとの関係は否定できないです」と、私は言った。母はしばらく黙っていた。そして「そんなにFさんとのことがまずいのでしょうか」と言いながら、私を見上げた。母は「Aは父親がいないから、Fさんのことをとても慕っているのです」とも言った。そして「万が一の、万が一の夢だと分かっているんですけど、Fさんは奥さんと別れることはできない、それは分かっているのですが、Aには父親が必要なのです」と言って、声を詰まらせた。そして「だから万が一の夢なのです、FさんがAの父親になることはAの夢でも……」と話し、声をあげて泣いた。

「お母さんはFさんとの結婚を考えていたんですね」と私は言おうと思った。けれども、言えなかった。私がことばを選んでいると、母は「FさんはAの相談を引き受けてくれていました。実家のことも心配してくれていました。生活の面倒もみてくれました。夫を事故で亡くして、残された者がそのあとも生きていくことの大変さは、身近にいて状況を知った者でないと分かりません。それに夫との関係は五年間でしたが、Fさんとはもう十年になるんです」と、一気に母は言った。

私はショックを受けていた。母の生きてきた重みに対して、どのようなことばも軽々しく聞こえてしまうような感じがしていた。私は母にとってFさんの存在の大きさが十分に理解できた。十年間の関係という重みにも圧倒された。だから母の夢、万が一の夢をとり崩して、Aと祖父との生活という現実だけを見てください、とは言えなかった。それは母親にとって、あまりにも残酷すぎるような気がした。

「A君の暴力はそのうち治まるでしょう。登校も開始するでしょう。もし登校しないようでしたら連絡ください。そして自宅からひとりで登校させてください。登下校で友達と話すことが大事なのです」と言って、私は面接を終了した。次の予約もせずに、母親は逃げるようにして玄関に向かった。廊下には新聞紙とスーパーの袋が残されていた。

9　偶然と必然

担任は怪訝な顔をして、筆者をながめていた。「おかしいですね、アパートは学校の校門の目の前にあり、実家は学校から十五分も歩く距離にある。それに、今朝もお爺さんが学校までA君を送り、下校の時間には校門のところで待っていました」と、担任は話した。

偶然私は、Aの通う中学校の講演に招かれて訪問していた。講演が終わると、担任は私に相談をもちかけてきた。担任はAの状態が一進一退であると述べた。断続的不登校の状態は変わらないという。遅刻する、気分が悪いと言って早退する、無断で欠席する、など不安定な状態が続いているという。

耳を疑った。私は面接室で母から聞いたAの状況を話した。担任はほとんどが事実と違うと答えた。母は私との面接後、毎回、学校に報告にきていた。だから担任は私がAの学校での状態を十分に承知しているのかと思い、改めて確認はしなかったという。私はまたも愕然とした。母は面接終了後は職場に直行する、と話していた。私は母に裏切られたような気がした。

木枯らしが校庭の砂ぼこりをまきあげていた。一月下旬の寒い夕方だった。私は学校をあとにした。門を出たところにアパートがあった。アパートは古い木造の二階家だった。母が「西陽しかあたらない部屋」と言っていたのを思い出した。西の角部屋の窓には茶色に日焼けした簾がかかっていた。玄関には空の植木鉢が数個、重なりあうように倒れていた。十五分ほど歩くと、母の実家の前に着いた。実家はビルの谷間にひっそりと建っていた。盆栽が屋根の上まで占領していた。戦前からあるような佇まいだった。その家だけ夕陽があたらず、ビルの谷間の闇に沈んでいた。

冬枯れした町を歩きながら私は考えた。母が私に嘘をついても守りたかったものは何なのか。それは「万が一の夢」なのか。「祖父の生き甲斐であるAとの生活の持続」なのか。その両方か。それとも「母は子育てが好きではなくAを祖父に預け、Fさんとの関係に逃げていただけ」なのか。そんなはずはないと私は首をふった。

大きな四つ角にきた。この交差点でAの父は事故死した。相変わらずおびただしい車の往来だった。事故の多発で有名な交差点だ。私はなんとなくFさんの不動産の店舗を探していた。その店舗は表通りから奥まったところにあった。古い雑居ビルの一階にあった。こじんまりした店構えだった。ところ狭しと物件の案内がガラスに張られていた。店内に蛍光灯がついていた。私は、遠い所を見ているような視線をする母を思い浮かべていた。母はこの店舗のなかにいるのだろうか。私は急ぎ足で通りすぎた。

二月になって寒波が到来していた。久しぶりに母から電話があった。五日前の夜の十時ごろ、祖父が風呂場で倒れたという。Aが祖父の様子がおかしいのに気づいた。AはFさんの仕事場にいる母に電話した。だが、あいにく連絡がとれなかった。祖父は救急車で病院に運ばれた。母が知ったのは、入院してしばらくしてからだった。母は病院に駆けつけた。祖父の心臓が弱っていると医者はいった。Aはそれ以後、病院に泊まりこんでいる。ずっと登校をしていないと、母は訴えた。

私は言った。「お母さん、お母さんはどこにいたのですか、何をしていたのですか。お母さんはA君の不登校を本当に解決したいのですか、どうなのですか」。母はだまっていた。公衆電話からであろうか、バックに車の流れる音が聞こえた。私はさらに「お母さんが私に電話してくる意味が分からないのです。私に何をしろというのですか」と言った。しばらくして、母は小さな声で「すみません」と謝った。

再び、母の長い沈黙があった。車の流れる音がした。私は焦っていた。何か言わないとこれで終わってしまうと焦っていた。「お母さん、私はどうしたらいいのですか。私は何ができるのですか」。必死に叫んでいた。しかし母は返事をしなかった。ツーツーと鳴る受話器を私は握りしめていた。電話は切られていた。

10　真実の行方

時間が経過していても母の一挙一動を記憶しているのは、たいへん印象に残った出会いだったからである。当時、私はこの母とほぼ同年であった。だから多分に母の人生に私の人生を重ねていたふしがある。援助が中断したあとに私は生き直しをしている。そして現在、研究者として当時の母と再会している。ふり返ってみると、私はAもFさんもAの祖父にも会ったことがない。会ったのは母と九回、担任に一回で、たった十一カ月間のかかわりだった。

それまで私は、援助の現場は利用者が何らかの生活上の困難をもち、援助をもとめて来所する場であるから、援助者はその解決のために利用者とともに取りくむ場である、と考えていた。だから利用者は変化のための情報を、援助者である私に惜しみなく提供するものとだと考えていた。ゆえに援助の現場で語られた母の嘘が、私は理解できなかった。

当初、私はこの援助は失敗で、その理由は私が母とのあいだに信頼関係が築けずにいたために、母の本音を引きだすことができなかったから、と考えた。その結果、母もAも祖父も不幸にしてしまったと考えた。「私はどうしたらよいのですか」という私の最後の叫びは、援助者としての私の無能を象徴していると思った。

援助者にとっての失敗は、利用者にとっても失敗であるとは限らない。そのことに私が気づいたのは、そうとう後のことである。母は最初から援助を求めてはいなかった。援助の必要を感じていたのは、担任と私であった。気がつけば、母はあらゆる方法を駆使して変化しないことを実行していた。私の弱点を見抜き、私の行動を予測し、私よりもはるかに計画的に援助の場面に臨んでいた。すっかり私は母のペースに引きこまれ、母の思う通りの援助をしたのである。「私はどうしたらいいのですか」という最後の私の叫びは、母にとって成功した証だったであろう。

一般的にいえば、母が万が一の夢の実現を求めるがゆえに祖父やAを不幸せにして、結果的に母も不幸せになったとみるだろうか。だが、この母は違う。母は不幸せになることで幸せをつかもうとした。Fさんとの関係をつなぎとめるには、不幸せが必要だった。

Fさんは妻と別れられないといった。その理由に、妻がたくさんの不幸せを経験したからだ、と言っている。だから母は、Fさんの妻よりも不幸せになることが必要だ、と判断したのではないだろうか。Fさんとの関係の始まりも、不幸せであったことを考えれば、母がそう考えても無理はない。そこではAも祖父も私も、母の不幸せを演出する素材であった可能性がある。

そのように記述すると、極悪非情な母だと私が非難しているようにみえるかもしれないが、そうではない。母が考えたAを幸せにする方法がそうであった可能性がある、ということである。母の行動を理解するひとつの手だてとして、そうとも受け取れるということである。母も述べているように、経済的な理由や思春期の男の子には父親が必要という理由からも、それは説明できよう。

他方、別な理解もなりたつ。母は死別した夫が残した多額の借金により裏切られた経験がある。保険金もマンションも奪いとられた。その経験は、のちの母の生きかたに多大な影響をあたえたはずである。母の見せる金や物に対する執着と、過剰とも思える他者への防衛は、そこでの経験の影響という見方もできる。もしかしたら、Aも祖父もFさんも、さらに私も、亡夫への恨みに対する復讐の対象であったかもしれない。母に裏切られた経験をしたのは、私ばかりではなかったかもしれない。

ほかにも、さまざまな理解のしかたがあるだろう。本当のところは今も私は分からない。母は澄んだきれいな瞳をしていたが、時どき、遠くを見ているような虚ろなまなざしをしていた。正直言うと私は、虚ろなまなざしの背後にある母の本心が分からなかった。母はいつも悲しそうな顔をしていた。新聞紙の上に置かれたすり減った靴底も、母の悲しそうな顔と相まって、私の感情を刺激した。面接中に母はたくさんの嘘を話したが、私が怒りや不快な感情をもたなかったのは、このような母の巧みな演出によるものかもしれない。「悲しい嘘」という母の嘘に、私は次第にはまっていったのである。

11　現場の力

私は、偶然に母らの生活の現場であるアパートと実家とFさんの店を見る機会を得た。しかし、家やFさんの店を見たからといって、真実が明らかになったのかといえば、そうではなかった。むしろ逆に、母らの生活の現場をみたことにより、援助の現場で形成されていた現実が、音をたててくずれた。それにより私はどこに真実があるのか、さっぱり分からなくなった。母とAと祖父とF

さんがこの地域に生きて、そして生活しているという現実に私は圧倒され、胸を押しつぶされた。生活の現場の現実が、援助の現場にある現実を虚構に変化させてしまったような、そんな錯覚に私は陥ったのである。

しばらく経過して私は気づいた。生活の現場が現実で、援助の現場が虚構ということはないのだと。また生活の現場が真実で、援助の現場が虚偽というわけでもないのだと。なぜなら生活の現場と援助の現場は連続線上にあり、そこに見える真実と嘘は交差して現実を構成していると捉えるほうが自然なのだ、と私は気がついた。

このようにして、援助の現場は真実であるという私の抱く神話は、この母とのめぐりあいで払拭できた。援助の現場も虚々実々であるという現実が、私には実感できた。自明のことだが、日常から切り離された特別な場として援助の現場があるわけではない。逆に、日常という生活の現場で困難が生じているからこそ、援助という現場に利用者は解決を求めてやってくるのである。だから、援助の現場でみせる利用者の姿は、現実の生活の虚々実々の濃縮した姿であるかもしれないのである。

今回の母でたとえれば、日常生活の現場から見えてくる母は、夫に死なれ、高齢の祖父を抱え、不登校の子の世話をしながら夜遅くまで働く、けなげな母である。その印象は多くの関係者がもっているに違いない。私も当初はそのような印象をもっていた。しかし援助の現場から母を見ていると、まったく異なる母を発見していく。子のためとはいえ、万が一の夢を追い求める女としての母、あるいは亡夫への復讐をたくらむ妻としての母、それらは可能性をまったく否定することはできない母の一面である。

つまり、どっちが真実でどっちが虚偽かという判断は、意味をなさないといえよう。どっちの母も真実で、その真実のなかには虚（嘘）を多分に含んでいたからだ。もしかしたら真実はいくつかあって、生活の現場と援助の現場のあいだに真実はただよっていて、落ち着き先を探していたのかもしれない。そして母は、その真実の行方をただ眺めていただけだったのかもしれない。母の遠くを見ているようなまなざしは、そう捉えると理解が可能となる。

さらに母の悲しそうな顔の意味も、悲しい嘘を演出するための母の意図と私は単純に解釈していたが、別の理解も成りたつことに気づいた。母は母の過去を私の瞳に見ていたのではないだろうか。善か悪か、真実か嘘か、純粋だが単純すぎる私のふたつの瞳を見ながら、母は失った過去の母を発見していたのではないだろうか。母は、もはやそうした二極分化のなかに生きていない自分を発見し、単純だが純粋な価値観のなかで暮らしている私の生活に、現在の生活を重ねあわせて、悲しくなったのではないだろうか。当時、母は私と同年であった。私は母に比べて、自分の思考の単純さを恥じていたが、もしかしたら母は私の思考の単純さを恨んでいたのかもしれない。

母との面接は中断したまま終わった。私に今も鮮明に母の息づかいが蘇るのは、中断したからという理由からではない。むろん同年ということだけでもない。私が母の人生に重ねて見ていたことは、母の生きることへのひたむきさであった。

母は私の前でたくさんの嘘をついた。そして母はたくさんの嘘をついたという真実を、私に残していった。現実の生活は真実と嘘、善と悪が混合しているということを母は身をもって私に教えてくれた。虚偽や欺瞞や偽善をふくみながらも生きつづける母の生活は、当然に相当の葛藤が存在したであろう。であっても、母は生きることをやめないに違いない。むしろ、であるからこそ母は生きることをやめないに違いない。なぜなら母は、母の真実の行方をまだ見とどけていないからだ。

母の生き方は、私の生き方に多大な影響を与えずにはおかなかった。母との巡り合いで、私は二極分化の思考パターンから脱出することができた。援助の現場は虚々実々であるという現実も体験できた。そして私は、私自身の真実の行方を見とどけたいと思うようになった。そこで、援助の現場を去り、研究職になった。今は東京を離れて岡山で生活している。

なぜなら、真実はそこにいたのでは見えないと思ったからだ。

本稿は、『「現場」のちから――社会福祉実践にとっての「現場」とは何か』について私なりに考えてまとめたものである。私にとっての「現場の力」は、利用者と援助者が互いに育ちあうことのできる虚々実々とした現場、そのものにあった。現場は虚と実を内包しつつただようことができる貴重な場である。それを書こうと思ったが、これは予測よりかなり困難な作業となった。援助者である私を括弧にいれて書くことはできなかったからだ。援助の現場の虚々実々を著わそうとするとき、私自身の虚々実々に直面せざるを得なくなった。それは当惑そのものであった。なぜなら、私の真実は私も分からなかったからだ。私にも真実がいくつかある。しかし真実になるかどうか、まだ虚なのである。その段階で口外すれば嘘になる可能性があった。それに気づいたときに、筆者は母をより深く敬愛することができたのである。

第3章

「対話」の力と社会福祉実践
——ことばを相互に紡ぐことの臨床的意味

関内メンタルクリニック
長谷川　俊雄

第1節　現場実践と現場の力

現場の力とは何か。現場が必要とする力、現場が生み出す力とは何なのだろうか。社会福祉実践が展開される現場に二十年間にわたり身を置き続けてきた自分に対して、あらためて問うてみても、簡単に答えがでない難問である。どうして、一日の大半をすごしている現場、あるいは人生に大きな影響を与えている現場であるにもかかわらず、自分が納得できるあるいは腑に落ちる説明をしようとすると、その返答に困ってしまうのだろうか。あまりにも日常的なことであるために、そして、多忙な業務のなかでそうした考えをめぐらす余裕や機会を手にできないという事情もある。そのために、あらためて検討したり振り返ったりすることをしてこなかったという理由もあげられるであろう。

しかし、これは言い訳にすぎないかもしれない。現場で、苦しく辛いことが次から次へと降りかかってくるなかで、どうして現場にしがみつき、こだわりをもちながら居続けているのだろうか。そうした自分への問いかけについて、自分一人だけで取り組むことは、分からなさを深めることや混乱することとで、疲労感や無力感を強めてしまう危険性をどこかで感じているために、そうした思索や検討を避けているのかもしれない。

現場の実践では、多くの人と出会い、たくさんの失敗を重ねてきた。これまでもクライエントの安堵感・喜び・充足感、あるいは真実や事実に直面することで生まれる苦悩・悲しみなど、たくさんのことばや表情が脳裏にしっかりと焼きついている。そうした言葉や表情を、対面する「かかわり」や「つながり」のなかで〈楽しい〉〈うれしい〉〈良かった〉〈そのとおりだ〉と体験してきたことが、援助職としての私を現在まで支えてくれてきたように思う。

それは、クライエントの所有することばや表情であるにもかかわらず、同時に援助職としてのことばや表情として、瞬時にあるいは追いかけるようにして、私自身のなかにクライエントと同じように生成され形づくられていく体験であったようにも思われる。数多くの似ている場面や同じような体験であったとしても、それはあくまでも似ているだけであり、同じように思われるだけであり、どれひとつとっても異なるものなのである。そのために、現場での実践は反復する単純作業とならないことは自明である。いまだかつてマニュアルが援助関係が展開するなかで有効だと感じたことはない。援助関係という点については、マニュアルは無効であり、有害にもなる。なぜならば、たった一回限りの再現性のないクライエントと援助職が向き合う「現実場面としての現場」に必要なものは、生活問題の共通認識や解決課題の共通理解を基礎としながら、そのうえでの生活問題の解決へ向けた相互関係によって生み出される「かかわり」と「つながり」だと言えるからであろう。

現場は、クライエントと援助職が共有する場所であり、「対話」を媒介とした「かかわり」を通した「つながり」のなかで、「原場」「源場」「厳場」「幻場」「弦場」といった多様な意味合いを帯びるように思う。また、現場の力は、意欲・生活力・創造力などのポジティブな力を育むこともあるが、一方では破壊力・無力・無気力などのネガティブな力になることもある。「現場」のもつ多義性、現場における「力」が内在している変容可能性という二つの要素が織りあげる「現場の力」について、私自身の体験にもとづいて考えてみたい。[1]

第2節　クライエントのことば――援助場面における対話

高校二年生の夏休み明けから不登校となり、その後はひきこもりの生活を続けてきた順一さん（仮名・二十六歳）との出会いは、順一さんを心配されている両親の家族相談を継続するなかで生まれた。定期的に手紙やｅメールを交換しながら、私のことを信頼できるのかどうかという順一さんの気持ちが揺れ続けながらも、直接会う機会を得られたのは三年前にさかのぼる。

当初は、外出することだけで精一杯の状態であり、相談の日時の約束を守れない自分を「やはりダメな人間なのです」「生きている価値なんてないですよね」と繰り返していた。それでも、不安定ながらも少しずつ二週間に一回の相談を中心とした生活リズムを整える工夫をしていった。
相談を開始して一年が経過する頃には、自分から話してくれるようになった。そして二年が経過する頃からは、相談時間が足りなくなるほど話すように変化してきた。話の内容も、自分自身の情けなさや、だめさかげんという自責的なものから、両親や学校・社会への批判や指摘、そしてボソボソとした口調のうつむきかげんのスタイルから、はっきりとしたことばと感情を伴うスタイルへと変化が生じてきた。
春からは、同じ悩みを体験している人であれば会ってみたいと、グループへの参加に意欲的な気持ちをもちつつある。過去と現在の時間のなかで生きることだけで精一杯の状態であり、余裕をもてなかった順一さんが、今後のことや将来に小さいけれども具体的な希望や願いを抱いていることが、話し方や行動によって表現されるようになってきた。ある日の相談で彼は話した。

今日は記念すべき日なんです。今日は、ちょうど六十回目なんですよ。五十回目だったらキリが良くて、もっと格好良かったかもしれないけど……。

順一さんは、いつもは持ってこないヨレヨレになった紙袋から、十冊の大学ノートを取り出しながら、少し照れ笑いの表情を浮かべたあとに、話を続けてくれた。

夕べ、相談の日から書き始めた日記を読み直してみたんです。二十歳のとき、成人式に出席できない自分に焦りや不安を感じて、日記のようなものを書き始めました。でも、そのときは日記を書くことが仕事や義務のように感じられて苦しかったので、長続きしないまま途中でやめてしまいました。それからも、何度か日記に再挑戦しても、やはり長続きしないでいました。その度に、〈なんてダメな奴なんだ〉〈日記さえも書けないなんて最低だよ〉と自分を責めていました。今考えると、日記を書こうとしたこと自体がスゴイことなのに、そう感じることができるほどの余裕がなかったんです、きっと……。

読み直してみて、よく分かったことがあります。今まで、まったく気づかなかったことが不思議に思います。なぜ、日記を書き続けることができたのかという一つの答えなんです。

つまり、二週間に一回しか相談はないのに、ぼくはそれ以外のときでも長谷川さんへ向けて書いていたように思うのです。分かってほしい人がいることや、もっと理解してほしい人がいるから、日記を書き続けられてきたように思います。そして、自分のなかに、長谷川さん以外の人にもぼくのことを知って欲しいと感じていることに、フト気づいて我ながら驚きました。人や社会のことがあれほどまでに〈こわい〉〈信頼できない〉と固く信念のようにもっていたのに、それが少しずつ変わってきていることを実感しています。そう気づいたら、なんだかジワーと温かくなる感じがして……。

人とかかわることが苦手なのはこれからも続くと思います。でも、人を信じることができる自分がいることに気づいて、自分を信じられるようになってきたのかなぁ～と考えています。人と上手に関われることを目標にしていたときの苦しさや焦りは、とても大きいものでした。もともと人との関わりは苦手なのですから仕方がないと思うことで、少し楽になれています。長谷川さんが、あるとき〈あきらめる〉ってどういうことなんだろうって話題を提案してくれて、いっしょにディスカッションしましたよね。覚えていますか。ノートに、〈あきらめる〉をめぐって肯定的・否定的なぼくの考えが迷いながら綴られています。そして、あらためて考え直して、夕べ、〈あきらめる〉ことにしました。どうしてなのかと言うと〈ありのままの自分を認めて信じる〉ことが〈あきらめる〉ことなんだと気づいたのです。そう気づいてみると、不必要なこだわりをもち続けていたことを素直に認められるように感じます。そうしたら、肩の荷を少し降ろせたように楽に感じられるのです。もちろん、これからも不安定な状態は続くと思いますが……。

長谷川さん、大変だと思いますが、このノート、ぜひ読んでほしいんです。

大学ノートは、字の大きさ・乱れ方などが、そのときの順一さんの気持ちをよく表わしており、手にとるように理解できるものであった。順一さんに対して、私は精神療法やカウンセリングの手法を用いることを意識的に避けて、対面関係をもつようにしてきたつもりでいる。順一さんに、手紙やｅメール、そして相談によって、私との「かかわり」を通して「つながり」を実感してもらえることを大切にしたいと考えてきた。順一さんは、人や社会が〈こわい〉と感じることを少なくしたいと思っていたのだから、私が彼にとって〈安全〉〈安心〉と感じられることが、まずは大切になるのである。

そうした実感をもつことができるようになるためには、治療的な関わりやパターナリズムに陥る関係性ではなく、日常的な誰にもできる方法としての「おしゃべり」が有効ではないだろうか。「おしゃべり」は、相互に作り出していく信頼感や安全感をテコにしながら、感じ方や考え方の違いを認め合える「会話」へ発展し、お互いが向き合いながら影響し合い、同時に自分自身に対しても向き合う「対話」へと育まれていく。それは、順一さんに限らず、多くのクライエントとの対面関係や相談でも同じことである。「おしゃべり」は、援助職自身がクライエントの前で、援助職としてではなく個人として表現することも含まれるため、援助技法からすると問題が多いと指摘されてきた傾向が強いのではないだろうか。しかし、援助関係と言えども人間関係の一形態であることを考えると、誰にでも取り組める日常的な方法が有効に機能することを評価するべきである。

順一さんは、私との三年間の相談で何を体験したのだろうか。端的に言えば、「対話の力」ではないだろうか。「対話することに必要な力」「対話することの力」「対話が生み出す力」を、順一さんは確かなものとして実感できたことにより、さまざまな新しい行動にチャレンジできるようになってきているのかもしれない。

大学ノートを読むことで、順一さんの私へ向けられた「対話」、そして彼自身に向けられている「対話」を感じることができた。「対話」の力の重要性をあらためて気づかされた体験となった。

第3節　援助職のことば――スーパーヴィジョンにおける対話

関係機関のケースワーカー・指導員・看護師・保健師からコンサルティングを求められることがある。コンサルティングを求めてくる援助職は、以前から特に親しいわけでもなく、名前と顔が一致する程度であることが多い。よくよく話をうかがうと、自分が担当している業務や援助についての相談という形をとりながらも、じつはそうした事態に直面している自分自身の悩み・戸惑い・混乱について助けを求めていることが理解できることがある。

あるとき、保健師からスーパーヴィジョンを受けたいという依頼があった。それをきっかけにして、同じ要望をもっている援助職へ声をかけて、グループ・スーパーヴィジョンらしきことが始まることになった。保健師二名、指導員一名、ソーシャルワーカー二名、そして私の六名のメンバーで構成されるグループである。私以外は経験五年未満であり、お互いが初対面という関係性である。

そこまでの進展は順調であったものの、スーパーヴィジョンの進め方や内容については煮詰めていなかった。また、私自身がカウンセリングを継続して受けた経験はあるものの、スーパーヴィジョンに参加する経験は乏しいものであった。あわてて、スーパーヴィジョンというタイトルのつく文献を集めて読んでみたが、どれもフィットする感覚を得られなかった。仕事としてスーパーヴィジョンを引き受けたわけではないという気楽さといい加減な気持ちも手伝い、まずはグループを実際に始めてみることにした。

最初の十回は、「言いっぱなし・聞きっぱなし」と「プライバシー保護」だけをルールに、二週間に一回のグループ・ミーティングを始めることにした。私の役割は簡単な進行役程度であり、メンバーでもあるという形で参加した。

十回のグループ・ミーティングは、それぞれの仕事上の悩み・困惑・辛さなどが率直に語られた。職場状況や職務内容が異なりはするけれども、メンバー全員が共有できる内容であった。次第に、素の感情を吐き出せるようになってきた時期には、スピーカーの表現する感情に対して、ほかのメンバーは身振り・うなずき・態度といった非言語コミュニケーションによって豊かに受けとめることができるようになっていった。グループ・スーパーヴィジョンと言うよりも、自助グループのミーティングの色彩が強いものとなっていた。十回を終了した時点で、自分のなかに閉じ込めていた感情を吐き出すことの気持ち良さ、同じような辛さをもっているのは私一人だけではないという安堵感、聞きっぱなしにすることの難しさ、それでも現場で仕事を続けていきたいという気持ちがあることなどの気づきや感想が出された。

これまでの十回のウォーミングアップとしての意味合いをもつグループ・ミーティングを踏まえ

て、次にどのように進めるのかを話し合うが、なかなか妙案が出ない状況が続いた。そこで、私自身のバーン・アウトの経験を振り返りながら、仕事をするにあたっての基礎として重要にしてきた、あるいは大切にしていきたい「価値」や「倫理」に混乱やゆらぎがあるのではないかという体験にもとづいて、ある研究論文を素材に使用しながら、自分や仕事ぶりを振り返ることをゼミ形式で行なうことを提案した。メンバーも「分からないけれども、やってみよう」と賛成してくれた。

約五十頁の文献を十回にわたってていねいに読み進めてみることと、自分自身や自分の仕事・職場に即した具体的な感想や意見を交換することにした。また、各回のグループ・スーパーヴィジョンの終了後には、簡単な振り返りの文章をまとめることをお願いした。個人のパーソナリティや実践事例を中心としないことが、自分の感じ方や考え方を安全感をもって表現することができた点が良かったように感じられる。

合計二十回にわたるグループ・スーパーヴィジョンの最終回。相談機関に勤務するソーシャルワーカーの愛さん（仮名・二十七歳）が、穏やかな表情でゆっくり話してくれた。

私、悩みや辛さでどうにもならなくなるのは、私自身の経験不足や知識不足によるものだと感じて、ワーカーとしての自分の能力不足なのだと自分を責めていました。また、労働条件が厳しいことやおかしな職場だからとか、担当するケース数が多いからだと、自分の外側に理由を求めて、そこに責任転嫁をしてきました。原因や理由の求めかたが極端でしょう。こういうパターンって、私のクセですよね。ついに、発見できたんです、私のクセ。今までは、一人ぼっちで悶々として、苦しさや辛さを解消しようと思って、趣味をもってみたり、旅行をしたりしたけれども、結局のところは、職場に戻るといつもと同じような嫌な気分になってしまうのです。そして、プイプイした表情とギザギザした気持ちでクライエントの方に接するものだから、うまくいくはずがないですよね。

いつしか、私が重要だと思ってきたことや大切にしたいことがあいまいになってきたこと、そして無理してそのことをどうにか実現しようとがんばってみたりしていました。そう、自分が自分を空回りさせていたことに気づいたのです。もともと、自分で言うのもおかしいけれど、純粋で誠実な方だから、実現不能なものでも完全な実現を求めてしまう傾向があります。クライエントとの関係で言えば、私の援助はじつはクライエントの自己決定を尊重しないコントロールだったんだと気づいて愕然としました。

私の援助が目指しているものとは正反対の迷惑や暴力として機能していたとしたら、クライエントと良い関係なんて作れないのは当然ですよね。福祉現場で仕事を始めて四年がたちます。クライエントをこうしたいという私の願いの実現が、実際にはコントロールとして行なわれていたことが分かったのです。ですから、相手をコントロールしようとすることは無力であることを認めることが大切なんだと思うのです。

どこかで聞いたことのあることばでしょう。そう、AAの十二ステップの第一ステップで言われていることなんですよ。アルコール依存症の人たちだけのことだと思っていましたが、自分自身にも当てはまることなんだと気づいたことも、なんだかとてもおもしろくて……。無理をしないで、腹をたてず、肩肘はらずにやっていきたいなぁ〜と思っています。そう言えば、胃の痛みも肩凝りも少なくなっている！　からだは正直ですね。一人でなんとかしようとして、がんばりすぎるのはやめにしようと思います。これからは〈助けて〉と人にお願いすることにします。

愛さんは、最初の十回は怒りや悲しみの表情を伴うことばかり話していた。しかし、最終回には自然体でのびのびと話しているのがとても印象的であった。愛さんは、グループ・スーパーヴィジョンの場で、職場でも家庭でも、仲間同士でも語れないことを継続して語るという体験、同じ援助職という共通点しかないメンバーに受け入れられる体験を通して、自分自身を振り返ることができたのだと思う。さらに、今までの援助が、結果としてクライエントのコントロールになっていたのではないかという気づきは、後半十回のグループ・スーパーヴィジョンでの真摯で活発なディスカッションのなかで摑み取ることができたものである。

「自分のことを大切にしたい」「いい仕事がしたい」という願いや思いのもとに集まったメンバーが、前半と後半がスタイルの違うグループ体験を通して、「向き合うこと」や「対話」を重ねながら、自分自身が援助職として生きるということに希望や夢を再び手にすることができたのではないだろうか。わずか二十回、四十時間という限られた時間であったとしても、日常では体験できない「向き合うこと」や「対話」は、濃密な時間を心地よい距離感を通して体験することによって、個人の自尊心や自己信頼感を豊かに大きく育むことを可能にさせる力があると言えよう。

第4節　仲間のことば——超時間・超空間的な「対話」

社会福祉現場で仕事をしてきた援助職であれば、誰もが自分一人の力ではどうにもならない課題に直面して、辛さ・苦しさ・混乱・不安を体験することがある。また、職場で、あるいは職域でも、同じように他の援助職と協力・努力・工夫を行ないながら取り組んでも解決できないという課題に直面する体験も多いはずである。課題を解決することはできないかもしれないが、そこには苦しい時間と空間を共有してきた仲間と呼べる人たちがいる。その時間と空間をどうにか打開しようと取り組んできた仲間たちである。

私にもそうした仲間がいる。現在では職場も異なり、日常的に会うことや連絡することはないが、年に数回あるいは数年に一度会うことがある。会いたいと思うときは、必ずと言っていいほど、仲間の率直な意見を耳にしたい状況に自分が置かれていることが多い。グチをこぼしたり、慰めや励ましを得ようとしたりしている場合は、そうした仲間へは声をかけないのは不思議である。

私が現在の仕事を継続していくことに疑問や不安を感じて自信を失いそうになったとき、大きな決断に迷いを感じているとき、仲間の意見や考えを聞きたくて久しぶりに会うのである。仲間というよりも同志と表現した方がふさわしい関係性かもしれない。

そうしたある場面での仲間のことばを紹介することにしたい。

そんなに迷っているのなら、仕事を辞めればいいでしょう。仕事から逃げているように感じるなぁ〜。結局は自分から逃げているんだよ。自己逃避、違うかい？　あのときだって、そういうことを言っていたよな。いいかい、自分ができることを過信しているんじゃないの。不遜だよ。お前がいなくてもさ、誰かがきっといい仕事を引き継いでやってくれるよ。だからさ〜、そんなに力んで考えることないじゃない。失敗したら、その失敗から学べばいいんだろう。そういうふうに、お前はいつも俺に言ってたじゃないか。俺、そうやってきたこと、良かったと思っているんだ。もし、違うなんて言ったら許さないからな。いったい、どうなんだ……？

居酒屋でのアルコールの力を借りてはいても、単刀直入に切り込んでくる簡潔な仲間のことばは有難い。他人には恫喝に聞こえてもおかしくない言い方や内容であっても、すでに何回も話し込んできた経過があるからこそ、それらの経過をすべて含んだうえでのメッセージは明快で優しく響いてくる。現実に直面しながら、お互いに感情をあらわにしたこと、意見の違いを尊重しつつ徹底的に議論を尽くしてきたこと、そして現実を打開するために一緒に取り組んできたこと。そうした真剣で誠実な対面関係と協働関係は、「対話」を仲介として築かれてきた。時間と空間を超えて、「今、ここで」もリアリティを感じさせる力として自分のなかに息づいているように思われる。つまり、「対話」の力は、場所や時間を超えて私のなかに存在し続けることができる力だと言える。

第5節　「対話」の力が意味するもの

社会福祉現場は、社会の矛盾が個人の生活上に具体的に現われる生活問題を対象として取り組まれる諸活動が展開する場である。社会福祉現場における社会福祉実践だけでは、個人の生活上に現われる生活問題をすべて解決することは困難である。社会福祉制度や社会保障制度および社会福祉援助活動によって解決できない問題については、社会政策の拡充・整備によって解決を計らなければならないことは当然のことである。

そのことを前提にすると、社会福祉実践における「対話」は、どれほど豊かに行なわれたとしても、生活問題の解決については完璧に機能する訳ではないと言うことができる。しかし、「対話」のもつ重要性は、そうした社会福祉実践に内在する限界性を認めながらも、生活問題の解決に取り組もうとする意欲や具体的な力を育むクライエントの主体性の形成を可能にする点に求めることができるだろう。クライエントと援助職が協働の取り組みを行なうなかで、たとえ「最善」を手にできなくとも、そのプロセスで手に入れることができる自信や力によって、実際に得られた「次善」が結果として「最善」と同様な意味や重みをもつことになることがある。生活問題の解決へ向けた確かな意思と態度と力が形成される過程には、クライエントと援助職の「対話」は必要不可欠な条件なのである。「対話」を重要視する実践は、アセスメント、インターベンション、エバリエーションの各段階において、クライエントの参加保障を求めることと同じ意味をもつ。しかし、「対話」は、援助過程へ形式的にクライエントの参加を保障するものではなく、援助過程へ実質的にクライエントと援助職がともに参加することを要請しているものであると言えよう。

コミュニケーションにおける関係性の形成や「対話」の意義について、ひきこもりの状態にある和也さん（仮名・二十四歳）がこう語っていたことが大きなヒントを与えてくれるように思う。

最近、リビングの空気が変わってきたように思えるんです。そう思えるようになってからは、父親や母親のコミュニケーションが変化してきていることに気づきました。何だか以前とは違うなぁ〜と思ってきたことは、じつはそのことだったんです。コミュニケーションは、ぼくの感じ方では、伝達から会話へ、会話から対話へという変化かな？　はじめて、生まれてから初めてという意味ですよ。ぼくのことばと父親・母親のことばが嚙み合っているなぁ〜という感じがします。以前に〈和也さんにとってのＱＯＬ（Quality of Life）は、コミュニケーションが豊かに感じられるようになると、もうひとつのＱＯＬ（Quality of Living-room）として実感できるはずだよ〉って言ってましたよね。そのことが、今すごく分かるんです！

和也さんが言う「伝達」から「会話」へ、そして「会話」から「対話」へという指摘は見事なほどに、コミュニケーションと対人関係における「対話」の位置と意味を明らかにしてくれている。「対話」というものが信頼感を作り出し、その信頼感がほどよい距離を保障した豊かな「関係性」へと育まれるプロセスを示している。このことは、社会福祉実践や社会福祉現場だけに固有のものではなく、対人関係一般に言えることではあるが、最近の社会福祉援助技術論における技術（Skill）志向への偏り、外国から直輸入された概念や用語の無批判な紹介が盛んな状況にあるが、援助関係における根源的で基礎的な要素や条件の検討・研究の重要性が認識されていないように思われる。社会福祉現場における援助関係は、一般的な対人関係とは異なる点が多いことも事実であるが、同時に一般的な対人関係と重なることが多いことも忘れてはならない。さらに、家庭での、友人との、職場での、地域での一般的な対人関係そのものが、「対話」を実現させることが困難な状況にあり、「会話」さえもが危機的な状況にもあり、さらにコミュニケーションの大部分が「伝達」で占められる傾向が強いため関係性そのものに不全状態を生じさせている。そうした現状のなかで、援助関係という対人関係が展開される現場においては、あらためて「対話」の力の重要性を認識することが大切であるだろう。

哲学者で神学者であるマルティン・ブーバーは、「対話」についてつぎのように述べている。

対話によって結ばれている二人の人間は、明らかに相互に相手の方に向かい合っていることでなければならぬ、それゆえ、——どの程度、活動的であったか、どの程度活動性の意識があったのかということはとにかくとして——向かい合い心がそこに立ち帰るということではなくてはならない。

（マルティン・ブーバー『我と汝・対話』植田重雄訳(2)）

現場では、常に「対話」を拒む条件、「対話」の展開を制約する条件が多く存在する。そうした条件を取り除きながら、制約のある状況のなかにあっても、ブーバーが指摘するような「対話」を取り戻す必要性と緊急性があるように思う。私自身の課題としては、クライエント、職場や職域の仲間、そして友人や家族とのあいだに「対話」を育み、継続することを心がけていくことだと感じている。難しいことは十分承知のうえで……(3)。

第4章 かかわりを継続する力
——保健所という現場から

東京都狛江調布保健所
柏木　由美子

第1節　保健所の光景

私にとって現場は保健所である。

毎朝、保健所では電話が鳴り響く。「予防接種についてききたい」「エイズ検査を受けたいが、どうすればよいか」「結核の症状について教えてほしい」。さまざまな相談が電話で寄せられる。現在、私の同僚保健師は十二名。本人や家族からの電話相談を受ける保健師、事業や訪問のために出かける保健師、全員があわただしく働いている。また、電話だけでなく、来所して相談に訪れる人も多い。若い女性が難病の医療費を申請するために訪ねてくる。三歳くらいの子を連れた父親が未熟児で生まれた第二子の養育医療の申請に来所する。若い難病の女性も、未熟児を育てる父親も、それぞれの事情や思いを背負って保健所を訪れる。

保健師が電話や来所の相談に追われるあいだも、他の職員が電話や来所への対応をしてくれる。電話を受けた職員から声がかかる。「保健師さん。精神鑑定のことを聞きたいという電話です」。周囲の眼が保健師に集まる。私が電話をとると、受話器の向こうから大きな声が響いた。「精神鑑定を受けるにはどうすればよいのか。夫婦げんかのたびに、夫から〈おまえはバカだ、精神病だ〉とののしられる。私が精神病でないと証明したいんです」。この女性は今どのような人生を生きているのかと考える。しかし、考えこむ暇もなく、今度は玄関脇の受付けから呼ばれる。「保健師さん、ののしりあっている夫婦らしき人がいるので、はやくきてほしい」。かけつけると、二人は私をとりあうかのようにお互いの言い分をぶつけてくる。以前から知るAさん夫婦だった。なんとか二人をなだめて帰宅してもらう。ほっとして自分の席にもどり、冷めたモーニング・コーヒーを飲む。

つぎは、民生委員からの電話。「近所に住む主婦が毎日のように被害的な訴えを私に伝えてくるが、どう対応したらよいか」という内容。事情を聴くために、民生委員と後日の面接を約束する。さらに、生活保護担当のケースワーカーから電話が入る。「ひとり暮らしの男性が精神科への通院を中断して自宅に閉じこもっている。今後いっしょにかかわってほしい」という。この男性が住む地区を担当する保健師が席に居ることをたしかめ、その保健師にワーカーからの依頼を引き継ぐ。昼前になって、初老の女性が三十歳前後の男性の手を強引にひいて来所した。おそらく、親子だろう、保健師への相談だろうと想像する。その通りだった。事務職員から「保健師さん。精神の相談です」と声がかかる。

昼食をかきこむように終えると、月一回の家庭訪問を約束しているBさん宅へでかける準備をする。そこに突然、以前からかかわりのあるCさんの父親がきびしい顔つきで来所した。父親の突然の来所に驚き、父の表情から十年近く引きこもったままのCさんに何かあったのではないかと心配になる。そこで、父の話を聴くことにし、訪問を約束しているBさんに電話をして、訪問時間を遅らせてもらう。幸い、Bさんは時間の変更を気持ちよく了解してくれた。

一日の仕事が終わる夕方になると、訪問やさまざまな事業を終えた保健師がそれぞれの席にもどる。互いに今日一日の出来事、迷ったこと、不安に思ったこと、哀しかったこと、嬉しかったことなどを伝え合い、ぶつけあう。このわずかな時間がほっとできる瞬間である。自分を癒さないと家への帰路にはつけない。これが保健所の日常である。

第2節　本章のねらい

私が保健師として就職したのは昭和四十八年。以来、四年間の精神保健福祉センターでの勤務をのぞけば、二十三年間を東京都の五カ所の保健所ですごしてきた。

この間、保健所の状況は大きく変わった。初期は結核対策・母子保健に力が注がれ、新たに加わった精神保健・難病対策のために、保健所や相談所の数が増える時代だった。しかし、今は地域保健法の施行にともない、保健所を統廃合し、再編する時代になった。保健師の相談・訪問活動も変わった。近年では、精神疾患、難病、心身障害児の相談と結核、エイズなどの感染症対策に重点がおかれている。そして保健師活動は、いわゆる慢性疾患をもつ患者・家族とのかかわりが多くをしめるようになった。

慢性疾患をかかえる患者・家族とのかかわりは、当然長期にわたる。それは疾患自体が長く経過する性質をもつためでもあるが、慢性疾患が患者の生活全体、家族関係にまで大きく、複雑な影響を与えるためでもある。なかでも、保健師の相談・訪問件数の半数以上をしめる精神疾患の場合、相談が長期にわたるだけでなく、相談自体にはじめから複雑な要素がからむことが多い。それは、精神疾患が本人の生活に大きな影響を与えるだけでなく、家族や近隣住民の生活までをまき込むことが多いためである。このことは、だれが相談を保健所へもちこんでくるかを調べるとよく分かる。精神疾患の相談では、疾患をもつ本人が相談行動をおこすことは少なく、家族、近隣住民、あるいは福祉事務所、民生委員、警察などから相談がもちこまれる場合が七割以上である。つまり、多くの相談は周囲の不安、困り事、苦情からはじまり、患者本人の気持ち、事情をたしかめられないまま、相談を進めなければならない。したがって、保健師が本人とのかかわりをはじめるまでに相当の時間を費やすことが多いし、いったん本人とのかかわりがはじまって以降も、本人の複雑な事情や歴史、また家族関係や近隣関係など、さまざまな要素が関連しあうため、どうしても本人、家族などとの息の長い、根気強いかかわりが必要となる。

すなわち、現在保健所という現場に最も求められる力は患者、家族、地域住民、関係機関などとの相談関係をていねいに創り、継続したかかわりを育てる力である。保健師の活動は本人や家族と契約をかわしたうえで進めるものではない。また、保健師は強制的に家庭訪問する権利をもたないし、本人を病院や施設に措置する権限もない。したがって、保健師には本人や家族とのあいだに問題解決や生活の仕方について話し合うことができる相談関係を創り、そのかかわりを育てつづける力が何より求められる。また、保健師が本人・家族が暮らす地域で活動し、患者・家族の生活にかかわるためには、病院、福祉事務所などの関係機関や地域住民とのかかわりを継続して育てる力も不可欠である。

しかし、このようなかかわりを育てることは容易ではない。とくに、相談が近隣住民からの苦情としてはじまる場合、その時点で住民が患者から直接の被害を受けている場合もあり、はじめから相談関係に対立、利害関係が反映されることもある。したがって、相談を受けるとき、単純に耳を傾け、不安を受けとめればよいということはなく、さまざまな角度から問題を検証する視点や注意が要求される。また、住民の訴え、苦情にも切実さがあり、それを受けとめるだけでも容易ではない。たとえば、住民が患者に対する怒りを保健師に向けて表現する場合もあり、保健師が向けられた怒りにうろたえてしまうこともある。ときには、住民の立場に感情移入しすぎたり、逆に住民の訴えに批判や怒りを抱いてしまうこともある。一方、本人自身も住民に対して被害感を募らせている場合があり、住民からの相談、苦情を受けて、本人との相談関係を創ろうとするとき、本人から必要以上に警戒されたり、拒絶されたりすることも多い。同じように、家族や関係機関とのかかわりにも複雑な要素が存在する。

しかし、すでに述べたように、現在保健所という現場に最も必要とされる力は患者、家族、あるいは地域住民、関係機関などと息の長い相談関係を創り、それを継続して育てる力である。本章では、保健師がさまざまな人と問題解決に向けて対話し、議論し、力を合わせることができる相談関係を「かかわり」と呼び、「かかわり」を継続する力について論じる。以下には、私が経験した四つの体験を記述し、そのうえでかかわりを継続することの意味、かかわりを継続する力を高めるための課題を論じる。

第3節　四つのかかわり

以下の事例は、いずれも精神疾患をもつ本人について、近隣住民や家族などからの苦情、心配事としてかかわりをはじめた事例である。記述では本人、家族などのプライバシーに配慮するため、経過に若干修正を加えた。名前はすべて仮名であり、いずれも私が過去に勤めた保健所におけるかかわりである。

1　怒鳴り声の電話

あるマンションの自治会役員から保健所に電話が入った。声は落ちついていたが、明らかに苦情を訴える調子だった。「五十歳代のひとり暮らしの女性宅から煙が出たため、消防署に通報した。消防隊がかけつけ、外からいくら呼びかけても、彼女はドアを開けようとしない。やがて煙が治まり、消防隊は帰ったが、今後いつ火事をおこすか大変不安」という内容だった。

自治会役員によれば、女性の名は暁子さん。彼女はマンションに十数年前から父と二人で暮らしていた。しかし、昨年父が死亡して以来、近隣との交流を断ち、回覧版をもっていっても応答をしなくなった。ときおり、彼女が外出する姿をみかけるが、いつも真っ黒な洋服に身をつつみ、帽子を深くかぶり、マスクで顔をおおっている。声をかけても一切口をきかない。多くの住民から不安と苦情がでており、自治会としても彼女と話し合うきっかけをつかめずに、どうしてよいか困り果てているとのことだった。

私は役員の話を聞きながら、父を失い、黒い洋服に身をつつみ、隠れるように外出する暁子さんの気持ちと生活を想像した。「彼女は父の死を受けいれているのだろうか」「孤独感に襲われているのではないか」「一人で買物や食事はできているのか」。さまざまな心配が浮かんできた。直接彼女に会いたいと思った。

しかし、どのような理由で訪問すれば、よい出会いができるだろうか。「近隣住民からあなたについて苦情がでている。それで訪問した」といえば、拒まれることは目にみえている。そこで、過去に保健所が彼女とかかわったことがなかったかを古い記録で調べた。しかし、そのような形跡はみあたらなかった。悩んだ末に、「健康や生活上の困りごとがないか、保健師として訪問しよう」

と考えた。

彼女の家は広い道路に面した比較的古いマンションの四階にあった。階段をのぼり、家の周囲をながめてみると、生活の臭いは薄く、換気扇も閉じられていた。ドアをノックして、何度か呼びかけてみた。しかし、返事はなかった。しばらく待ったが、人の気配は感じられなかった。そこで、一階まで降りてマンションの裏手にまわり、彼女の部屋を見あげてみた。ベランダに洗濯物はなく、カーテンも閉じられていた。一階の郵便受けにも何も入っていなかった。そこで、私はその場で手紙を書いて郵便受けに入れ、再度訪問したいという気持ちを伝えた。一週間後、夕方遅くなれば電気が灯り、彼女が生活している証を確認できるのではないかと考え、遅い時間に訪問した。夜まで待ったが、結局電気は灯らなかった。ドアに呼びかけても、やはり応えはなかった。再度、手紙を書いた。前回の手紙はポストに残っていなかったが、今回の手紙は玄関の隙間にさしこむことにした。彼女が私のメッセージを受け取ってくれることを願った。

二日後、保健所の電話が鳴った。職員が「この電話の人、怒鳴っているだけで何を言っているのか分からない」と、私に電話をまわした。受話器をとると、やはり怒鳴り声だった。しかし、じっと電話を聞くうちに、電話の相手が暁子さんではないかと私には思われた。怒鳴っていて分かりづらい内容だったが、「私が頼もうと思って電話をしたときは訪問してくれないで、関係ないときに来たって迷惑だ」と話していた。暁子さんは父親が死亡した直後に援助を求めて保健所に電話をした。しかし、電話に出た職員が保健師ではなかったこと、彼女も電話で気持ちをうまく伝えられなかったことが重なり、彼女の援助を求める気持ちが保健師に伝わらなかったのだと想像された。そこで、電話で謝罪し、「相談に乗れることがあれば乗りたい。あなたと会って話がしたい」と必死に伝えた。しかし、「保健師なんか頼りにしない。訪問は迷惑だ」といっそう激しい口調で怒鳴られ、電話を切られてしまった。

彼女から拒絶され、私は揺らいだ。どうしたらよいかと考え、しばらく身動きができなかった。しかし、電話での会話をもう一度思いおこし、暁子さんの気持ちに沿って彼女のことばの意味を考えなおしてみた。彼女は父の死亡後に電話で保健所に何らかの助けを求めた。しかし、その求めは届かなかった。そのことによって、彼女は周囲から孤立する気持ちをいっそう強めたのかもしれない。孤立感に圧倒されているために、買物にでるときは帽子を深くかぶり、マスクをつけ、人を避けて歩くしかないのではないか。近隣住民がかけるあいさつも彼女には恐怖であるのかもしれない。洗濯物も干さず、カーテンも開けずに、父を失った孤独感、周囲からの孤立感にひとりで耐えるしかないのではないか。そう考えると、彼女が私の訪問を拒絶し、置手紙に激怒する気持ちが少しだけ分かるような気がした。

しかし、拒絶を単に拒絶と捉えてしまえば、彼女にかかわりはじめることはできない。彼女の拒絶は、「あなたたちの都合だけで、私にかかわらないでほしい」というメッセージと考えることもできる。また、怒りのことばは、じつは孤立感や生活上の困難に対する助けを求めることばと捉えることもできる。さらに、家のなかで何かを燃やす行為は彼女の誰かに対する「助けて欲しい」というサインではないかとも考えられる。

かつて暁子さんが電話で助けを求めたとき、求めを受けとめられなかった怒りと不安を今度は私が受けとめる必要がある。それが今の私に唯一できることだろう。私は拒否されても、再度訪問しようと気持ちを奮いたたせることにした。訪ねてみると、マンションは以前と同じ状態で、呼びかけにも応えはなかった。再び手紙を書き、求められたときに訪問できなかったことを詫び、会いたいという気持ちを込めた。その後も、二〜三週間おきに訪問し、季節の変化や様子などを書いた手紙を置きつづけた。

数カ月後、突然、暁子さんから私あてに、「会いたい」と電話が入った。驚いた。しかし、たしかに彼女からの電話だった。そして、ようやく私は彼女と会うことができた。

やっとこれから暁子さんとのかかわりがはじまると期待に胸をふくらませ、暁子さんの希望するマンション近くの喫茶店に向かった。暁子さんは黒い洋服に身を包み、ほっそりとした美しい人だった。電話の声からは想像できない静かな口調で、「私はこのように元気です。今特に困っていることはありません」と語った。ベールで覆ったような暁子さんにとりつくしまもなく、次に会う約束もできないまま別れることになった。私は簡単に関係が創れるものではない、拒否されたわけではない、これからも私の気持ちを伝え続けたいと思った。

しかし、彼女とのかかわりは簡単には進展しなかった。彼女は再び家のなかで新聞紙を燃やし、入院となった。暁子さんの入院を知らされた私はショックだった。再び、新聞紙を燃やさなければならないほど、彼女は追いつめられていたのかもしれない。それを見逃したと考えると、後悔ばかりが浮かんだ。だが、しばらくして、入院を契機に一層かかわりを育てることができるのではないかと考えはじめた。そして、入院している彼女を訪ねることにした。病院訪問をつづけ暁子さんとのかかわりを育てること、そして病院関係者とも会い、彼女とともに退院後の生活を今から準備することを目標に訪問をつづけた。

2　ぬいぐるみ

五十歳になる康子さんは八十五歳の母親と二人暮らし。康子さんはかつて精神科デイケアに通ったこともあるが、人前でうまく話せない、頭が前に下がってしまい首にコルセットをはめないと外出できないなどの事情が重なり、三〜四年前から、病院に通院する以外はほとんど外出することなく、自宅ですごしている。康子さんとのかかわりは、年老いた母親が「私がこの先、康子の面倒を見られなくなったらどうすればよいのでしょうか」と言って、一人で保健所を訪ねたことからはじまった。

母親を通して康子さんの了解を得、初めて家を訪ね、康子さんに会った。康子さんは母親に呼ばれて居間に首を支えながら現われた。タンスにもたれかかるように座った康子さんの姿は、しゃきしゃきとした母親とは対照的に、静かでゆっくりとした動きだった。私は思わず「つらそうね」と自己紹介をするのも忘れて問いかけた。康子さんは少しだけ微笑んだ。そして「私のことば分かりますか」と気にしながらゆっくりと今のつらさを語った。やはり彼女のことばは不明瞭で、首を手で支えていないと話ができなかった。だが、私の訪問は喜んでくれた。「最近、母親以外の人と話す機会がなく、さびしかった」「首の状態が良くなればもっと外出したい」などの気持ちを懸命に私に伝えてくれた。その後も、月に一回訪問をつづけた。そのたびに私を楽しみに待ち、自らお茶を入れてくれたり、ときには自分で作ったぬいぐるみや小物をうれしそうに見せてくれた。

彼女の首が不安定になったのは三年ほど前から。精神科で紹介された整形外科でコルセットをつくり、外出時にはこれを着用していた。しかし、コルセットが合わないのか、具合の悪さを訴えつづけていた。康子さんは「私のことばがはっきりしないから、苦痛や不安が医師にうまく伝えられない」と言い、遠慮がちに私に「病院受診に同行してほしい」と依頼した。私は康子さんと病院へ行った。精神科の医師は、彼女の精神状態は安定しているものの、首が不安定になった原因は分からないとのことだった。整形外科では、コルセットを作りなおしてもらえることになった。新しいコルセットをつけると、いくらか楽になったようだった。このころから、康子さんの外出は少しずつふえ、母親に代わって買物に出かけたり、家事も手伝うようになった。私との面接も家庭訪問だけでなく、ときには彼女が保健所に私を訪ねてくるようになった。

かかわりはじめて二年目のある日。事務職員から「保健師さんあての電話だと思うけれど、ことばがよく分からない」と一本の電話が私にまわされた。電話に出ると、康子さんだった。彼女からもらう初めての電話だった。「母が突然倒れて入院した。どうしたらよいか分からない」と彼女は言った。急いで康子さんといっしょに病院に向かった。私たちを見た母親は、ベッドから私に「よろしく頼みます」と涙を流していた。幸い、母親は軽い麻痺は残るものの、一、二カ月後には退院できるとのことだった。

私は彼女が一人で生活できるか不安だった。さまざまな症状が悪化するのではないかとも恐れた。しかし、母親の入院をきっかけに彼女は変わった。私の不安を消しさるように、母親に任せていた家事も積極的にこなした。そして母親を家に迎える準備が彼女といっしょに始まった。寝たきりの母親が家で生活できるようにするために、ギャジベッドやエアーマットレス、車椅子の貸し出しなども私といっしょに申請した。また、配食サービス、週一回の訪問看護、週二回のヘルパーの派遣も申しこんだ。

二カ月後、自宅での母親の介護がはじまった。ヘルパーや訪問看護を受け入れ、彼女自身も母親をトイレに誘導したり、食事の介助をするなど、日常の細々としたことに気を配り、介護の一部を担った。退院後の生活が軌道にのり、ふと気づくと、彼女の首の不安定さはいつのまにか気にならなくなっていた。コルセットも使わなくなっていた。不明瞭だったことばも、はじめて会うケースワーカーやヘルパーにきちんと伝わった。私自身も母親の入院から在宅療養のことで気持ちに余裕がなかったためか、彼女の言葉や首の問題がいつごろから消えたのかをはっきり覚えていない。しかし、母親が入院し、彼女が母親の世話をはじめたころから、徐々に改善していったと思われる。そして、彼女はそれ以降二年間、寝たきりに近くなった母親をさまざまな人たちに支えられながら介護し、みごとに看とった。

かかわりの初期、私は康子さんのことばが明瞭でないこと、コルセットをしないと外出できないなどの症状ばかりに眼が向いた。彼女の苦しい状況を何とか改善したいと思ったため、同行受診を行なった。そのころの彼女は何事にも受け身だった。しかし、彼女は母親の入院に直面し、はじめて自らの力で周囲に助けを求めた。そして、自分の病気や症状と闘うだけでなく、母親の看病という新たな役割にも挑戦し、力を発揮した。退院の準備を進める姿も、母親を介護する姿もすばらしかった。ふと気づくと、彼女のことばの不明瞭さと首の症状は消えていた。「自分が役に立っている実感がもててうれしい」。そう康子さんは言った。四年近く閉じこもりがちな生活をつづけた康子さんからは想像することもできない変化だった。母親の介護がきっかけではあったが、彼女はケースワーカーやヘルパー、訪問看護婦などとの出会いも経験した。これらの出会いは、彼女が今後一人で生きていくうえで必ず力になるはずである。

四年にわたる彼女とのかかわりを通して発見したこと、それはかかわりを継続することによって、あらたな患者の変化を実感し、見届けることができるということである。こうした意味で、継続するかかわりとは、患者のもつ力、変化の可能性を知る機会を広げ、豊かにすることである。改めて確認したこともあった。それは、患者の力、変化の可能性を実感する体験は保健師にとっての喜び、学びであり、その喜び、学びが保健師の新たな仕事のエネルギーになるということである。いつだったか、康子さんは手作りのぬいぐるみを私にプレゼントしてくれた。そのぬいぐるみも見事なできばえだった。ぬいぐるみは今でも私の家のサイドボードの上で、ときおり私にエネルギーをわけてくれている。

3　やぶ蚊と木枯らし

六十三歳の母親が杖をつき、足をひきずりながら保健所を訪ねてきた。髪はすでに真っ白。年齢よりはるかにふけて見えた。「私が入院して家を空けたことをきっかけに、息子に家から追いだされた。今は知人の家に身を寄せているが、このまま甘えているわけにもいかない。家にときどき郵便物などをとりに行くが、一人で閉じこもっている息子に三カ月以上も会っていない」と訴えた。

息子は二十九歳の智宏さん。彼は幼いころから吃音があり、そのためか友だちも少なく、中学時代には不登校も経験している。中学卒業後、職業訓練校に入学したが、長くはつづかなかった。その後、アルバイトをしたこともあるが、すぐに辞めてしまい、ひきこもりがちの生活をつづけている。かつて、母はさまざまな相談機関を訪れたり、短期間だが彼を施設に入れたこともある。父親にはアルコールの問題があり、智宏さんが十二歳のときに亡くなっている。母親は父親の死亡後、理髪店を一人で切りもりして、姉と彼を育てた。姉は高校卒業後に家を出ており、以来、彼と母親だけの暮らしがつづいている。六年前、母親は体調を崩して店を閉じ、それ以降、生活保護を受けて暮らしてきた。半年前、母親が再び脳梗塞で倒れた。入院当初、智宏さんは何度か母を見舞ったが、すぐにとだえた。二カ月前、母親は退院した。しかし、家の玄関を開けてもらえず、仕方なく知人の家に身を寄せた。智宏さんは、母親や知人、ケースワーカーが訪問しても、ドアを開けない。母親はケースワーカーから、「彼は精神的な問題があるのではないか」と言われ、保健所への相談を勧められた。智宏さんの生活費は、毎月二回、知人がドアの隙間から差し入れてくれている。

私は母親といっしょに月二回、生活費を持って家庭訪問することから、智宏さんとのかかわりをはじめようと考えた。彼と会って、母親の心配する気持ちを伝えたいとも思った。麻痺の残る足を引きずる母と私の同行訪問がはじまった。

彼の住まいは都営住宅の一階。はじめて訪ねた日は真夏だったが、窓は開いていなかった。二人で時間をおいて彼に交互に呼びかけてみた。また、換気扇がまわっていること、電気のメーターがゆっくりと動いていること、玄関脇に置いてある自転車の荷台のほこりを指でなぞり、自転車が使われた形跡を見つけてほっとするなど、彼が生活している証を確認しながら、呼びかけをつづけた。

訪問の度に二人でドアの隙間に手紙と生活費をはさんで帰った。毎回、手紙とお金は受け取っているようだった。彼が私たちに会いたいと考えたときに準備ができるよう、手紙には次の訪問日時を記入した。しかし、何度訪問しても彼には会えなかった。夏の終わりの訪問では、やぶ蚊と格闘しながら、冬には木枯らしに身を縮めながら、私と母は外でさまざまな話をした。また、外に立ちつくしながら、私なりに彼の気持ちを思い描き、母親に伝えてみた。無意味な時間であるように思われたが、この時間を母親と共有することが、私と彼女とのかかわりを育ててくれたように思う。

しかし、彼に会えるめどはたたず、「待つだけでよいのか」と私はゆれていた。ときには、母親からも問いつめられ、強硬手段をとらなくてよいのだろうかと考えたこともある。「強行手段をとってでも、彼と会うべきではないか」「受診が必要であるとすれば、待つだけでよいのか」など、私の心は不安と焦りでゆれた。また、手ごたえを得られない時間のなかで、訪問することが苦痛にさえなった。さらに、彼の心を閉ざしてきた人生を思い描くと、私たちの「あなたに会いたい」というメッセージが簡単に届くとも思えなかった。このような不安や焦りにゆれ動く私を支えてくれたのは、「夜中にコンビニで買い物をしている姿を見た」「自転車に乗っている姿を見た」という近所の人たちが寄せてくれる情報だった。

冬を越え、裏の公園の梅が香りはじめたある日。いつものように私と母親は交代で呼びかけ、ドアのそばで待っていた。そのときだった。家のなかで何かが動く気配がした。そして、突然玄関の扉が開いた。ドアチェーン越しではあったが、はじめて見る彼がそこにいた。私は緊張のあまり身体がふるえた。「牛乳が飲みたい。パンが欲しい」。彼はうつむいたまま小声でそういった。私は彼の長くのびた髪のすきまからみせる顔を見つめた。ことばをかけたかった。「会ってくれてありがとう」と気持ちを伝えたかった。しかし、うまくことばにはできなかった。私と母親はいっしょに近くのコンビニに急ぎ、牛乳とパンを彼に届けた。訪問をはじめて七カ月がすぎていた。

これ以降も、私は不安や迷いと格闘した。ドアが開いても、ドアチェーンはなかなか外れなかった。「外に出たいので洋服が欲しい」「髪を切りたい」と、彼は私たちに求めつづけた。そんな矢先に私は転勤となった。私にはこれまでのかかわりの経過と、私がどのような考えや気持ちで彼や母親とかかわってきたかを後任の保健師に引き継ぐ課題が残された。

4　言いだせない苦しみ

会社の上司から美樹さんについて相談があった。二十四歳の美樹さんはアニメ原画の製作会社に勤めて三年になる。勤務態度はまじめで、遅刻や欠勤もなく、いつも色付け作業を黙々とこなしている。だが、人と話すのは苦手らしく、同僚との交流はほとんどない。しかし、上司はまじめに働く美樹さんを温かく見守ってきた。最近、そんな美樹さんの様子が変わった。「考え込んだり、ため息をもらしたり、ひどく疲れた様子で、これまで一度もなかったミスを繰り返すこともあり、そのことでまた落ち込んでしまう。私の問いかけにも答えてくれず、どう対応してよいのか分からない。何とか相談に乗ってもらえないか」という内容だった。

上司の温かい気持ちは私にも伝わった。そこで私は、まず上司から「美樹さんの悩んでいる様子を心配して保健所に相談したこと、保健師が美樹さんに会いたいといっていることを伝えてほしい」と依頼した。翌日、上司から「美樹さんが会ってもいいと言っている」と連絡があった。

二人だけで話すのは苦手という彼女の希望で、上司も同席して会社の一室ではじめて美樹さんと会った。初めて会う彼女の表情は暗く、ずっとうつむいていた。しかし、私の問いかけには、短いことばではあったが答えてくれた。私には彼女のつらい様子は伝わってきた。だが、多くを語らない美樹さんにどうかかわったらよいか分からなかった。再度会う約束をしたが、面接後も彼女の様子が気になった。彼女は何に苦しんでいるのだろうか。仕事のこと、あるいは家に何か事情でもあるのだろうかと気がかりだった。

二回目の面接にも上司は同席してくれた。この面接では、彼女のことばが少しふえ、心の扉を開こうとしているように感じられた。そこで、三回目の面接では、二人だけで会いたいと提案した。三度目の面接で、私は美樹さんの生活の様子や家族の歴史などについて知りたかった。しかし、彼女は家族についてはやはり多くを語らなかった。父親は死亡し、母親と妹二人の四人暮らし。すぐ下の妹は難病で闘病生活を送っていること、高校卒業後、事務関係の仕事についたが同僚との関係が上手く行かず、会社を辞め、精神科に通院したことがあることだけをことば少なに話してくれた。しかし、現在の勤め先について話すときだけは少し様子が変わった。「上司にも恵まれ、仕事の内容も気に入っている。仕事はどうしてもつづけたい」。美樹さんは少しだけ明るい顔でそう語った。

面接での話題は会社のことに限定されていたが、私は彼女が少しずつ心を開きはじめてくれているのではないかと感じていた。そこで、私は精神科治療について説明し、彼女に受診を勧めた。美樹さんは通院を開始した。そして、日ごとに落ち着きをとり戻していった。上司からも、仕事のミスはなくなり、順調に働いている姿が報告された。しかし、私は彼女との面接のたびに違和感のようなものを感じつづけた。彼女が会社以外のことを語ろうとしない姿が気になったからである。面接のたびに、治療も仕事も順調に見えたが、ふとした瞬間に見せる美樹さんの暗い表情も気がかりだった。

ある日の面接で、私は思いきって、「家族のことで何か心配があるのではないですか。ずっと気になっていたけど、よかったら話してほしい」と伝えた。美樹さんはうつむいたまま考え込んでしまった。私は彼女の苦しみをどのように受けとめればよいかを考え、同時に彼女を苦しめたのではないかと後悔もした。そして、私は彼女のそばに寄り、「無理しなくていいよ。つらいんだよね。話せる時がきたら話して」とそっと肩に手を置いた。

しばらくして、美樹さんは私を見つめて話しはじめた。「母親が朝から酒を呑み、仕事に行っていない。最近では、難病の妹の手当や傷害年金などを取り上げ、お酒を買って飲んでいる。いくらやめるように言っても取り合ってくれない。そのため生活は私の収入がないとやっていけない」と涙を流しながら語った。会社以外での出来事がやはり彼女を苦しめていた。彼女の家庭を思うと、気持ちが重くなった。しかし、彼女は今本当の苦しみをはじめて他者に話すことができたのではないかと考えた。

美樹さんとのかかわりはこれ以降もつづいた。母親とのかかわりも開始した。

第4節　かかわりを継続する力

私が経験した四つのかかわりを述べた。いずれのかかわりでも患者、家族、あるいは地域住民にさまざまな変化があった。しかし、じつはもっとも変わったのは私自身だったと思う。もっとも多くを学んだのも私ではなかったかと思う。

かかわりを拒みつづけた暁子さん。近隣住民の苦情の強さにも圧倒されたが、彼女の拒絶、怒りに直面して、私はうろたえた。私たちは患者から拒絶されたり、怒鳴られたりすると、つい腰が引けてしまう。不安に支配されてしまいそうにもなる。しかし、私が彼女から学んだこと、それは腰が引けたとしても、不安に圧倒されたとしても、それだけで終わらせず、拒絶、怒りの意味をその背後に存在する歴史や事情を推測しながら考えつづけることの大切さである。

また、本人の立場にたってかかわりの創り方を考えることの重要さであった。すなわち、拒絶や怒りの意味を多面的に捉え、本人の気持ちと事情に沿ったかかわりを工夫すること、これがかかわりを育て、継続する力を創りだすということである。喪失感と孤立感のなかで、息を潜めるように生きていた暁子さん。怒鳴って私に電話した暁子さん。私は入院中の彼女を訪ねる度に、かかわりを継続する力を高めるのは、何より多面的な視点をもつことであると実感した。

手で首を支えないと話ができなかった康子さん。彼女とのかかわりを通して、私はかかわりを継続することによって本人の力、可能性を知るチャンスを豊かにできると感じた。また、本人の可能性を発見する経験が保健師の仕事のエネルギーに変換されることを知った。むろん、保健師の活動では緊急介入や入院への援助が必要となることもある。たとえば、ゴミの山のなかで裸同然の姿で閉じこもりつづける人、食事を一切とろうとしない人などの相談がもちこまれ、緊急に訪問し、入院を勧めることもある。このような事例にかかわると、「なぜこのような状況になるまで」と絶句することもある。そして、入院などの治療の目途が立つとほっとすると同時に、かかわりを継続するエネルギーを失ってしまうことがある。しかし、このような人こそ、入院先への訪問をつづけるなど、かかわりを継続することによって、本人の新たな側面、変化の可能性を発見できる。そのことが継続する力を生み、技術の積み重ねになる。つまり、保健師に求められる力は、いかなるかたちでも本人とのかかわりをつづけようとし、回復の過程を自らの眼で確かめ、さらに回復過程を本人・家族とともに実感することである。つまり、保健師のかかわりを継続する力の源となるのは、本人、家族などとかかわりをつづけ、彼らの生活を見届けながら、新たな発見を共有する体験である。

やぶ蚊に刺され、木枯らしに震えながら、訪問をつづけた智宏さん。智宏さん親子とのかかわりを通して、私は保健師が自分を問い、悩みつづけることによって、同じように悩み、葛藤する本人、家族とのかかわりを育てることができることを学んだ。私はなかなか彼に会うことができなかった。住居の周りを観察し、玄関のそばで待つしかなかった。しかも、「待っているだけでよいのか」とつねに不安がよぎった。いっしょに待ちつづけた母親は、私以上の不安と格闘したはずである。今思えば、私がわずかでも彼とかかわることができたのは、私が不安や葛藤を抱きながらも、それを受けとめようとしつづけたからである。すなわち、私は自問自答を繰り返した。そして、その姿は母親にも伝わった。さらにそのことによって、私と母親は不安や葛藤を共有することができた。そのようなかかわりが創られたからこそ、二人は夏の蚊にも冬の寒さにも耐えることができたのだと思う。そして、二人の様子を感じとった彼が玄関のドアと心の扉をわずかに開いたのも、このような過程があったからと考えられる。彼と出会うためには、私が自分と格闘する長い時間、母親とのかかわりを育てる長い時間が必要だったのだろう。こうした意味で、かかわりを継続する力を高めるものは、保健師が振り子のようにゆれ動く自らの感情や葛藤と向き合うことである。

なお、私は智宏さんとのかかわりの途中で転勤となった。一般に、転勤はかかわりをいったん中断させる事態である。したがって、前任保健師は後任保健師と引継ぎを行なう。しかし、精神保健の分野だけでも四、五十例の引継ぎを行なわなければならない。当然、引継ぎの内容は薄くなるし、何らかの事情で引継ぎが行なわれないこともある。つまり、転勤、引継ぎはかかわりを継続する力を維持し、高めるうえで避けて通れない課題である。そこで、転勤、引継ぎについて、ここで若干考察しておきたい。

保健師は数年単位で転勤する。私は保健師生活のなかで一つの地域に長く勤務したいと願ってきたが、人びととの別れはいつも唐突にやってきた。そのたびに、育てたかかわりを中断させられる思いがした。また、同時期に新たな職場で引継ぎを受ける。引継ぎを受けたあと、本人や家族から試されたり、前任保健師とのかかわりの深さに戸惑い、不全感を感じることも少なくない。場合によっては引継ぎが上手く行かず、関係が途切れることもある。しかし、視点を変えれば、転勤、引継ぎは本人や家族が新たな保健師と出会い、かかわりを豊かにするチャンスでもある。転勤や引継ぎをこのようなチャンスとするには、以下の三つの考え方が必要である。

一つは、相談やかかわりを一人で抱え込まないことである。できるだけ、保健師同士、あるいは関係機関の人びととチームでかかわりをつくる。そのため、日頃から同僚同士のかかわりを育てておく。また、地域内の他機関との関係創りも重視する必要がある。

二つは、突然の転勤があることを意識しながら、かかわりを育てることである。そして、いつ転勤になっても対処できるよう、細かな節目を意識してかかわりを時折振りかえり、こまめにかかわりの課題や目標を本人・家族とともに明確化する作業を行なう。そして時期を見て、転勤することについて、本人や家族にていねいに伝えることである。

三つは、引継ぎを「かかわりの節目、結び目をつくる機会」と捉えることである。つまり、引継ぎを、前任保健師が患者・家族とともにこれまでのかかわりを振りかえって成果や課題を整理し、後任保健師は患者・家族、あるいは前任者とともに今後のかかわりの課題などを明確化する機会と捉える。私たちはこう考えることによって、転勤、引継ぎをかかわりの意味を明確化する「節目」、かかわりの継続性を高め、同時に新たな出会いを経験する「結び目」に変えることができるのではないかと思う。

　最後に、苦しみをなかなか言い出せなかった美樹さん。美樹さんとのかかわりを通して、私は保健師が相談のなかで感じる違和感や疑問を大切にすることが継続するかかわりの意味をいっそう豊かにすることを学んだ。また、疑問や違和感を問いかけあえるだけのかかわりを相手と創ること、相手のことばだけでなく表情や感情にも関心をよせること、さらに本人の傍らで何かを感じ取ろうとする保健師の感受性が重要であることも改めて学んだ。すなわち、かかわりを継続する力を高めるもう一つの課題、それは保健師がかかわりのなかで発見する違和感や疑問を大切にすることである。彼女とかかわりはじめたとき、私には上司に恵まれ、仕事も順調だった美樹さんが何をきっかけに体調を崩したのかが分からなかった。しかし、「仕事が上手くいかない。ミスばかりして申し訳ない」と語る美樹さんの不安は仕事上のことだけではないように思われた。しかし、生活の様子や家族のことを語ろうとしない彼女の心にむりやり侵入することは躊躇された。したがって、美樹さんが心を開いてくれるのを待った。待ちながら、早く原因を知りたいと思う私のあせりとも戦いつづけた。そして、待つことの意味を私自身に問いつづけた。すなわち、違和感や疑問を大切にすることは、違和感をみつけ、それをさまざまな角度から検討すること、保健師自身の不安やあせりと戦いながら相手の変化を待つこと、さらに待つことの意味を自らに問いかけることである。精神科での治療が開始され、美樹さんの不安や症状が少しずつ改善されたとき、私は違和感をはじめて伝えた。そして、美樹さんも誰にも語ることのできなかった感情を私に伝えることができた。こうした意味で、かかわりを継続する力とは、互いが時間をかけて少しずつ自分を発見し、互いに自分を変える力である。

おわりに

保健所という現場、あるいは地域社会という場でのかかわりには葛藤やあせり、不安がつきまとう。しかし、葛藤や悩みと向き合うことによって、私は変わった。少なくとも、患者・家族のさまざまな力、可能性を知ることができたし、保健師として働くエネルギーをわけてもらえた。そして、じつは私の変化に呼応するように、本人・家族も変わり、そのことによってかかわりが育ち、継続した。相談にかかわるそれぞれの人が変わりあう、そしてそのことによってかかわり自体が成長し、さらにかかわりの成長が再びそれぞれの人や生活を変化させる。このような変化が循環するようにして継続する。これがかかわりを継続することの意味であり、力である。

このような変化が地域住民とのあいだで生まれることもある。近隣住民からの苦情として相談がはじまる場合でも、まずは苦情をもつ人の気持ちを受けとめる。そのうえで、苦情や相談の本質を多面的に見極める。そして、問題とされている本人との出会い方を考える。必要があれば、訪問に出かける。近隣住民は保健師が訪問する姿をいずれ見かける。保健師の姿を見て、本人を排除したいという近隣住民の感情が少しだけ薄らぐこともある。保健師に貴重な情報をもたらしてくれる住民が現われることもある。住民と話しあいを行なえば、怒りや苦情を向けられることもあるが、理解と協力を得られることもある。さらに、住民が本人の回復した、あるいは変化した姿を見れば、精神障害者の新しい理解者、支援者が増える可能性もある。このような地域住民への働きかけをしなければ、たとえ本人が入院して一時期地域を離れたとしても、退院するときに再び地域から排除する気持ちで迎えられるだけである。こうした意味で、保健師が本人、家族、地域住民、関係機関などとのかかわりを創り、育て、継続する力は地域社会をも変える力となりうるはずである。

ただし、かかわりを継続するとは、やみくもにかかわりつづけることではない。相談の終結を不要に引きのばすことでもない。四つのかかわりを通して述べたように、かかわるなかで家族や本人の訴えを多面的に捉えること、本人の力や変化の可能性に注目すること、保健師自身が自らの葛藤に直面すること、さらにかかわりのなかで発見する違和感、疑問を大切にすること、これらの課題と向き合ってこそ、私たちは継続するかかわりに意味を見出し、かかわりつづけるエネルギーを得ることができる。(1)

第5章 自己決定を尊重する現場の力

立教大学コミュニティ福祉学部
尾崎　新

はじめに

その夏は九月に入っても暑さがつづいた。冷房のない病室には、窓から熱風がカーテンをゆらして入ってくる。彼はTシャツにジャージ姿。病室の畳に背を丸めて座り、身動きせずに沈黙をつづけた。筆者は彼の横に座り、彼からことばが返るのを待っていた。今から約三十年前、筆者が二十歳代なかばのことである。精神病院のソーシャルワーカーだった筆者は、彼が退院後の生活について自己決定できるよう援助にとりくんでいた。彼は十八歳。精神分裂病と診断されて入院し、およそ二年がすぎていた。彼はやせて小柄だったが、賢そうな顔だちと大きな眼をもっていた。

「病院を退院したら、どう生きるの」と筆者が問う。だが、彼は無言だった。放っておけば二時間でも三時間でも黙りつづけるのではないかと思われた。沈黙のなかで、どうすれば彼の沈黙を破ることができるのかを考えた。また、彼の自己決定を支援するために、いかなることばを伝えたらよいのかと懸命にことばを探した。しかし、筆者はどうしても沈黙が耐えられなくなると、「君が決めることだよ」「君が決めるしかないよ」と何度も彼に伝えた。

■「あなたが自分で決めてよいのです」
■「あなたが自分で決めるしかないのです」

これらは、一般に援助者がクライエントの自己決定を尊重しようとするときに用いることばである。あるいは、自己決定の原則を具体化しようとするときに使うことばである。しかし、じつはこれらは援助者がクライエントから逃亡したり、援助から撤退したりするときに用いることばでもある。「あなたが決めること」は「私には関係のないこと」「あなたがどうしようと、私にはかかわりないこと」という伝達にもなりうるからである。さらに、援助者はこれらのことばを自己決定を操作したり、強要したりする際に使うこともある。援助者は「あなたが決めること」と伝えながら、同時に期待をほのめかすことによって、相手の決定を操作することもできるからである。つまり、自己決定を尊重しようとすることばは、援助からの撤退にもなれば、自己決定の操作にもなる。だとすれば、自己決定を尊重する力はことばそのものだけにあるのではない。自己決定を尊重する現場の力とはいったい何か。あるいは、自己決定の尊重を援助からの撤退、自己決定の操作に変質させる要因は何か。本章では、冒頭で述べた彼とのかかわりをふりかえって、これらを考察する。

第1節　二枚の十円玉

1　団地

彼と初めて会ったのは、冒頭で述べた病室での場面の約二年前。秋の夜、彼の自宅を訪ねたときのことだった。彼を知る保健師、保健所の精神科嘱託医、そして彼と初めて会う病院の先輩ワーカーと筆者の四人は東京の下町を走る都電を降りた。駅には晩秋の風が吹いていた。改札口を出ると、夕暮れを迎えた商店街では豆腐屋が店じまいをしていた。商店街を抜けると急に景色が変わり、団地が現われた。その団地は古い大きな団地。すでにいくつかの窓には灯りが燈っていた。

このとき、彼は十六歳。この団地で父と二人暮らしだった。われわれは父が仕事から帰宅する時刻を見はからって、彼の家を訪ねる計画をたてていた。

2　座敷牢

この訪問の数週間前のこと。東京下町の保健所から、筆者が勤める病院に電話があった。「父親によって座敷牢のような部屋に閉じこめられている少年がいる。彼は精神疾患が疑われるが、何よりも彼を監禁された生活から救うために、入院を考えたい」という相談だった。保健師が彼とかかわり始めた発端は、彼の隣家の主婦が保健所に電話相談をしてきたことだった。「隣の家の様子が気になる。以前精神病院に入院したことがある息子が家にいるはずなのに、ここ数年間まったく姿をみかけない。父親が誰かを罵倒する声がときどき聞こえるので、息子が虐待されているのではないか」という通報が発端だった。

保健師はこの主婦に会ったうえで、彼の家を訪ねた。何度も訪問したが、父にも彼にも会うことができなかった。しかし、父親宛ての手紙をポストに入れて帰るなどして、やっと父に会うことができた。さらに訪問を重ね、父から彼に会うことを許された。保健師は当時三十歳代の女性。地域で暮らす患者・家族の暮らしをこまやかに把握している保健師だった。その後、保健師は保健所嘱託医との協議や嘱託医の往診を経て、彼を入院させて保護する判断をかためた。保健師から入院を依頼された病院も検討を重ね、入院を受け入れることにした。そして、入院前に保健師と嘱託医に同行して、先輩ワーカーと筆者が彼の家を訪ねることにした。彼と父親に会って入院について説明すること、前もって家族の暮らしぶりを少しでも知っておくこと。これらが先輩ワーカーと筆者が訪問に同行した理由である。

団地を歩きながら、保健師は父親について話をした。父も知的障害か精神疾患の既往が疑われること、まったく話の通じない父親ではないが、彼に十分な食事を与えていないし、ときには暴力をふるう様子が見られること、彼を救う方法は今は入院しか考えられないことなどを話した。また、先輩と筆者に向かって、「病院職員として親子に入院の説明を丁寧にして下さい。ぜひ今夜は父親にも彼にも入院に同意してもらいたいと思います。どんな理由があれ、彼を座敷牢に閉じ込めておくわけにはいきません。これは人権問題です」と少し強い口調でいった。

3 対面

団地の階段を登る。四人とも無口だった。保健師が玄関のブザーを押す。硬い表情をした父親がわれわれを迎えた。玄関を入ると、室内に頑丈な鍵がとりつけられた部屋があった。父親が無言で鍵を開ける。すると、そこに暗い二畳ほどの空間が現われた。室内には電気も家具もなく、ふとんと尿瓶だけが置かれ、汗と尿の混ざった臭いがした。奥から「うーっ」と低い声が聞こえてくる。おびえているのか、彼は狭い部屋の奥にうずくまり、両腕でひざを抱き、身体の震えを押さえていた。部屋の窓には外から木が打ちつけられ、外に出られない仕掛けがあった。彼の身長は小柄で、明らかに痩せていた。顔色が青白いことも、髪が長く伸びていることも分かった。だが、一瞬上目使いに動いた彼の眼はとても大きかった。そして、なぜか「かしこそうな眼だ」と感じた。彼はこの部屋にすでに数年間監禁されていた。叫び声をあげることもなく、鳶職の父親が時折さしいれる食事と水だけを頼りに生きていた。父が仕事から帰って以降の夜間しか、この部屋から出ることを許されなかった。彼は筆者とは目を合わせなかったが、保健師とは一言二言やりとりをした。「元気だった」という保健師の問いかけに、「うん」と答えるか細い声が聞こえた。

彼はこの春に中学を卒業していた。だが、中学に登校したことはない。くわしい事情は分からないが、家族は父と彼の二人だけ。親戚とのつきあいも、近所づきあいもなかった。彼は小学校高学年から不登校となり、やがて近くの路地を徘徊したり、近所の店で商品を盗んでは捕まることを繰り返すようになった。わけの分からない独り言もふえた。そのため、近くの診療所の紹介で、中学一年のときに精神病院へ入院した。しかし、父はなぜか一カ月で強引に彼を退院させ、それ以降、彼を自宅に閉じ込めた。この晩、父は「以前、息子を精神病院に入院させたとき、あいつを病院に置いておくことは可哀相だと思った」と言った。しかし、「息子を部屋に閉じ込めなければ、私が仕事に行くこともできない」とも話した。

彼のこれからの入院が話題となった。初め父は決めかねていたが、「息子の面倒を見るのは限界」とつぶやき、結局、入院に同意した。保健師が彼に、「入院しよう。病院に会いに行くからね」と伝えた。

4　二枚の十円玉

彼が入院したのは冬の晴れた日。彼は父と保健師と三人で、東京の下町からタクシーにのり、お昼過ぎに東京の西のはずれの病院にやってきた。おそらく、三時間はタクシーにのっただろう。また、栄養不足や不安もあったのだろう。タクシーを降りた彼の足どりはふらついていた。医師と看護者が三人を玄関に出迎えた。そして、玄関脇のベンチで入院の説明をした。彼はベンチに座っていたが、どんな気持ちで説明を聞いたのかは分からない。下を向いたまま、全身を小刻みに震わせていた。

入院すると、看護者が彼をお風呂へ連れていった。おそらく、数カ月間は入浴していない。垢が皮膚にこびりつき、身体の臭いも強かった。数人がかりで服を脱がせ、シャワーを浴びせた。温かい浴槽へ誘導したあとで、石鹸で全身を丁寧に洗った。この間、彼は一言も発さず、されるままだった。だが、彼の左のこぶしだけは固く握られたままだった。看護者がこぶしを開くよう促すが、彼はこの依頼だけは無言で拒んだ。それから数カ月のあいだ、左こぶしは握られたままだった。

入院して数カ月間、彼は食事の時間は食堂に現われたが、それ以外は病室でふとんをかぶって寝ていた。保健師は月に一度、彼と会うために病院を訪ねてくれていた。ある日の面会に先だって、婦長が保健師に彼の左こぶしの話をした。彼の入院生活の様子を伝えながら、こぶしの謎を話題にした。「彼が何をにぎっているのかを知りたい」と婦長は言った。保健師はその日の面会で、こぶしのわけを彼に尋ねた。

彼が左こぶしに握っていたのは二枚の十円玉だった。かつて保健師が家庭訪問したとき、彼に「何かほしいものはないか」と尋ねた。そのとき、彼が「十円玉」とつぶやいた。そこで、保健師が十円玉を二枚手渡した。「おそらく、そのときの十円玉ではないか」と保健師は言った。だとしたら、そのとき以来彼は十円玉を握りしめていたことになる。彼にとって十円玉は一体どんな意味をもっているのだろうか。「欲しい物が十円玉」、そう考えると、彼がそれまでにもつことができた希望の乏しさがうかがえるような気がした。彼の保健師へのほのかな想いも少しだけ想像することができた。数日後、婦長がお守りのような袋をネックレスに通して、彼にプレゼントした。以来、彼は十円玉を袋に入れ、首にかけて宝物のように大切にした。

5　退院計画

入院して一年半がすぎ、彼は十八歳になった。この一年半、彼はほとんど喋らず、愛嬌もなかったが、病棟で年齢が一番若いこともあり、多くの人からかわいがられていた。服薬も安定し、奇妙な行動や独り言も消えていた。また、彼は入院した翌年から、病院の近くにあるガラス工場で働きはじめていた。昼間は工場で働き、夜は病院ですごす生活をはじめて十カ月がすぎていた。初めは半日勤務だったが、やがて一日勤務となり、遅刻も欠勤もなく勤めをつづけていた。病院は、彼が工場で社会体験を積み、その体験を治療に生かすこと、また時給を貯金して将来の生活資金を蓄えることをねらいにしていた。工場へは病院のそばを走るバスで通勤する。この工場には他の数名の患者も働きに出ており、年上の彼らがいっしょにバスに乗り、職場では彼をかばうように仕事をしてくれた。彼は仕事を嫌いではない様子だった。人と話すことが苦手な彼にとって、ガラスと向き合う仕事は向いているのかもしれないと思った。毎朝、厨房のおばさんが新聞紙に包んだお弁当を彼らにもたせる。おばさんから「頑張るんだよ」と声をかけられても、彼は恥ずかしそうにうつむくだけだった。だが、やがて「行ってきます」「ただいま」とだけは答えるようになった。入院して一年半、心なしか、たくましさも増した。

退院したらどう生きるか、どこで暮らすか。これら退院後の生活設計が彼の、そして筆者らの課題になりはじめていた。彼は中学に一度も登校していない。しかし、いっしょに教科書を開くと、国語も算数もかなり理解していることが分かった。父親はこの間、面会に数回しか現われていない。現われても、彼が拒否して会おうとしなかった。父が来ると、彼は荒れ、病状も不安定になった。親戚に面会や外泊を依頼したこともあるが、すべての親族が父と彼を拒絶していた。彼の退院後の生活について電話で父の意見を尋ねてみた。父は「もう退院ですか」と驚き、「どうしたらよいか、分からない」と答えた。「いっしょに暮らすことを難しいと思っているのですか」と訊ねると、「あいつが私を嫌っているようなので」と言い、ことばを濁した。何度か電話でやりとりをつづけたが、そのたびに曖昧な返事が返ってきた。

退院後の生活について彼と面接をする。しかし、彼はいつも沈黙をつづけた。たまに返事があっても「分からない」としか返ってこなかった。筆者や看護者が彼につきそって町の本屋へ出かけ、進学や仕事の本を探したこともある。いっしょに職業安定所を見学したこともあった。だが、彼は進学にも就職にも関心を示さなかった。筆者はこのころ、F・P・バイステックの「自己決定の原則」[1]を何度も思い出していた。時間を見つけては、学生時代に購入した翻訳本を読みかえした。だが、社会経験も表現能力も豊かでない彼が退院後の生き方を自ら決めるにはどうしても困難があると思われた。彼の自己決定を尊重したいと考えたが、その具体的な方法を見つけることができなかった。

6　バイステックの原則

バイステックは彼の著書の自己決定を論じた章の冒頭でこう述べている。[2]「ソーシャルワークはいかなる人も自己決定を行なう生まれながらの能力を備えているという確固たる信念をもつに至った。また、クライエントが自分で選択し決定したときにだけ、ケースワークは効果をあげることができることを経験を通して確認した」。ついで、彼はクライエントの自己決定権の根拠を以下の四点から明確化している。すなわち、クライエントが自己決定する権利は、①クライエントが一人の人間としてもつ本質的尊厳に由来する。②この自由は民主主義社会に生きるすべての人に必要な権利である。③自己決定はケースワーク・サービスの効果を高める必須要件であり、④ケースワークの哲学にとって欠かすことのできない原理である。つまり、彼は自己決定をソーシャルワークが歴史を通して育てた援助原則であるとし、そのうえで自己決定はクライエントの権利であり、ソーシャルワークの効果を高める要素であり、さらにソーシャルワークの哲学であると述べている。

さらに、バイステックは自己決定を尊重する援助者に必要な四つの役割を論じている。それらは、①クライエントが問題やニードを見通しをもって見ることができるようにする役割。②クライエントが社会に存在する適切な資源を知っているよう援助する役割。③休止状態にあるクライエントの資源を活性化する役割。④援助関係を、クライエントが成長し、問題を克服するための環境とする役割である。また、彼は自己決定を破壊する援助者の行動を四つ指摘している。それらは、

①問題を解決する責任をワーカーがとり、クライエントに従属的役割をとらせる。②クライエントが求めるサービスを無視する。③クライエントを操作する。④コントロールするような仕方で説得する、である。

筆者はこれらの指摘を念頭において、彼とかかわってみた。たとえば、彼が自分の現実を見通せるよう手伝うこと、彼のまわりの社会資源を発掘すること、互いにさまざまな意見や感情を伝え合うかかわりをつくることなどを頭に置いた。しかし、彼は相変わらず下を向き、黙りつづけた。そんな彼を見るたびに、筆者のなかで彼の自己決定を尊重しても無駄ではないかという気持ちが強くなった。バイステックは、援助者がクライエントの自己決定を制限せざるをえない場合があることも言及している。それは、クライエントの決定能力が乏しいと判断されたり、決定の内容が市民法、道徳法などに抵触したりする場合である。筆者は彼の自己決定能力を乏しいと判断せざるをえないのではないかと思いながら、しかし、そう判断する根拠ももてず、あくまで彼の自己決定を尊重すべきという気持ちとのあいだでゆれていた。

7　自己決定の操作と援助からの撤退

彼が入院して二度目の冬が訪れた。筆者はやはり彼との面接に悩んでいた。当時、病院周辺には、病院から退院後、家族と離れてアパートで一人暮らしをつづける患者が数人いた。彼らは全員男性。一軒のアパートにそれぞれが部屋を借りて暮らしていた。彼らのアパートで、病院職員も参加していっしょに食事を作ったり、花見に出かけたことがある。今でいうグループホームの先がけだった。ある日、そんな退院者たちが彼を自分たちのアパートに迎えてもよいと提案してくれた。ガラス工場で働きながら、彼を父の世帯から分離させ、生活保護を併用して、アパートで一人暮らしをしてはどうかと提案してくれた。

しかし、彼の退院について、職員のあいだにはさまざまな意見があった。まず、退院後の人生まで心配するのは、病院としてやりすぎではないかという意見があった。彼の一生を病院で面倒みることはできないのだから、それは地域の保健所や福祉事務所にまかせ、父親の元への退院を進めるべきという意見である。つぎに、彼が自分で生き方を決めるまで、入院をつづけ、彼を見守ってはどうかという意見もあった。つまり、彼の年齢や社会体験の乏しさを考慮すると、もう少し慎重に退院を進めるべきという意見である。しかし、筆者と数人の職員は彼が先輩の退院者と同じアパートで暮らしてみるのが良いと考えはじめていた。たとえ、その生活に失敗しても、病院に戻ればよいと考えた。失敗から彼も筆者も学ぶことがあるはずと考えた。しかし、先輩の退院者たちも全員が安定した生活を送っていたわけではなく、彼がそこで暮らすことへの根強い反対もあった。

ある日の面接で、筆者は彼にこう伝えた。「先輩たちが君といっしょにアパートで暮らそうと言ってくれている」。そして、「どう思うか」と尋ねた。だが、この「どう思うか」には、「そうすることが君にとって一番良い」という筆者の期待が隠されていた。また、筆者が考える退院案への賛同を彼から取りつけて、職員間の意見対立を一気に解消したいという思惑が隠されていた。その期待や思惑を口にはしなかったが、彼には伝わったのだと思う。彼はめずらしく強いことばで「分からないよ」と答えた。しかし、筆者は彼の返事をきいて、「先輩たちが気にかけてくれるのはありがたいことだよ」とことばを重ねた。その瞬間、彼は座りなおし、筆者に背を向けてしまった。今思えば、この面接は明らかに自己決定の操作もしくは強要であった。その操作、強要を彼は拒んだのだと思う。彼はそれまでの人生で、父親などから生活を強制されつづけてきた。だから、操作や強制を人一倍嫌ったのだと思う。

この面接以降、彼はガラス工場を休みがちになった。朝、筆者が出勤すると、彼がふとんをかぶって寝ている。この姿を他の職員がみたら、やはり退院は早すぎるのだと主張されるだろうと思った。そこで、寝ている彼に声をかけ、時にはふとんをはがして、彼を強引に出勤させた。やがて苛立ちも手伝い、面接ではいっそう強いことばが出るようになった。ある日、黙りつづける彼に「君が決めるしかないよ」と強く言った。しかし、このことばの裏には「君が私の言うことを聞かないなら、もう知らないよ」という感情が隠されていた。つまり、このとき筆者は自己決定を操作しただけでなく、援助から撤退しようとした。面接をうまく進められない無力さを感じまいとして、彼と筆者自身の両者から逃げようとした。

8　生き方を決めることは、大事な何かを失うことだね

そんなある日、保健師が病院を訪ねてくれた。保健師は「食堂にでも飾ってください」といっ

て、春の花束をもってきてくれた。花を飾ると、食堂が少しだけ春らしくなった。筆者は経過を保健師に伝えた。面接がうまく進められないこと、自己決定の支援に迷っていること、職員間に意見の対立があることを伝えた。保健師は筆者の話を丁寧に聴いてくれた。そのあとで、病室で彼と三人で話をすることになった。

保健師が彼に向かって話しかける。「退院したら、どう暮らすかを話し合っているんだってね」。やはり、彼は無言。しばらくして、彼が下を向いたまま、「どうしていいか、分からないんだ」とつぶやいた。筆者は「分からないんだ」をどう理解すればよいか分からず、返すことばを見つけられなかった。長い沈黙がつづいた。しかし、筆者は沈黙のなかで、初めて彼が生きてきた歴史について考えてみた。

彼は幼いころに母を失った。彼にはきょうだいも友だちもいない。母もきょうだいも友人もいず、学校へも行かなかった彼が無口になるのは当然のことだったのかもしれない。また、彼は中学のときに精神病院へ入院し、退院しても座敷牢に監禁された。つまり、彼は幼いころから喪失を体験しつづけてきたといえる。その後、入院して座敷牢からは開放されたが、生まれた家からも切り離されることになった。ただし、彼は自分を大事にしてくれる人びとと保健所や病院で初めて出会ったのかもしれない。だとしたら、彼は今、退院と直面することによって、これらの人びととの出会いを再び喪失する現実に直面している可能性がある。筆者が彼に伝えつづけた「君が決めることだよ」は、彼にとって大切な人びとを断念のような思いで喪失することを迫ることばであったのかもしれない。

また、社会体験も学歴も豊かでない彼が生き方を選ぶとしても、選択肢は限られている。座敷牢があった自宅へ戻るか、先輩の退院者たちといっしょに暮らすか、あるいは入院をつづけるしかなかった。頭の良い彼はそのことをよく知っている。母から迎えられることもなく、親戚からも拒絶され、生きる選択肢も乏しい。それは彼にとって生まれてきたことの理不尽さしか感じられないような現実だろう。こうも考えた。彼は今、生まれて初めて自己決定を経験しているのかもしれない。幼いころから、自ら選択することを許されなかった彼が初めて自己決定を経験している。だとすれば、彼は自己決定とは何をどうすることなのか、見当がつかないのかもしれない。

彼がつづける沈黙と「分からないんだ」ということばの意味を、彼が生きてきた歴史という文脈で初めて捉らえ、このように考えた。だから、彼は身動きできず、無言でうずくまるしかないのではないか。彼が身につけてきた自己表現の方法は沈黙すること、無言で抵抗すること、無言で意思表示をすることなのだろう。このような彼と向き合おうとする筆者がすべきこと、それは面接をうまく進めることでも、沈黙を破ることでもない。まずは、このような歴史をもつ彼と向き合うことである。そして、彼と向き合うために、筆者も同じように無力さや葛藤を背負う一人の人間として自分と向き合うことである。筆者が自分の人生の葛藤と向き合ってこそ、葛藤のなかにいる彼と初めて向き合うことができるのだと考えた。沈黙のなかで、そんな時間をすごした。そして、次のことばを彼に伝えようと考えた。

■「生き方を決めることは、大事な何かを失うことだね。つらい現実に向き合うことだね」
■「だから、うずくまって黙っているしかないんだ」

こう伝えた。すると、彼はゆっくりと顔を上げ、天井を見つめて大きなため息をついた。これで面接を終えた。保健師は病院からの帰りがけに、「よい面接でしたね」と筆者に伝えてくれた。

9　退院とその後

この面接を境に、筆者は焦らなくなった。彼との時間を自然に共有できるようになった。そして、筆者が自然な様子になったためだろう、さまざまな職員がそれぞれの意見を直接筆者と彼に伝えてくれるようになった。彼に「病院の近くで暮らしてみるといいよ。応援するからさ」と伝えた看護者もいたし、「悩んでいいんだぞ」と話した職員もいた。筆者に対して、「彼が社会一般の生き方を採用しなくたってよいのではないか。われわれが一般の生き方に囚われないことが大事だよ」と伝えてくれた先輩もいた。

そんななか、彼は「先輩たちといっしょにアパートで暮らしてみる」とぽつりと言い、自己決定をした。希望に満ちた決断ではなく、どこか寂しさを含んだ決意と感じられた。しかし、彼の決意を聴き、職員全員が彼の気持ちを尊重しようと意見をまとめた。そして、退院の準備が始まった。彼が暮らすアパートはトイレと風呂は共同だが、四畳半に小さな台所がついた部屋だった。彼のために何人かの職員が生活用品をもち寄った。食器、机などが集まる。筆者も小さな本箱を贈った。

アパートに荷物を運ぶ仕事を先輩の退院者が手伝ってくれた。退院したのは初夏のころ。彼は退院以降もしばらくのあいだ、朝と晩のご飯を病院で食べていた。また、風呂も病院で入ってからアパートへ帰っていた。仕事は順調につづけた。

彼の退院から半年後、筆者は病院を退職した。以前から、病院以外の精神保健福祉現場でも働いてみたいと考えていた。退職直前、彼に「病院を辞めることにした」と伝えた。しかし、彼はやはり無言だった。

筆者の退職後、彼はガラス工場の正社員になった。その三年後、大学入試のための検定試験に合格した。しばらくして、父との行き来も再開されたと聞いた。しかし、彼は二十八歳のとき、突然の交通事故で亡くなった。連絡をもらい葬儀に参加した。早すぎる死が痛ましかったが、葬儀には退院者や職員が大勢集まっていた。その様子を見て、短い人生だったが、彼は多くの人と出会うことはできたのかもしれないと考えた。だが、彼は退院してアパートで暮らし、「二枚の十円玉」以上の宝物をはたして手にすることができたのだろうかと悩んだ。彼がアパートでの暮らしを選び、筆者がそれを支援したことは正しかったのだろうか。「誤っていない」と言える気はしたが、「正しい」と納得することもできなかった。それから三十年のあいだ、この疑問への答えは得られなかった。しかし昨年、筆者はスペンサー・ジョンソンの『チーズはどこへ消えた？』のなかに、偶然こんな一文を見つけた(3)。

■**「変化とは、何かを失うことだと思っていたのだが、何かを得ることなんだ」**

彼が自己決定を進めるうえでの困難さの一部は大切な何かを喪失する恐れにあったと思う。しかし、悩みながらも、彼が先輩といっしょに暮らすと決定したということは、彼が自己決定とは「何かを失うこと」だけでなく、「何かを得ること」と実感することもできていたからではないか。だとすれば、彼はきっと「十円玉」以上の何かを得たはず。あれから三十年が経ち、ようやくそう思えるようになった。

第２節　自己決定を尊重する七つの力

筆者は彼とのかかわりを通して援助者としての未熟さを知った。しかし、多くのことも学んだ。とくに、クライエントの自己決定を尊重するうえで現場にさまざまな力が求められることを学んだ。以下では、それらの力について、前半では援助者に必要な四つの力を、後半では現場に求められる三つの力を論じる。

１　葛藤し、試行錯誤する力

彼とのかかわりから学んだことの一つ、それは援助者が援助に葛藤し試行錯誤することがクライエントの自己決定を尊重する力の基礎であるということである。

筆者は彼とのかかわりに悩みつづけた。どう援助したらよいか分からなかったし、自己決定を尊重しても無駄ではないかとゆらぎつづけた。しかし、筆者にできたことが一つある。それは彼の前で悩み、葛藤したことである。このことに意味があったのだと思う。つまり、筆者が援助に苦しんだからこそ、悩み苦しみながら自己決定を歩む彼と出会うことができたと考えられる。「沈黙をいかに破るか」「いかなることばを伝えようか」と意気込んだときではなく、筆者が援助に悩み苦しんだときが彼との出会いであった。

自己決定を尊重するとき、まずわれわれに求められるのはこのように援助に葛藤し試行錯誤する力である。この力を別の角度から表現すれば、決めつけを排除する力である。「この人の自己決定は受け入れられない」とか「この人が自己決定することは不可能」などの決めつけに支配されない力である。決めつけは援助者の一方的理解である。そして、多くの場合、その背後には「援助の迷いを早く解消したい」などの都合や思惑が隠されている。彼の自己決定を操作したときの筆者もそうであった。むろん、決めつけが偶然正しい理解である場合がないわけではない。しかし、その理解は決めつけである以上、やがて必ず自己決定の操作・強要を導く。また、それが援助者側の理解である以上、そこに援助者の都合や思惑が入りこむ可能性はつねにあると考えるべきである。さらに、われわれは「この人が自己決定することは不可能」などの理解を何度も検討することによって、困難を生きてきたその人の力を初めて発見することもある。彼の場合も自己決定は困難と思われた。しかし、筆者が援助に試行錯誤したからこそ、彼は単に沈黙しているのではなく、無言で多くを語っているという別の理解を得ることができた。

試行錯誤を重ね、それでも「この人の決定は受け入れるべきでない」と判断する場合、いずれその判断をクライエントに直面化する必要がある。援助者は適切な直面化を準備するためにも、判断が決めつけでないかを何度も点検しなければならない。こうした意味で、決めつけとは試行錯誤を通過しない一方的・一面的理解であり、判断とは試行錯誤を何度も通過したうえで得た理解のことである。また、直面化とは判断した結果を単に伝えるだけでなく、判断にいたる試行錯誤の過程をも伝えることである。

2　歴史という文脈で捉える力

筆者が彼とのかかわりに失敗しかけた理由がもう一つある。それは目の前の彼に向き合おうとするあまり、彼の歴史に向き合おうとしなかったことである。しかし、彼とのかかわりが挫折しかけたとき、筆者は彼の歴史に眼を向けることができた。保健婦が同席したゆとりがそうさせたのかもしれないし、筆者なりに彼と向き合おうとした努力が彼の歴史に眼を向けさせたのかもしれない。ともかく、筆者は歴史を通して彼の自己決定の意味を考え、初めて自己決定を尊重することばを見つけることができた。

彼に限らず、人が自己決定に臨むとき、決定がもつ意味はそれぞれ個別的である。また、同じ一人の人でも人生の時期によって自己決定の意味は変化する。たとえば、決定が「希望への挑戦」を意味することもあれば、「何かを断念すること」を意味する場合もある。このような意味の違いは、一人ひとりの歴史の相違、人生の段階によって生じる。むろん、自己決定の意味は現在の生活にも規定されるが、クライエントの自己決定を尊重しようとするとき、援助者にはクライエント一人ひとりの歴史そのものを描きだす力も不可欠である。クライエントの歴史を描きだすには、援助の過程で知ったさまざまな生活史の情報、断片をつなぎ合わせ、彼らの歴史を一つのストーリーとして再構成する。とくに、クライエントが営む家族関係、社会関係に注目して歴史を再構成する視点が必要である。

3　重要な他者である力

自己決定を尊重するには、互いに意見や感情を伝え合うかかわりをクライエントとのあいだに育てる必要がある。そうでなければ、クライエント一人ひとりの歴史や自己決定の意味を知ることはできない。筆者も彼とのあいだにかかわりを創ることを目ざした。だが、彼の他者との関係のつくり方はいつも深まることがなく、つねに一定の距離を保っているように見えた。とくに、筆者が病院を退職するときがそうだった。筆者は別れが寂しかったが、彼はじつにあっさりしていた。このような別れ方には多くの喪失を体験してきた彼の哀しみが隠されていると思うが、筆者はそのような彼との別れからも重要なことを学んだ。それは、かかわりとは互いが「重要な他者」になることを目標に創り、育てるべきという発見である。

いかなる人も自己決定の最後の段階では一人で自分と向き合わねばならない。援助者がクライエントの自己決定を尊重しようとすれば、一人立ちを見送り、彼が不安になって後戻りするときは、「他者」として向き合い、一人立ちを勇気づけなければならない。つまり、かかわりを育てることの目標は、互いが重要な存在でありながら「他者」となることである。しかし、われわれは援助におけるかかわりの重要性に捕らわれるあまり、かかわりを育てることを「クライエントと一心同体でありつづけること」「寄り添って支えつづけること」と誤解しがちである。しかし、援助者はどんなに努力してもクライエントと一体にはなれない。すなわち、かかわりを育てるとは、両者が自他の区別や互いの距離を失うほど一体になることではなく、信頼感を醸成しつつ、互いが「重要な他者」となることである。(4)

4　援助者が自分の人生と向き合う力

彼とかかわるなかで、筆者は自分の人生とも向き合わざるをえなかった。しかし、このことが彼が自己決定を進める転機になったと思う。筆者が自分と向き合ったことが、なぜ彼の転機になったのだろうか。

当時、筆者も一人の人間として葛藤を抱え、人生における無力さや矛盾にも直面していた。つまり、彼の自己決定の困難は同じように困難を生きる筆者にとって無縁な出来事ではなかった。言いかえれば、彼の葛藤は筆者の人生を問う葛藤でもあった。したがって、彼と向き合おうとしたとき、筆者は彼の困難だけでなく、筆者自身の困難とも向き合わざるをえなかった。しかし、そのときこそ筆者と彼の出会いであったといえる。いいかえれば、筆者は自分の人生と向き合うことによって、初めて彼と向き合うことができたということである。こうした意味で、援助者がクライエントと無縁の世界にとどまったまま「あなたが決めること」といくら伝えても、それは援助からの逃避・撤退にしかならない。しかし、援助者もまた自らの人生の困難に旅立つ者であることを何らかの方法でクライエントに伝えることができれば、「あなたが決めること」は自己決定を尊重することばになりうる。

援助者が自分の人生に向き合う力は、日常の援助場面を通して育てることができる。たとえば、痴呆という困難をもつ当事者と向き合いながら、援助者もやがて体験する自らの老いに思いをめぐらして直面する。あるいは、死を看取る家族と向き合うとき、援助者も自らの家族の死などに直面しながら、目の前の家族に共感しようとする。援助者はこのような体験を蓄積し、互いに言語化し、学びあい、共有する。このような努力を通して、われわれは共感の質を高めることができる。(5)

5 生き方、モデルが多様である力

彼から現場について学んだこと、それは現場にはできるだけ多様な考え方、生き方をもつ人びとが集まり、交わっていることが必要であり、そのことが自己決定を尊重する現場の力を創るという発見である。

彼の自己決定をめぐっては、同僚のあいだに異なる意見があり、対立があった。しかし、大事なことはそこに多様な意見が存在したことである。そして、その様子が彼にも伝わったことである。クライエントはさまざまな意見、多様な生き方が存在する環境のなかで、一層自然に自らの葛藤や矛盾と向き合いやすくなる。また、クライエントはそのような環境のなかで自己決定を進める際のモデルを幅広く採用しやすくなる。自己決定はクライエントが悩み、葛藤することからはじまるのであるから、現場が自己決定を尊重するとは、まずはクライエントが葛藤できる環境を提供することである。

6　互いを尊重して対話する力

ただし、現場は多様な意見を存在させるだけで、利用者の自己決定を尊重できるわけではない。多様な意見が存在する現場はクライエントや現場自身を不要な混乱に導く危険をつねにもっている。したがって、現場にはもう一つ別の力が必要である。それは多様な考え方、視点が存在しながらも、それらが互いを尊重して対話できる力である。これをチームワークの力と呼んでよい。現場は職員が互いを尊重しながら率直に意見や反論を交換できるチームワークを創ることによって、職員同士の支え合う力を高めるだけでなく、チーム自身の援助観や視点をいっそう豊かにすることができる。また、クライエントもそのようなチームのなかで、「いかに生きるか」という問いに対して自分のなかでいっそう豊かに対話することが可能になる。

したがって、職員同士が一見仲良くふるまうことがチームワークではない。また、援助観がつねに一糸乱れぬほど統一されている姿もチームワークではない。あるいは、チームワークとは互いが口を出すことができぬほどに職員同士の役割が固定されていることでもない。一見仲良くふるまう関係、つねに意見が統一されている姿、あるいは必要以上に役割が固定された関係は、職員が現場に当然存在する意見の違いを表面化させることを恐れ、議論を牽制しあっている場合が少なくない。

7 現場が自らを眺望する力

彼とのかかわりから学んだことがもう一つだけある。それは、現場が自分たちの姿、変化を多面的かつ冷静に眺望する力を獲得することがチームワークの力をいっそう高めるという発見である。眺望するとは、現場が自分たちからいったん距離をとり、自分たちの姿や変化をあたかも上空で旋回するようにして多面的に観察することである。言いかえれば、第三者の眼をもって自分たちを鳥瞰する力である。この力は職員間の日常的な議論の場で育つが、そのためにはいくつかの工夫と努力が要る。たとえば、チーム全体で自分たちの様子を少し遠くから観察し、議論が互いをいっそう知り、学び合う機会になっているかなどを吟味する。あるいは、対話が硬直化していないか、視点が乏しくないかを点検し、必要があればチーム全体で改善を試みる。現場は試行錯誤を重ね、対話を進め、さらに対話そのものを眺望する。これらの作業を繰り返す。クライエントの自己決定をいかに尊重するかの判断は、試行錯誤、対話、眺望の過程を順を追って進め、初めて得られるものである。なお、現場は自らを眺望する過程でリーダーシップを明確にしておく必要もある。それは、これらの過程をいたずらに混乱させないためである。ただし、リーダーに反論できるサブ・リーダーを育て、いつでも眺望や判断を複眼的に進められるよう配慮することも必要である。

本章を記述しながら気づいたことがある。それは約三十年前に院長と婦長が意見を発言することなく、職員からさまざまな意見を引き出し、聴いていた姿とその理由についてである。そのころ、筆者は「二人はなぜ発言しないのか」「自分たちの意見も言うべきではないか」と感じていた。しかし、二人がそうふるまったのは、二人が病棟全体の様子や変化を眺望する仕事を担っていたからなのだと思う。当時の筆者が二人の努力、工夫に助けられていたことを今になってようやく気づくことができた。

おわりに

援助者や現場がクライエントの自己決定を尊重するには、さまざまな力が必要である。しかも、それらはいずれも葛藤や矛盾を内包する力である。ここに、自己決定の尊重・支援における最大の困難がある。たとえば、援助者はクライエントに向き合いつつ、自分にも直面しなければならない。また、かかわりを育てながら、互いが他者であると自覚する必要もある。あるいは、意見を伝えながら、相手の主体性を尊重することも忘れてはならない。さらに、現場にはさまざまな意見が登場し、職員間に葛藤や対立が生まれることも少なくない。

しかし、われわれはクライエントの自己決定を尊重し、支援する力をこのような矛盾、葛藤に向き合うことから育てなければならない。いかなる人の人生も葛藤、矛盾を本質的に含み込むものであるとすれば、われわれは葛藤や矛盾にこそ現場の力の根を下さねばならない。ついで、現場は対話する力、自分たちを眺望する力を育てる。これらの力を獲得して、現場は初めて決めつけを排除し、クライエントの自己決定を尊重するための判断を導きだすことができる。すなわち、クライエントの自己決定を尊重する過程とは、まずは葛藤し試行錯誤し、ついで対話を深め、さらにこれらの過程を眺望し、最後に判断を導きだす順序をたどるものである。この順序を逆転させれば自己決定の操作・強要となり、この過程のどこかを省けば援助からの逃避・撤退が生じる。

第6章 老いとケアの現場の構造分析

立教大学社会学部
木下　康仁

第1節　現場の自明性と拘束性

社会福祉実践における現場という場合、施設であれ在宅であれ、なんらかの援助サービスが利用者と提供者の直接的対人関係において提供されている場所を指すと理解するのが一般的であるが、そこが社会的にみればむしろ特異な成り立ちとなっていることはあまり意識されることはないように思われる。仕事に慣れ、そこが働く側にとって日常的な世界になればなるほど、つまり、ルーティーン化されるほど、気づかなくなる傾向にある。逆説的な言い方だが、現場という言葉の慣用がそのことを象徴している。

しかし、社会福祉の現場は現在、根底から問い直されつつある。その問い直しは、現場にいる人びとの手によって、あるいは彼らと利用者の共同作業によって提起されたというよりも、その成り立ちの特異性を規定してきた政策と制度の側によって導入されたものであることも確認しておかなくてはならない。いずれにせよ、実践にかかわる人たちは否応なしに対応を迫られてきている。

社会福祉の実践の場は、公的制度によって頑強に構築されている。法律やそれにもとづく実に複雑な行政指導によって形作られているのであるが、それは単に施設とか組織とか補助金の流れといったレベルだけでなく、実は現場で働く提供者像とその援助サービスを受ける利用者像、そして両者の関係が一定の形で社会的に規定されていることを意味している。現在おきていることは、これまで前提をなしていた社会的規定についての見直しであり、それゆえに本質的課題である。

いわく、措置制度から利用者の選択による契約の形式へとか、管理的・保護的援助から自立生活の支援へ等々の、福祉制度の方向転換を根拠付ける最近の言説は、これまでの社会福祉の現場の自明性と拘束性の理解を経てはじめて批判的に捉えることが可能となるのだが、現状は心もとないという印象を筆者は抱いている。援助の対象における主客の転倒が強引に、上滑り的に導入されているのに、そのことの意味が理解されていないように思われるからである。「主」がサービスの提供者側から利用者側に移行し、入れ替わって「従」の位置に提供者側がおさまるという構図は実はかなりラジカルな変化であり、それが内実を伴うためには現場を構成する人たちのイニシアチブが不可欠であるのだが、現状は無風状態で進行しているようにみえる。何が何によって取って代わられるのか、その緊張感が希薄である。

換言すると、サービス提供者と利用者の関係規定とその場の位置づけが大きく変わろうとしているにもかかわらず、そのことの意味が現場にある人びとによって理解されていないのではないかという印象をぬぐえないのである。政策と制度が社会福祉の大状況を作っているだけでなく、変化の方向を理念的にもリードしていくとき、そこに想定される利用者像に対して現場のサービス従事者たちは場合によっては結果として逆行するような位置に立つことになるのかもしれないのである。むろん、利用者たちも新たに期待される像と現実に自分が考えているそれとのギャップを経験するであろうが、それ以上に重要となるのは言うまでもなくサービス提供に関わる人たちである。なぜなら、彼らこそが変革を迫られているのに取り残されてしまうからである。

大づかみの議論をしているので分かりにくいかもしれないので、もっとも重要である〈生活〉について考えてみよう。社会福祉の実践が利用者の生活支援を目的としてきたことは自明と言っても過言ではなく、これまでもそうであったはずである。とすれば、いま求められている〈生活〉の意味とは何であろうか。これまでの理解とどこが、どのように異なるべきか。筆者は次のように考えている。

サービス提供者である自分の生活とその利用者の生活とを同等におき、両方にとっての生活を前提とすること。つまり、利用者の生活だけを取り上げて支援云々という一方的な見方はしないこと。生活はその人自身にとってのものであるから、他者の生活への支援は社会福祉実践においてであれ、本来的に部分的、限定的にしかなしえないものであること。だから、援助の対象としての生活とは、限りなく論理矛盾に近いことになる。社会福祉実践においての現場はサービス提供者にとっては職場であっても、そこが利用者である他者の生活空間であるかぎり、誇張になるが援助者である彼らは利用者に対して侵蝕者と紙一重の距離にある。

乱暴な話に聞こえるかもしれないが、社会福祉の目的を自立生活への支援とすることの意味はサービス提供側の責任を単に相対化し限定的なものに変更するというだけではなく、生活の概念を自分の側までいったん引き寄せ、自分の生活と他者の生活とを同等に尊重し、対等なものとして認めることである。この生活者としての対等性が、利用者の主体性を徹底して尊重することにつながるのである。したがって、利用者の生活を尊重することとサービス提供者の生活を尊重することは同じコインの裏表関係となるから、言ってみればどちらの方から考えても同じことになり、両者の生活が成り立つことを条件としてその関係を考えていくことができるのである。社会福祉実践においては、否、社会福祉実践であるからこそ、一方の生活の犠牲のうえで他方の生活が成り立つことは前提としないという立場である。現在求められている意識変革には、少なくともこの程度のラジカルさが要請されているのではないか。

第2節　現場のあいまいさとその経験

筆者が生活という概念をこのように考えるようになったのは近年の社会福祉基礎構造改革やそれによってもたらされた状況に対してということではなく、きわめて個人的な自分自身の実務経験からであった。そこは公的な社会福祉の場とは異なる現場であったため現場の自明性が存在しなかった。現場の拘束性も微弱であったわけだが、直面するさまざまな現実的問題に対処するために何が問題であるのかを、実践のために常に考えざるを得ない状況にあったからであった。筆者はおおむね一九八〇年代にあたる十年間ほど高齢者ケアの場で働いた経験があるのだが、ケアについての自分の考えの基本的な部分はその時期に形成されたものである。[1]そのこと自体が、筆者にとって現場の力が何であったのかを間接的にものがたっていることになる。

私たちはある限られた社会的場での経験を通して現実を理解し、自分の考えを形成していくのであり、自分の考えがどこまで一般化し得るかという問題はあるにせよ、自分の経験の場が社会的にどのようなところであるか、また、どのような形でのかかわりであるかによって大きな影響を受ける。筆者の場合には三重の意味で、現場はあいまいであった。[2]

第一に、制度的位置づけがあいまいであったことである。ある財団法人が民間非営利で運営する大規模な高齢者施設であったのだが、当時制度的には有料老人ホームという位置づけであった。有料老人ホームとは、老人福祉法に一定の記載はあるものの、公的高齢者福祉の枠外にあり、自立自助型の施設として日本では一九七〇年代あたりから登場したものであった。ただ、実態は、多様というよりは雑多にして混交状態で、シルバーマンションもあれば終身介護までを標榜するところもあり、また運営主体も株式会社がもっとも多かったが社会福祉法人も含まれるという具合であり、その存在自体が社会的に確立されているにはほど遠かった。有料老人ホームとは、公的福祉が対象としない経済的に自立した高齢者層に対する新しい選択肢であるというきわめて漠然とした社会的イメージはあっても、その実態はこのように雑多であったから、入居を検討する人たちにとっても実態が分かりにくいという問題があった。総じて、可能性と危うさが混在する不確定な存在であった。

民間非営利であっても、この種の施設を取り巻くこうした一般状況は例外なく影響を及ぼしたのであり、とくにサービスを提供する職員と利用者である入居者の関係が日常のやり取りにおいても不安定になりやすい面があった。つまり、公的な社会福祉施設と異なり社会的には契約という一般的な形式によって規定されたわけだが、一面ではそれは対等な関係を担保し得るが、他方、その関係の内容と範囲をめぐっては、当事者間での定義と合意を必要としたからである。権利と義務が個々の人間の日常のやり取りにおいて問われてくる小さな相互扶助の仕組みであったから、個と全体、個人の利害と施設の存続とが理念的というよりもむしろ現実的に拮抗する緊張関係が支配的傾向にあった。

第二に、そのことと関連するのだが、施設であって施設でないというあいまいさがあった。有料老人ホームでもとくに終身利用権方式と呼ばれるタイプで、入居時点では経済的にも日常生活面でも自立していることが条件とされ、それ以降必要となるサービスを受けつつ重介護期やターミナルな段階まで共同生活するところであった。アメリカ的に言えば、継続的ケアを特徴とするリタイアメント・コミュニティ方式の場所であった。だから、施設といっても単体ではなく、計画主導でつくられた機能の異なる独自施設群から構成される新しい社会的場であった。

この場の特性として、次の点が重要となる。入居した人びとはかなりの長期間を継続してそこで生活するため、個人レベルでの人間関係が自然に発生するところであった。その点でコミュニティの要件を有する場であり、当時、そして今でもこうした環境条件のところは数少ない。筆者にとっては実務を通して老いと衰えのプロセスが全体的に俯瞰できる場であった。

第三には、筆者の立場が施設に勤務し実際にケアを提供するのではなく、数カ所の施設を巡回しケアシステムの構築や職員研修、また対応困難ケースについての相談援助など、一定の距離をおいたところにあったということである。自分が日常的に特定の場にいるという意味での現場ではなかったこともあり、全体の動きが理解しやすかった。反面、施設の職員たちとの間にも一定の距離をおいた関係であり、ときに緊張関係にもなった。このことは筆者にとっては、彼ら以上か少なくとも同等には現場を自分が理解をしている必要性、あるいは、彼らからみて筆者が十分現場のことを知っていなければならないことを意味した。

こうした変則的な形での現場経験について、少し説明しておきたい。筆者は社会学を学問的基礎にもち、社会老年学という領域で研究者としての訓練を受けたのだが、その修了後すぐに、研究者としてではなく実務スタッフとして勤務するようになった。この選択自体は意図的判断であった。すなわち、高齢化を主要特性とする日本社会の変動動態を、できれば近未来的にも観察できる場を考えたからであり、しかもそのときの自分自身の立場設定を研究といった中間的距離ではなく社会的現実との緊張関係が発生する提供側当事者におくことにしたのである。社会福祉や高齢者福祉も、ソーシャルワークや援助技術なども専門的に学んだこともなければ、その経験もないままいきなり実務で働き始めたのである。

社会福祉実践についての知識と経験がないままに実務に従事したことは、二重の意味で筆者に大きな影響を与えた。ひとつは、先に述べたように勤務したところが公的な社会福祉制度からはマージナルな位置にあったため、あいだに行政が関与することはほとんどなくサービス利用者との直接関係でよかったし、社会福祉の知識は必ずしも適切ではなかった。他方、そしてこちらの方がより重要であったのだが、前提や先入観がない状態で現実的な諸問題に直面することになったため、倫理的なレベルから具体的な援助方法にいたるまで非常に多様なことがらについて自分の考えをもつ必要に迫られたのである。単に関心のあることについてだけ考えるというよりも、それぞれの施設のバックアップ的役割であったためどちらかといえば複雑な問題に対応することが多くなり、ケアのための作業仮説としていったいどのような問題であるのかをまず分析しなくてはならなかった。承知のように人間に関わるこの種の問題は簡単に解決策があるわけではないから、そしてそれでいて現実には何らかの対応をせざるを得ないから、その時点、その時点で最善の対応は何かを模索することとなり、考えることは常に緊張感のなかでの実践作業であった。この過程を経ながら、筆者は関係性を中核概念とするケア理論を構築していったのだが[3]、その方向は特定の社会的場にもとづく思索が一般理論を志向していくという展開をたどった。

第3節　現場特性とケアの理論化

さて、先に述べたように筆者が関わった高齢者施設では、経済的にも心身面でも自立した生活ができている高齢者から重度の介護ニーズのある高齢者まで老いと衰えのプロセス全体にわたり実に多様な高齢者が暮らしており、そのプロセスに対応して関連施設が計画的に建てられていた。主要なものだけでも高齢者配慮型の住居棟、大食堂や趣味やグループ活動などのためのコミュニティ・センター、入院機能をもち一般の外来にも対応する有床診療所、そして、自室での生活が困難になったときに移る介護施設であるケアセンターである。こうした独自の機能施設から構成されている継続ケア型のリタイアメント・コミュニティとして建設されたのだが、最初の施設が一九七〇年代であったことを考えると先駆的であったと言えよう。施設構成の点でも、また入居者の社会経済的背景、老後意識、ライフスタイルなどにおいても将来のケアシステムと高齢者像を先取りしたような、その意味で社会的実験室の観を呈していた。あるいは、来るべき高齢社会の縮図でもあった。

筆者はケアシステムの構築と職員の研修にあたっていたのだが、その時期（一九八〇年代）に理論化し実践展開していたケアシステムは、今日では日本で一般的なものとなりつつある。主な点をあげると、ケアプランにもとづくケアのシステム化、複数専門職参加によるチームでのプラン策定と評価、利用者本人へのプランの説明と意思確認、介護施設の空間と機能の分離などであった。最後の点について若干補足説明をすると、高齢者の場合の脱施設化を理解するポイントになる考え方のことで、介護施設の役割を検討していった結果、施設を住宅化し、住宅を施設化するカギが在宅（居室）サービスを介護レベルまで引き上げるという発想を得たのである。そのうえで、より守られた生活空間である介護施設か、よりプライバシーを保持できる自分の住宅（居室）かを利用者自身に選択してもらうという方式が導入された(4)。

もっとも、最初からこうしたことが分かっていたのではなく、試行錯誤を経て、ケア理論が実践との応答関係で、つまり、理論化したものを実践に移し、その後、検証され修正され安定したものになっていくというプロセスをたどった。先に述べたように、場自体が社会的に確立されているとは言いがたい状況にあったので、そこが一体いかなる場であり、生活している高齢者をどのように理解したらよいのかという根本的な問題から考え始める必要があった。

たとえば、特養のように法定福祉施設であればすでに確定している基礎的部分が、そこではあいまいであった。この状況は本来であれば協調関係にあるべきサービスを受ける側の入居者とそれを提供する側である施設と職員との関係自体をもあいまいにさせ、日常的に混乱を生み出すことにもつながっていった。非営利とはいえ民間における契約関係であるから当然権利と義務の関係として合意されているべきではあるが、入居者側の義務は所定の費用の支払いで明瞭であっても、それに対応する具体的なサービス内容は確立されていなかったから、双方にとってどこまで、何を期待できるのか、あるいはすべきなのかが流動的になりやすかったのも事実である。トラブルの際には、一方が権利を主張し、他方がそれに応えきれない現実的な理由を述べて理解を得ようとするという構図となり、逆説的な話だが、双方とも納得できなくともこの構図になれば一応の決着にはなっていった。ただ、その代償は初期では漠然とした不信感につながっていったので、ケアの日常的な実践はその課題の克服の努力と一体となった。これはこの種の場が社会的な選択肢となっていないことに起因する問題であった。

加えて、一般には福祉施設であれ医療施設であれ、その機能は確立されているから、そこに勤務する人たちは自分と利用者との関係に迷ったり戸惑ったりすることはまれである。その場での限定された関係だからである。だから、利用者についてあれこれ考えることはあってもそれは仕事の一環としてであり、自分自身の立場は安定したところにおいている。ところがここでは一義的には生活する入居者たちがいて、その人たちのためにさまざまなサービス施設が用意されているだけでなく、入居者と職員の関係自体が迷いや戸惑いの対象であった。入居者からみれば有床診療所もケアセンターも付属であり自分たちのためのものとなる。当然すぎるこの〈自分たちのもの〉という捉え方は、しかしながら、権利意識と一体となると歯止めを失った要求へとエスカレートし現場で働く職員、つまり彼らにとってもっとも重要な他者を、追い詰めてしまう危険があった。自分だけの利害でなく自分たちの利益を表現する言葉は彼らにも、また運営側においてもまだ十分用意されていなかった時代である。

ケア理論を構築していくうえで、重要となった認識はニーズという概念の限界であった。

これも実際に自分が納得できるまでには時間がかかったのであるが、サービスに対応するものとしてのニーズには置き換えきれない部分、あるいは、ニーズの概念では零れ落ちてしまう部分が残されたからである。ケアプランに反映しにくい部分と言っても良いのだが、そのことに気づくことができたのはニーズ以前の「存在として」の個々の入居者であった。つまり、人となりが理解できるまでの濃密度の人間関係の世界になると、ケアシステムを機能的に表現することに限界が生ずる。そして、ケアのシステム化には実はこの認識が不可欠となる。

言い換えると、身体的ニーズ、精神的ニーズといった区分がそのままでは有効にならなかったわけで、仮に社会的ニーズという視点を導入して全人的ケアと解釈したところで現実のケアがニーズの概念を用いることで分かりやすくはならなかった。社会的ニーズ自体、それが何を指すのかは実際にはあいまいであるが、筆者がここで指摘したいのは、ニーズの総和として全人的ケアを理解するのは現実的というよりも観念的であるということ、そして、ニーズという形で読み取りきれないものとしての利用者の存在を常に意識するようになったということである。

社会福祉の現場であればそれはどこでもそのはずであるという反応が予想されるが、頭で分かったつもりでいることと個別のケアプランを延々と立てていくなかでそこから残余化する部分を実感することとは相当な距離があると言うほかない。通常の高齢者ケアはニーズの概念を媒介にして成立しているのでその限界は確かに理解しにくいであろう。計画主導であるにせよ、コミュニティ要素をもつところか、あるいは、土着的なコミュニティであれば自然にみえてくるものである。高齢者とサービスを提供する人間たちとの関係の安定性や密度の問題であり、翻って考えるに、こうしたコミュニティ要素を抜きにして一般地域におけるケアがはたして可能なのかという大きな問題が提起されるであろう。

とくに強調したい点は、入居者たちは直接的な契約関係にもとづき、先に述べたように自立した段階から最終末期までをそこで生活していくのであるから、サービス提供側にとっては同じ人たちに長期間にわたってかかわっていく世界となる。そこから、その人の人となりが言ってみればあらゆる場面で切り離せない要素となって浮上してくるから、ニーズとして切り離して理解するのが困難となったということである。しかも、この状況特性は同時にサービスを提供する側にも自身の人間性を切り離せない要素として要請するものでもあった。非常に人間的な関係を形成していけるという面と、私的な領域と仕事の領域との境界のあいまいさという面の両方を含みつつ、現場は双方にとっての生活が交錯するところであった。これらもケアのコミュニティ要素として見落とすわけには行かない部分である。(5)

第4節　現場と不在

ここまで現場という言い方について厳密に定義せずに使ってきたが、ここで本章での定義を設定しておこう。この言葉は通常、サービスを提供する側の人間が自分の仕事の場を指す際に慣用的に用いられているが、筆者は単に空間的意味だけでなく時間的意味も確認しておくべきだと考えている。すなわち、現場には「ここ」だけでなく「いま」という限定がつくのであり、他者ではなく自分が「いまそこに在る」という意味である。自分がそこにいないときには、「現場」は存在しない。このように空間と時間の両方から定義すると、もうひとつの重要な定義要件があることに気づくであろう。いまそこに在るのは「誰と誰か」という人間の関係性の問題である。社会福祉の現場は、人間を抜きに成立し得ないのである。特定の人間と人間の存在があって現場がなりたっているという、当然のことではあるが慣用表現では失われがちなこの点を確認することは新鮮ですらある。先に、利用者にとって日常生活の一場面あるいは全場面を、サービス提供者が「現場」とみるのは利用者の生活への侵蝕と紙一重の危うさがあると指摘したのであるが、空間と時間と人間の視点から現場を定義することによりこの危うさを回避できるのである。

現場という表現からなぜこうした意味が薄らいでしまったのかは検討に値する課題であるが、ここでは深くは立ち入らず次の点を指摘するに留める。おそらく現場のもつ圧倒的リアリティ感ゆえに、あるいは社会福祉の実践が習慣化するにつれ、また感覚が徐々にマヒしていくにつれ、あるいはまた、サービスが施設という固定空間中心で提供されてきたために、空間の意味だけが突出してしまったのかもしれない。いずれにせよ、バランスを欠いた定義は他者と、そして自分を見失う危険と隣り合わせであることには違いない。

ところで、あえてこのように考えるのは筆者は自分の実務経験のなかである時期から〈不在〉という概念を重視するようになり、高齢者ケアを理論化するうえでのひとつのキー・コンセプトにしていったからである。この概念は「他者の不在」と「自己の不在」に大別され、前者はケア対象者の場合、後者はケア提供者の場合に対応する。また、その混合様態が痴呆性高齢者のケアの場合であると考えている。それぞれについて述べていくが、その前になぜ不在が主要な概念となっていったのかを簡単に説明しておく。

はっきりとした契機があったわけではなかったのでいつ頃なのかははっきり覚えていないが、入居者の個別ケアの検討を施設のスタッフと定例のケアプラン会議で行なうという経験をある程度していくなかで着想した。自立した生活を営んでいる入居者、介護施設であるケアセンターの入居者、診療所入院者を対象に担当部署ごとにケアプラン会議を設け、その入居者の問題が何であるのかの理解を重視してプランを作成していった。フォーマットもいろいろと工夫したが、もっとも充実したケアプラン会議はそうしたフォーマットにまとまらないで終わるときであった。入居者その人の理解、言い換えると、現象としての問題が何であるのかよりも、なぜそうなるのかに力点をおいて議論を進めたので、最初はADLやI-ADL、医療看護的側面に関するニーズとして考えられていたところから人間理解へと展開していき、参加スタッフからさまざまな意見が出されると最終的にひとつの結論にまとまらないことが多かった。そうしたときはフォーマットにはまとまらなくても、非常に充実したやりとりができたのである。きちんとフォーマットに整理された内容に立脚してケアを提供する場合も当然あったし、それはそれで重要ではあるが、対応困難な人たちほどそうした形ではまとまらなかったのである。それでよいと考えたのは、ケアプラン会議に参加したスタッフが、当該の入居者と接するときに会議の議論内容を踏まえ、それぞれがその時々に自分で何が適切な対応なのかを判断できるからである。つまり、形式としてのケアプランとは別に、会議自体を「機能としてのケアプラン」と位置づけたのである。

そして、こうしたなかで不在者の存在に気づいたのである。身体介護や家事援助など具体的なサービスはそれほどむずかしい問題ではなく、むずかしいのはコミュニケーションが円滑に取れない場合、やり取りが噛み合わず関係形成が進まず、問題状況がなかなか解決に向かわない場合であった。現象面に対応したやり取りでは埒があかない理由は、そこにいない人との関係ではないかと考えるようになったのである。さまざまな理由から未知の生活環境であるリタイアメント・コミュニティに移り住んできた人びとであったこともあり、重要他者が不在であることがこころを騒がせる要因と思われた。そのほとんどは家族関係を背景にもち、そうした入居者は「いま、ここに在ること」を受け入れきれないでいた。しかし、彼らは自分が「いま、ここに在る」しかないことも当然理解してはいたが、心身を引き裂くような不在者の存在は筆者の想像を越えた影響力をもっていた。

そこが生活の場になるためには、したがって、不在者との和解と現在者（いま、在る他者）の発見が必要であり、後者の位置を占めるのが職員たちであった。関係性の問題は非常に複雑で簡単に解決や和解が可能となるものではないが、職員との関係形成に応じて少なくとも緩和することは現実に期待できるものであり、そのためには利用者を自分と同じひとりの人として理解することが不可欠である。ケアプラン会議の目的もこの点に置いたのである。関係性の問題は当事者双方に頑強な解釈があるから適切に理解しないとすぐに加担の構図にはまり、自分自身の他者性を失ってしまう。安易な同情や共感はこの危険を引き出す。実際、よくよく理解すると関係性の問題を引き起こした少なくとも半分の責任は本人にあると思えるものである。

とはいえ、近況報告や行事の案内など施設によって通常行われているような連絡や働きかけも試みられたが、実際には糸口を見つけることは困難な場合が多かった。むしろ、コミュニティでの生活時間が経過していくにつれ現実を受け入れる方向が重視された。断念することで不在者の存在を相対化する方向が検討されたが、言うまでもなくこれは「いま、在る」人間である職員との関係との兼ね合いで判断された。

そして、さまざまな試みを経て筆者はひとつの考えに至った。衰えはケアを媒介とすれば祝福であるという理解である。他者との関係性は本質的に観念的なものであり、それゆえ時間的なものでもある。老いと衰えは身体機能などの喪失だけではなく、心理的負担となっていた観念にも及ぶのであるから不在者の存在もやがてあいまいになり、日常生活面でのサービス提供者たちとの関係が現実的にも意識面でも比重を増す。この変化を肯定的に捉え、祝福と理解するのが自然に思えるようになった。

不在がキー・コンセプトとなるもうひとつの世界は、職員の側である。ここでのテーマは、他者の不在ではなく、自己の不在である。現場という表現が慣用化したときにもちかねない逆説性はすでに指摘したが、空間に加え時間と人間の関係性とから定義するとき、現場という言葉は不在の概念を媒介として職業としてのケアの確立をうながすものとなる。筆者は実務のラインではなく施設を巡回しつつ職員研修などを担当していたのでサービス利用者だけでなく、提供側の職員たちの様子も良く理解できる立場にあった。ケアプラン会議に参加し、彼らの経験や感情を理解していくにつれ、筆者はこの仕事の善さが自然に発揮できるように、職業として理論化する必要性を痛感するようになった。なぜなら、契約方式による新しい社会的場であるリタイアメント・コミュニティで日々働くのは彼らであり、権利や義務のあいまいさがもたらす状況、必要に応じて提供されるべきサービスの種類や程度をめぐる利用者の期待と提供側の判断や限界といった状況で、ほとんど無防備のまま矢面に立たされたのは彼らであったからである。

むろん施設長や管理職による組織としての役割分担はあったが、実際に入居者とやり取りをするのは一般の職員たちであり入居者がもっとも信頼していくのも職員たちであった。にもかかわらず、自分と入居者がどういう関係であるのかが確立されていないから、ある人からは召使いや家政婦のように扱われたり（「あなたが働けているのは、私たちがお金を払っているからよ」）、また別の人は卑屈なまでに低姿勢で接してきたりという具合にさまざまであった。これらは両極端な例であるがどちらの場合であっても職員たちは感情的に翻弄されてしまい、先に述べたサービス提供者が利用者の生活を侵蝕するのとは逆の侵蝕化、すなわち、利用者の存在が職員の生活を心理的に圧迫するという傾向がみられた。双方の生活がバランスをたもつのは至難のことであったのである。

公的制度に支えられた社会福祉サービスの世界では表面化してこない問題であり、他方、完全に営利事業であればそれはそれで明快であるが、民間非営利という中間的な形態は双方にとって分かりにくい状況をもたらした。実際のサービスのレベルで比較的類似した問題がみられたのは当時、一九八〇年代では福祉公社が行なっていた会員制の有償在宅サービスであったと記憶している。

そしていま、権利にもとづきサービスが選択される方式が制度的にも一般化しつつあるのだが、それが成熟していくまでの道のりの曲折した長さは筆者の経験から十分考えられることである。たとえ剝き出しであっても利用者側がまず権利行使をすること、できることが重要である。同様に、サービス提供者もその矢面に立つ緊張感を経験するなかでより対等な関係を模索できるのである。かつて筆者が経験した世界は現在一般状況化している世界と同性質のものである。

さて、職員にとって不在の意味は、時間的限定を持ち込むことで現場から離脱することである。仕事として働く時間だけを〈現場〉とし、それ以外は自分の関知外とするのである。こうした切り替えを積極的に捉えることが、職業としてのケアの重要な要素と考えたのである。

別な言い方をすると、ケアの関係とは限定的な分担責任で成り立つのであり、利用者の境遇や運命がたとえどのようなものであるにせよ、またその状況にいかにこころが痛もうとも、そのすべてをなんとかしようと思うのは情の暴走による自己呪縛であり、結果的に無責任なかかわりになるということである。他者である利用者を自分のなかに取り込まないとする立場である。明確に意識化すると当たり前に思えるのだが、分担責任とは利用者もまた自身の生活に一定の責任を負うことであるから、むしろ現実的なのである。問題は、そうした存在として利用者を想定できるかどうかという提供側にあると言える。

不在の意味が分かると、離脱に対して今度は関与の内実が課題となる。ただ日常的にかかわればよいのではなく、自分が現場に在るときは可能な限り正直なコミュニケーションに徹するのである。

限定責任と捉えると、チームやシステムケアの重要性がごく自然に理解できるようになる。なぜなら、自分が不在のときには同僚が現場にあるからであり、これは相互の信頼をも意味する。自分がいないときは信頼して任せるしかないからである。ごく単純なことなのだが、実はこれは実際にはなかなかむずかしい。不在の意味を自覚していないと自分がいなかったときのことについてあれこれと批判し始めるからである。そこにいなかった以上自分には何もできなかったにもかかわらず、あたかも現場にいたかのように反応する場合である。慣性化した現場感覚はいともたやすくこうした越権行為を生み出してしまう。対照的に、メリハリのある現場定義を導入すると提供者側も個人に依存するのではなくシステムでケアの関係を継続していくことが確認でき、利用者に対するケアの責任とサービスの質を担保することができる。

次に不在がキー・コンセプトとなる第三の位相は、痴呆性高齢者のケアである。いわゆる見当識障害を思い浮かべるとよいのだが、提供側にはそこにいない人間であるがその高齢者のなかでは「いま、在る」人とを一致させるかかわりのことである。(6) むろんすべての場合このようにしたらよいというのではなく、リアリティ・オリエンテーションなどいくつかの選択肢のなかに、この対応も含めてよいという意味である。ここでこの問題を引き合いに出したのは、ケアの感性というか人間の不思議さについての関心を強調したいためである。これまで論じてきた現場の定義を前提としつつ、個別的にその定義軸を自在にゆるがすのである。現場のなかにもうひとつの小さくゆらぐ現場を演出できるやわらかい感性は直接的には痴呆性高齢者のケアについてであるが、それだけでなくそれ以外のかかわり合いにも重要な影響を及ぼす。

第5節　現場と倫理

いかなる組織形態であれ、サービス利用者と提供者のそれぞれの生活にとって、安定した経営が大前提であるのは言を待たない。これは倫理の問題というよりも、それ以前の社会的責任の問題である。現場における日々の営みはすべてこの前提に依存しているのであって、建前ではなくこの点を強調しなくてはならないのは、やわらかいシステムとしてのケアはその構築に多大の時間と努力が必要であるにもかかわらず、運営が不安定になったり危機に陥ると瞬時に崩壊してしまったりするからである。まず、このことを確認しておく。

ここでは視点を実際のサービスをめぐる世界において、倫理について考えてみたい。ただ、社会福祉専門職としての職業倫理であるとか、人権の尊重とか個人情報の守秘義務といった提供側に関する倫理というよりも、共に生活者であるという視点から現場で生起する倫理に関係する問題を検討してみたい。この方法論的健全さは、実際のやり取りにおいては倫理の境界はある程度のあいまいさがあるから、規則を機械的に遵守することが必ずしも適切でもなければ可能でもない場合があることに対応している。提供側が自分もひとりの人間として、利用者に関わる具体的ことがらに対して是々非々の判断をするのは必要なことであり、この点はもっと強調されるべきである。そうでないと、サービス提供者は直接の相互作用にかかわりながらも自身が匿名化してしまうし、それは利用者にとっては混乱をもたらす要因となる。

また一方で、職業倫理のレベルからはこぼれ落ちてしまう倫理的問題もあるように思われる。提供者が釈然としないまま、しかしなんらかの対応を現実にはとっているようなことがらである。

被害者意識に立てもこりだれかれとなく他者を批判し続ける利用者、延々と要求を出すことで周りを振りまわしたり、あるいはその矛先を自分に向けて内向したりする利用者など、対応にむずかしい高齢者は少なくない。利用者のそうしたスタイルに応えようとすると展望のないまま泥沼に陥ってしまいかねない。

その背景に不在者の存在があったり、あるいはねじれた人間関係のためにそのスタイルが儀礼化して引っ込みがつかなくなったりしている場合などいろいろであるが、提供側は問題を分析しプランを介して、個別的に是は是、否は否というメリハリのある対応をしてよいのである。直接向かい合うことを迂回して表面的な対応に終始すると、利用者自身がいよいよ出口を見つけられなくなることは頻繁に経験されていることである。

もうひとつのむずかしい問題は、戦争体験にまつわるテーマである。戦争体験一般よりも加害的立場での自身の体験を無造作にケアの関係に持ち出された場合などである。現在の高齢者の一生は現代史としての昭和史と重なるのであり、その前半は戦争の時代と重なる。そして、その体験の衝撃の大きさゆえにケアの場でいろいろな形で浮上してくる。

とくに、たとえば自分が軍人としていかに強大であったのかを具体的な話として持ち出されると、職員は顔を背けたくなる。無反応で応えることも実は賢明な応え方であるが、その場合でもなぜその利用者がそうするのかについての解釈はしなくてはならない。しかし、ケアの関係は接客サービスとは違うのであるから、筆者はこうしたとき職員は自分の考えをはっきりその利用者に伝えるべきであると考えている。

高齢者のケアは一般に言われているように単なる介護の提供なのではなく、人間と人間の関係であり、対等なコミュニケーションの世界である。それが人間的であるためには、特定の時代と社会を生きてきた刻印を含めて利用者を理解することが不可欠である。そして筆者は、提供側と利用者の間に世代差があることを媒介とし、高齢者ケアを歴史と世代の社会的継承の形であると捉えるようになったのである。(7) 高齢者ケアとは介護保険で行なうものでもなければ、家族の介護機能が弱体化したので社会的に対応するためでもなく、先行世代の歴史体験の表現に対してケアでかかわる側が自らの考えをもち、然りと否によって応えていく世界として真に社会的現象となるのだと思う。

第6節　新次元の現場としての地域

最後に、現場と地域の関係について少し触れておきたい。本章では、現場を空間と時間と人間の関係性の三点から定義したのであるが、施設の場合には空間を固定的に設定できるのに対して、地域となると定義対象の空間は〈動く〉ことになる。この違いについてである。

承知のように高齢者ケアの場は、一九九〇年代を中心に施設から在宅・地域へと大きく方向転換してきている。その詳細にはここでは立ち入らないが、この変化は単にケアの場についてのことではなく、現場が新しい次元に移行することを意味している。ケアは社会化されたサービスとして提供されるわけだが、生活という概念と同様に地域という概念もその本質は機能的には定義しきれないところにある。つまり、提供側に回収しきれない部分が必然的に残るという構造になる。生活の場合には、利用者の意思を保証することで提供側に読み取りきれない部分を確認し、同時に、両者にとっての生活のバランスという視点を提示した。

地域の場合には、生活についてのこの部分が内包されるので二重の形で利用者との関係が相対化される。単純に考えても、施設と違い、心身状態、居住形態、住宅環境、近隣環境、社会経済的背景などをさまざまに異にする高齢者が物理的には地域社会のなかに点在するのであるから、必要なサービスを必要なときに提供することは限りなく至難の技となる。サービスもショートステイ、デイサービス、ホームヘルプなどの組合せとなるから〈動く〉のは利用者であったりサービス提供者であったりする。

こうした在り様は両者にとってより対等のセッティングと考えてもよいし、限定責任が分担責任へと移行しやすいとみてもよい。しかし、その一方で危うさも提供側にとっては紙一重の世界となり、デイサービスであれホームヘルプであれ空間が複数化したり移動したりすると、「いま、在る」べきときに確実に「在る」ことが重要性を増す。そうしないと関与において部分的になったりあいまいになったりするから、提供者自身がなし崩し的に不在化しかねない。つまり、施設のときと違い「いま、在る」を今度は意識的に確認しないと自分と利用者の関係もあいまいなまま漂ってしまい、端的にいえば現場が成立しているようで実体がはっきりしないということになる。

いずれにせよ、地域をいかなる現場としていくのかは、社会福祉の実践にとってその枠を超えるほどの壮大な課題であることだけは疑い得ないのである。

第7章

中村明美二十歳（仮名）／自殺

鹿児島国際大学福祉社会学部
天羽浩一

はじめに

しょう来やってみたい事

「しょう来は、スポーツクラブに通って体をきたえたり、おしゃれをしたり、外国へ行ったり、色んな所へ車でドライブしたり、日焼けサロンに行ったり、毎日カラオケに行って歌いまくったり、温泉大好きだから、温泉旅行に行ったりする」

私の手元に、中村明美のいくつかの遺品と書き残されたメモや手紙、写真がある。彼女は九九年春、X精神病院閉鎖病棟内で縊死した。二十歳の誕生日を迎えたばかりのことであった。病棟自室の木製固定ロッカーの二つに分かれた上部のロッカーのフックにラジカセコードを掛け、輪にして首を二重に結び、踏み台に乗り、その台を蹴った。生まれ落ちて繁華街L町の路上に遺棄され、乳児院・養育里親・一時保護所・養護施設・精神病院等を転々とし、そして死んだ。

一九九五年冬、十六歳になったばかりの彼女は児童養護施設W学園にやってきた。いや、より正確に言えば「やってきた」のではなく、児童相談所から「措置されて」きた。W学園の児童指導員であった私はそこで彼女と出会った。私は当時四十九歳、すでにベテランの領域にあると言ってもよかったが、彼女の担当職員として相変わらずの無力さを露呈することとなった。私はなけなしの能力と戦力をはたきつくしたが、彼女は十九歳でW学園を「措置解除」され、入院中のX精神病院をそのままの居場所として退院することなく、その一年後に死んだ。

私は二十六年間勤務してきたW学園を退職した。彼女の死を何度となく反芻してきたが、彼女のなお生きたかったであろう声を再生させることは出来ない。わだかまりだけが澱のように沈んだままである。以下に彼女の生と死の顛末の一部を記述する。批判でもなく、告発でもなく、悔恨でもなく、主観を伏せる形で抑制した記述に心がけた。それはもちろん、客観的記述を意図したというわけではない。いまだ形ある主観が立ち顕われていないからだ。その限界は私の内側にもあるし、私の外側にも存在する。その意味で現場の葛藤が記述の奥底に内包されているはずである。現場の力とは問題を解決することではなく、矛盾の内側に入り込むことである。

なお記述に際して資料や記録、メモから一部を抜粋、さらに特定を避ける工夫を講じ、再構成した。

自殺する数日前、おやつにあてにしていた牛乳が飲めなかった。彼女にとって牛乳は特別の意味づけがあり、しかも千本松乳業の「ホーライ牛乳」が絶対指定銘柄で、彼女にとっての聖なる水＝命の象徴でもあった。その牛乳を飲めなかったことが主因となり、さらに夕食の献立やその摂取をめぐっての不満と重なり、看護師と争い、興奮がおさまらず、病棟内の保護室へ入れられた。彼女は過去、何度も保護室に入れられている。保護室はコンクリート打ちっぱなしの冷たい湿気の強い独房で、通常なら耐えがたい苦痛が与えられるはずだが彼女はすっかり慣れてしまっており、すでに行動抑制効果はなかったとのことである。

しかしその日以後、精神的に調子の悪い日が続いていたという。同年輩の入院患者Y子さんとも諍いがあった。自殺の前日、Y子さん宛ての和解の気持ちを記した走り書きに「自殺」の文字が見られた。また数日前には、彼女が八歳から十五歳までの間いっしょに暮らした、以前の養育里親であるXさんに、電話で「自殺したい」、また唯一の肉親である姉への電話でも「自殺する」と言っている。Xさんは「そんなばかなことを言わないで。先生や看護師さんの言うことをよく聞いて、早く退院出来るようにならなくちゃ」と諭したのに対して「ウン、分かった」と比較的元気に応答したという。姉は「そんなことばっかり言っておどかして、死ぬんなら勝手に死になさいよ」と応じている。今までも何度か同様の会話が電話であったからである。いずれにしても、自殺に対する観念が彼女の頭をよぎっていたのは確かである。

遺品のなかに一九九八年十月三十日付の「遺書　ママは私が四歳の頃、アルコール中毒症で他界しました。今現在の私にはそんざいてき、夢きぼうもありません。（中略）ママの所天国へ行くから。（中略）私には死ぬ事しか考えられないのです。すべてが終わればいい（後略）」という遺書があった。それは自殺擬似行為に類するもので、自殺の実行を意識化したものではないのかもしれない。しかし自殺願望、自殺企図行為も繰り返されればいつかは必ず現実となる。

三月二十八日午後二時四十分ごろ、看護師がホールにいた明美を現認している。その後、三時五十五分ごろ、自室で縊死しているのを発見、蘇生治療を直ちに行なうが、四時十八分絶命を確認。ほとんど即死に近かったのではないかとのことであった。夕刻、X病院よりW学園に連絡があった。W学園の元職員であった私も知らせを聞き、病院へ駆けつけた。以上が、中村明美自殺のおよその経緯である。

検死終了後、霊安室の冷凍室に入れられた明美と対面した。声をかければ今すぐにでも起きてきそうな穏やかな顔であった。彼女を病院の霊安室からそのまま火葬場に送るのは何とも非礼であり、また忍びがたいことのように思え、通夜、葬儀をW学園で行なえるよう園長に依頼した。

通夜当日、学園職員の協力で職員寮の一部屋に会場が設定され、手作りの通夜が始まった。夕刻から中村明美にかかわった多くの養護学校高等部時代の卒業生、教師、父兄が、また彼女が幼少期を過ごした児童養護施設V学園の職員が参列、W学園の職員、子どもも全員が参列、棺に眠る明美とお別れをした。

翌日、葬儀、昨夜に続き多くの参列者があり、最後のお別れをする。生きているときにこれほどの厚情を受けることがあったらと思わざるをえなかった。たったひとりの肉親である姉がM市より来園、葬儀に参列した。学園職員Eさんの親戚である曹洞宗T僧侶に、通夜・葬儀を通して読経していただき、また戒名もつけていただいた。「舞香妙明美信女」が戒名である。すべて導師による慈悲の行為としてとりおこなっていただいた。

姉からは納骨に関しての相談があった。姉は「無縁仏での処理もしかたがない」と追い込まれていた。親族が「中村家の母の墓に絶対入れさせない」と言っているとのことであった。そのため埋葬先が決まるまでの間、荼毘にふした彼女の遺骨は学園で預かってもらうこととした。

後日「お母さんといっしょになりたかった」という彼女の想いは、T寺共同納骨堂への実母との合葬としてようやく実現し、永眠の場所を得ることができた。以下、W学園時代とV学園時代を中心に、かかわりのあった人たちへのインタビューを含め、経過の一部を再構成する。

第1節　養護施設W学園時代

1　家出（明美十七歳）

夏のある日、彼女は施設から家出した。終日連夜の職員の捜索にもかかわらず、手がかりがなかった。そして一カ月後、元里親のXさん宅で保護された。L町からタクシーでやって来たという。明美は「学園に戻りたくない」と強く訴えており、当面気持ちを落ち着かせるという限定目的で担当職員である私の家で過ごさせることにした。彼女は次のように述べている。

「家出したときは、はじめからL町に行こうと決めていた。テレクラは前からやろうと思っていた。駅についてすぐティッシュペーパーの電話番号で電話したら男の人が来た。ずっとL町でテレクラ生活をしていた」。その後「ファッションヘルス、デートクラブで風俗をやろうと暴力団事務所に面接に行った」、そこで「あんたは性病になっている」と言われた。彼女自身も「性器が痛く心配になった」という。「うーん、明美のうえを何人の男が通り過ぎていったことか。セックスした相手は三十人ぐらい。会ってすぐホテルに行く人もいるし、喫茶店で話だけする人もいる。お金はくれる人もいるし、くれない人もいる。最高は一万五千円位もらったかなあ。ホテルで明美がシャワー浴びてる間に逆にお金をとられたこともあるんだから」。

翌日、Z総合病院へ出かけ、午前中にすべての検診を終了する。地下のレストランでサンドイッチを二人分たいらげる。夕食の準備では自分でも豆腐と卵を混ぜ合わせた料理を作り、納豆、野菜サラダ、ご飯二杯、ヨーグルト、果物をとる。食後二時間話しあう。その後、入浴（妻が何度も出るよう声かけする。ほっておけば、いつまでもシャワーを浴びている）。入浴後は減肥茶や牛乳を飲む。洗濯、薬服用。十二時就寝（熟睡）。常に何かをしていないと落ち着かない。洗面、手洗い、唾はき、綿棒とティッシュの濫用、手かがみ、口紅、間食等。テレビには全く関心なし。行き帰りの電車のなかや、病院での待時間では何もできないので寝ている。こだわり行動の一方、無関心なことに対しては徹底的に無関心である。

三日目、自分で朝食を作る。メニューは納豆、野菜炒め、ご飯、トマト、果物、ヨーグルト。調理途中包丁で指を切り、私と交代する。間食でヨーグルトと煎餅。午後、W学園の嘱託医がいるZ総合病院精神科受診。夕方、近くのカラオケで約二時間マイクを独占し、歌いまくる。歌はすべて最新のヒット曲である。うっとりとし、自己陶酔の世界。スーパーで夕食の買い物。なぜか葛もちに固執し、必死でお店を探し回り見つける。夕食はおかわりしながら納豆、鰹のたたき、野菜のあえ物、味噌汁。そして葛もち。葛もち、二箱全部食べようとするがさすがに残す。デザートにヨーグルト、果物。「お腹が空いた」の連発で口に押し込むように食べる。

食後二時間話しあう。入浴、洗面、トイレ、歯磨き、私や妻の注意がなければ際限なくいつまでも続け、注意があってもすぐには終わることができない。十二時就寝。拒食から過食に転換しているが、トイレでは食べたものをすべて吐き出している様子である。

四日目、六時半起床。先に起き出し、冷蔵庫を開け、「食べていい？」「お腹空いた」の連発。しかたなくこちらも起きて、朝食の準備をする。野菜サラダ、味噌汁、ご飯、納豆。ご飯はお代わり、納豆二人分。午前中、行動確認のためにL町へ。L町へ着いたとたん表情が厳しくなり、グズグズし案内しようとせず。「分からない」「忘れた」を連発。何度か言い合いとなる。興奮と不機嫌。

帰ってから再び話し合う。話の途中、間食でプリン、ヨーグルトを四つ食べようとし、止めようとする妻と言い合っているうちに泣き出す。結局、強引に四つとも食べる。電話番号を記載した手帳二冊を没収する。破棄することに執拗に抵抗するが、実力行使で処分する。夕食準備の時間なく近くのお好み焼き屋に外食。さまざまな注文品を食欲いっぱいで食べる。機嫌よい。夜、職員Rさんより児童相談所の見解について連絡がある。その件で本人と話し合い。入浴、トイレ、洗面、一連のこだわり行動。十一時就寝。

五日目、夜間三回トイレに。朝食は定番、おかわりと納豆二人分である。午後いっしょに学園に戻る。出かける前、ヨーグルトと果物。洗面、トイレ、口紅、手かがみ、綿棒の濫用。また石けん、シャンプー、リンス、トイレットペーパー、ティッシュ、綿棒、歯磨きチューブ等かなりあった私の家の日用品在庫をすべて使い尽くす。体重は、家出前三十四キロが三十八キロに増加した。L町での三週間は本人に本源的傷となっていない。性器ヘルペスにかかっていなければまだ帰って来なかった可能性が高い。

被害者意識はなく、「やさしい男の人もいた」「かっこいい人もいた」と言う。日常行動の突出性（トイレ、シャワー、洗面、手洗い、歯磨きチューブ、ティッシュ、トイレットペーパー、石けん、綿棒の乱費、唾はき、手かがみ、口紅および今までの拒食症）に関しては治療が必要だが、精神病院への入院が解決策とは思えない。養育環境のたらい回しが本人の保有する気質を強化させてきた事を考えれば、学園での生活を治療と並行しつつ保障するのが本人への責任である。オオム返しの返答も多く、重要なことがらも人ごとのような感じでもあり、投げやりな様子がうかがえる。彼女の話は、話すたびに違う内容となり、何が真実か分かりずらい。帰属性、共感性がないことが始まりであり、終わりであるといえる。

2 伏線——家出テレクラ事件が起きる二カ月前からの経過の一部を再生する

学校をさぼって万引きの常習。「我慢出来ない」「のどが乾くのといっしょ」「ストレスたまっている」「便秘」「学園は家とは思えない」「毎日がつまらない」「学校はつまらない」「ばれなければいい」「お金があればやらない」「旅行に行きたい」「大人は当てにならない」「これからも自信ない」と話している。

また児童相談所の福祉司から、「一方的に養護学校に入れられた」「障害者でないのに障害者扱いされている」「自分はもっと高い能力がある」「学園では落ち着かない。子どももうざいし、大人もうざい」「学園では最高年齢児にもかかわらず、ふさわしい扱いを受けていない」「食物は不潔である。体のなかからきれいにしなければならない」「理想は自然水だけの生活」「浣腸は体に悪いが、お腹のなかに腐った食物を入れておくよりはまし」等と述べている。

始めたアルバイト（商店街のうどん屋の皿洗い）は張り切ってやっている。ただし、後日分かったことだが、私は店長から「明美さんはよくがんばってますよ」と聞いていたが、同じバイト先の高校生の話を聞くと、「かわいそうなほど叱られていた」ということで、本当のところは不明である。

この時期に家出があった。職員の財布から現金を抜き出し、自分の部屋から手紙類、住所録、母の写真をナップサックに入れ、飛び出した。このときは四日後本人から電話があり、M区よりタクシーで帰ってきた。「金銭はカラオケで使い果たした」と言い、その間、入浴はせず、下着も着替えず、もちろん手洗いもなしである。手洗い行動は清潔意識から来るのではなく被抑圧的こだわり行動であったことが伺われる。手洗い行動でついていた手の甲、手の平の白い沈殿が消えていた。しかし翌朝には手洗い行動が再開されている。「食事はほとんどとってない。便秘は継続中」と本人の弁である。また万引きしてきた品物は各種漢方便秘薬、浣腸、顔の油とり紙、石鹸、洗剤、綿棒、歯ブラシチューブ、リップ、下着、ソックス、ヨーグルト、牛乳、くずもち、魚の缶詰などである

このころ、彼女の唯一の肉親である姉友美からの最初の接触を求める手紙が届いている。F児童福祉司より託された。この間彼女のことで心理判定を含め、児童相談所に相談していたが、姉との関係づけで時期的に一番いいだろうという福祉司の判断で手紙が渡されたものである。きわめて長い手紙であった。アルコール依存症であった母の死について、その後の姉の苦労した二十年の人生「辱《はずかし》め、不登校、施設暮らし、暴走族、覚醒剤、妊娠中絶……」がしたためられており、また唯一の肉親である明美に対する愛情がほとばしっている手紙である。

上記の手紙を受け取って以来、明美と友美（姉）の間に直接の電話や手紙のやりとりがあった。また母の写真や幼少期の写真をたくさん姉から送ってもらい、彼女はそれを大切な宝物として肌身離さず持ち歩いていた。ただ彼女は自分の都合のみで要求する電話が多く、それに対して姉が感情的になり、連絡が途絶えることが断続的に発生した。姉からの手紙は多いが、明美は手紙ではなか

なか応答していない。姉への思慕は感じるが、関係の取り方がきわめて利用主義であり、明美が人と人との基本的な関係で信頼感を体得できずにいる状態がよく分かる。彼女の共感性の欠如がすべての問題の集約点である。かくして、彼女の一連の行為は私の思惑を大きく越えて、精神病院への入院という結論を職員の総意として導くこととなった。

第2節　Y病院入院・退院

1　Y精神病院入院（明美十六歳）

精神病院への入院はもうひとりの担当職員Rさんと私とで行なった。入院を伝えると明美は「だましたな」「うそつき」「絶対入院しない」と叫び、涙を流し自動車に乗ることに抵抗したが、予測したより抵抗は少なかった。あきらめが先に立ち、力が抜けきってしまったのだ。自動車で病院まで行く間、本人は静かに泣いていた。以後、私は彼女から何か興奮するたびに「てめえが病院へ入れやがったんだ」「明美をだまして入院させやがって」ということばを浴びることになる。入院後数日して完全拒食で倒れてしまい、保護室に入れられ、点滴治療を行なうという事態が発生した。

実際、容体は危機的で、生命の不安も感じた。G医師から状況が好転しなければX病院に転送し、首から直接栄養を流し込む手術が必要になるかもしれないと言われた。しかし二週間ほどの後、わずかではあるが自力で食するようになり、一カ月後、大部屋に戻ることができた。それ以後は一進一退の連続で、症状の好転は見られなかった。面会と差し入れ、そして外出に関しては担当職員のRさんと私が病院と連絡をとりながら、症状に合わせて医師の指示により実施した。差し入れでの定番は「ホーライ牛乳」であり、「ホーライヨーグルト」であった。

Y病院で入院後の状況、今後の方向について話し合いがもたれた（参加者はG医師、担当看護師、病院ソーシャルワーカー、F児童福祉司、学園園長、担当職員Rさんと私である）。

彼女は根っこの信頼感の欠如のなかで成長してきた。見せかけは改善されても手応えがない。損得に左右される。知恵はあるが症状が重い。育てなおしが必要だが、母および母代理の不在。甘えに素直になれない。退行した時点からのやり直しが必要。

口唇＝肛門期（便の問題）にある。ボディイメージの歪み（摂食障害の特徴）が強い。職員への操作（徹底した利用主義）が身にしみついている。脱肛については治療する必要がある（便秘の訴えが強く、いつもトイレにこもり力むので脱肛になってしまった。以後、X病院にて手術を二回行なうこととなる。一回目の手術のあとも懲りずに力みを続け、脱肛の再発になったものである。実際、十センチ以上の脱肛になっていた。「大腸にあるすべての便を出し切らなければならない」という強迫観念に支配されていた）。

今後については身体回復＝体重回復しても見通しが立つわけではない。食べ始めているが、看護師の監視とあきらめから。主体的ではない。なぜ入院しているのか全く理解していない。面会時の外出、外食を開始する。正月の外泊について検討する。現状では退院の見通しは立たないが、十八歳になったからといって、そのまま大人の病院や成人更生施設に措置変更するのは忍びない。いったんは退院させ、就職もしくは学校に再度挑戦させてみる。修学旅行への参加を強く希望しているので、それをきっかけにしていく。失敗した場合は、本人にも良く理解させたうえ、病院に戻す。措置変更の場合、成人更生施設（知的障害）より精神科の施設（病院）がベターである。医療プログラムもあり、社会復帰のプログラム（グループホームなど）もある。以上が話された中身であった。

正月の帰省や、外泊時の彼女の関心は食に限定され、「ホーライ牛乳」とあとはその時どきに微妙に変化する単品特定銘柄食品へのこだわりである。それ以外は無気力な状態であった。ただ私の家族と正月に温泉に出かけたとき、そしてカラオケに行ったとき、このときは充実していたようである。入院生活のなかで、意欲を阻害され意識も低下せざるをえない状況にあったといえる。

その後、学校の先生から熱心に修学旅行参加の誘いがあり、本人も参加したいという希望を出してきたので、四月の修学旅行への参加を契機に、いったんY病院退院となった。入院は半年以上となり、当初の初診段階での見込みを大幅に超えるものとなった。しかも、退院の時点で、何ら入院時点との基本的変化が見られないという結果に終わった。G医師は当初から「摂食とこだわりについて、多少でも良化すればいい、しかしなかなか難しいお嬢さんです」「基本的には病院で治癒するものではなく、現実の社会関係のなかで時間をかけて治癒されていくもの」と述べていた。

2　Y病院退院（明美十八歳）

退院後もいくつかの事件が発生する。職員のHさんから以下の報告があった。

「(略) テーブルに盛り付けてあったお皿 (六、七人分) をわざと床に落としてしまう。皿が割れたり食べ物が散ったりの状態のまま部屋に入ろうとするので注意すると、〈殺してやる〉と言って首をしめてきた。けっこう力が入っていたが、かろうじてよけられた。(略) 調理場の職員Iさんより明美がリュックをしょって出かけていったけど……と内線連絡を受け、追いかける。走っていったがもう姿はなく、思いあたる店の方向へ行ってみると、こちらに戻ってくる明美とばったり出会う。話をしながらリュックを見せてもらうと、五百CCのホーライ牛乳が二本入っている。歩きながら〈おかしいんじゃないの〉と話していると、〈なんで人のもの勝手にとるんだよ〉(万引き品だけは強硬にでも没収するというチーム確認であった)〈Hうざい、家出してやる〉と怒ってくる。寮に入ったとたん、いつも包丁をしまってある引出しをあけたりして、包丁を探している様子 (首をしめられたせいもあって、この日はなんとなく危険な予感がして、別の引き出しに包丁を隠しておいた)。調理場に包丁を取りに行ったようなので、急いで内線連絡したが間に合わなかった。他の子どもの〈Hさーん！　明美が包丁持ってるよー〉の声で、もう寮に明美が戻ったのが分かった。目つき鋭く包丁を振り回してくるので、スリッパのまま当直室の窓から逃げる。グラウンドで騒ぎに気がついた他寮の職員が明美を止めてくれる（略）」

その事件を受けて、以下は緊急避難した私の家での様子である。

ひっきりなしに部屋のなかをうろうろし、始終動き回り、食事は冷蔵庫からキャベツ、椎茸など好みの調材で自分で作る。トイレにもひっきりなしに行く。元気ではあるが、夜は九時に寝ている。「死にたいとは思っていない」「元気な方がいい」「食べた方が健康にいい」という建前的返答はあるが、突き詰めていくと「自分のことは嫌い」「拒食で死んでもかまわない」という。私の家に来た理由は「自分が暴力を振るって危険だから」という。彼女にとって「牛乳」とは「命の水」であり、すべてがそこに凝集した象徴物となっており、牛乳を奪うことは死につながる事態である。刃物は自己防衛の表現であり、殺意は正当防衛である。外部からその意識、その象徴を壊すことは困難である。いくども試みてきたがことごとく失敗してきた。学園に戻すにあたって、私と明美との話のとりあえずの結論として以下の約束を清書する。

《約束》
・どのようなときでも、包丁を使って人に向かったりしません。
・体重は最低四十キロが必要という点については分かりました。

・牛乳以外の食べ物をとる必要について、命を守る意味で分かりました。
・食べられないと思うメニューについては自分で食べられる調理の仕方で自分でするか、調理の人にお願いします。
・修学旅行に参加します。修学旅行が終わったあとも卒業までがんばります。
・万引きはしません。没収されても納得します。
・就職して自立を目指します。
・いろいろな悩み事があれば、必ず天羽さんかＲさんに相談します。
・以上が出来なければＸ病院入院に納得します。

明美サインと拇印

以上を三通作成し、本人の部屋、当直室、記録ファイルに貼り付ける。以後何回も約束の誓詞を作成するが、もちろん効果があったためしはない。ただその場の興奮を落ち着かせる作用があるだけであった。その後、修学旅行には途中万引き事件を起こしながらもかろうじて参加することができた。

【修学旅行以後の経過】

学校欠席、深夜の手洗い行動、「学校やめる」「就職する」と去年と同一パターンである。深夜、生理になったという。調理場や事務所で下着を下ろし、生理パットを見せる行動をとる。

　職員Jさんとトラブル、机の引出しでJさんを殴る。その後、調理場に包丁を取りに行く。調理職員Iさんに注意され、落ち着く。風呂で浴槽に入り、生理のためお湯を汚す。私が対応するが平気でケロッとした態度。私とトラブル。修学旅行で万引きしてきたお茶を没収していたが、そのお茶を飲ませろという要求で、拒否するとホールの包丁を持ち出し、「お茶を渡せ」「てめぇぶっ殺してやる」と当直室で振り回す。包丁を取られた後も、暴れ、手当たり次第にものを投げつける。

　その後、風呂場で脱糞行為があった。この間、包丁持ち出しが三回になり、要求を通すための脅迫として常習行動になりつつある。また人前で下着を下ろしたり、トイレのドアをあけたまま用をたしたり、風呂場での脱糞行為など、赤ちゃん行動が見られる。また自分の殻に閉じこもり、自閉的行動が強まっており、服薬は継続しているが、夜間の睡眠も不安定になっている。万引きも継続している。手洗い行動や、日用品の濫費もかなりの量になっており、奇異な行動が目立つ。深夜の無断外出と万引き、牛乳のことでのトラブルとパニックを起こし、事務所のガラスを叩き割る。裂傷、出血があり、D病院に急患で診察、縫合を受ける。不眠状態とトイレへの閉じこもりが続く。その後も包丁を投げつけようとする。パニックが続き、職員Jさんが紐で縛りつける。私が緊急連絡で呼ばれ、X病院医師、Y病院医師、児童相談所F児童福祉司に連絡。緊急にてX病院での診察を予約する。とりあえず診察日まで私の家に緊急避難させた。かくしてX精神病院入院となった。

第3節　X病院入退院の繰り返しとW学園措置解除（明美十八〜十九歳）

【ある退院期の出来事】

お腹が空いたというが、いざ食べる段になると食べようとしない。表情暗くなる面とハイな面とが交互に出ている。三晩続けて恐い夢、「戦争で追われてどこかの家に逃げ込み、爆撃を受けながら、赤ちゃんを産む。その産んだ赤ちゃんが溶けていく」「天井から無数のクモが落ちてきて攻撃してくる」。

夜中、調理場に侵入し、牛乳とヨーグルトを盗っていた。朝に判明し、「約束違反」で対応。私が他の子に起床の声かけをしている間に家出をする。Xさん宅にタクシーで行く。迎えに行き、Xさん夫妻を含め話し合う。迎えに行くまでの間、大量の牛乳、ヨーグルト、そして豆腐、納豆、春雨を摂取している。

大量の牛乳、ヨーグルトを買ってきたところを職員に現場を見られ、「Xさんからお金をもらった」と弁明したという報告。Xさんに電話で確かめるが、お金は渡していないとのこと。本人に追求すると、「去年の夏稼いだお金のへそくり」という。Xさんの財布から現金を抜き取った可能性が高いが、Xさんも「抜かれたかどうかちょっと分からない」とのこと。

起き出すなり突然、「財布から三千円盗まれた」と目つきを変えて訴える。「お金持っていないはずでしょ」の対応にあきらめる。

病院の診察から帰ってきた後、一時不在。その間、牛乳、味噌、ところてん、ヨーグルトを購入している。お金の出所を確かめるも、あいまいなまま。

飲食店でアルバイトの面接をし、採用が決まる。アルバイトへの意欲はある。面接での受け答えも十分出来る。トイレを詰まらせてしまうが、本人は否定。嘔吐ダイエットを続けている。

夕食時、牛乳を購入。買い物の度に、お金を確認、回収するが、毎日お金が湧いてくる。また「三千円とられた。職員にとられた」と訴えている。夜中、眉を剃り落とし、口紅、眉をひく。「私は派手めの女になる」とのこと。精神状態はハイ。指輪が増えている。万引きの可能性が高いが、本人は否定。

万引きについて話するが、事実は判明しない。また食料倉庫に侵入した可能性がある。約束のメニューを拒否し、牛乳を余分に要求する。食べたい。でも食べられない。我慢できず大量の牛乳を摂取する。嘔吐する。最も悪いダイエット・パターン。

深夜より調子悪く、何度も起きだし、目を離したすきに牛乳を買い込み、飲んでいる。

朝食時、炊事場でトラブル発生の予兆。昼食時、牛乳多飲をめぐって職員Jさんとトラブル。午後まで気分が回復せず、二時ごろ、寮のトイレに包丁をもって閉じこもる。連絡を聞き、かけつけると、トイレのなかで嘔吐している。包丁は素直に渡す。腹に突き立てた軽い傷。話をし、落ち着いたというので部屋に戻す。三分後ぐらいに部屋に行くと、ラジカセのコードを首にぐるぐる巻き付け、両手で思い切りひっぱり、目を白黒させた状態。コードを外し、背中をたたき胸に人工呼吸する。すぐ目が開く。「死にたい」「天国へ行った方が楽だ」……目が離せる状態ではなく、警察、病院に連絡をとり、Ｘ病院に緊急保護入院となる。

たった十日間の生活で再び入院となってしまった。どうしてこうなってしまうのか。彼女は必ず悪い道、悪い方法、損な道、損な方法を選択してしまう。破滅への衝動がうずいている。

前回の入院の主訴は他害行為だったが、今回は自傷行為（自殺未遂）である。攻撃が他者でなく自分に向かったのは認識上の変化があるのかどうか。入退院の繰り返しのなかで回復していくのかどうか……不明である。彼女の部屋を確認すると、万引きしたと思える化粧品と下剤、浣腸が大量にあった。

その後も入退院や外泊を繰り返し、Ｗ学園としての力量の限界を超えたということで、彼女は行き先もないまま、Ｗ学園を措置解除となった。以後、Ｘ病院が生活場所となった。いったんは半開放病棟に移ったときもあったが、適応できず、再び閉鎖病棟に移り、その一年後の自殺となった。

Ｗ学園措置解除後の私と彼女とのかかわりは、二カ月に一度の間隔の面会と許可されたときの外出、買い物（牛乳）であった。生気は失われ、会うたびごとに患者らしくなっていく姿を認めざるをえなかった。彼女からは時折、電話で差し入れの依頼がコレクトコールでかかってきた。また姉や里親のＸさんにもコレクトコールで差し入れ依頼の連絡をとっていた。コレクトコールが彼女と外界とを繋ぐ唯一の窓であった。「カラオケ行きたいね」「温泉行きたいね」という電話の声が耳に残っている。

第4節　養護施設V学園時代（明美四〜八歳）

彼女の通夜の式場で、V学園の職員Oさんと初めて会った。その後、日を改めて、当時の話を聞くことができた。以下はOさん作成の学園での生活の報告を軸にしながら、他の資料から分かった事実を附加、抜粋し再構成したものである。

明美一歳、母が姉妹をビジネスホテルに置き去る。L警察署からの連絡で、児童相談所に一時保護。母は叔父に付き添われて二人をすぐに引き取ったが、一カ月後、明美のみをL駅前の歩道に再び置き去り。L警察署からの通報でQ乳児院に緊急措置。実父が刑務所より出所する。実父から逃れるための行動とみられる。実父は暴力団構成員であり、覚醒剤使用で服役を繰り返している。

三歳、乳児院の措置変更の時期となり、福祉司の働きかけで、母子関係が確立されないまま実母引き取りとなる。姉と同じ保育園に措置されたが、なじみが悪く登園を嫌がる。また実母が寝坊で長続きしない。母になじまない。口をきかない。ミルクのわずかの温度差や、ミルク瓶の角度の変化にも神経質に拒否し、名前を呼んでも顔をわざとのようにそむけ、なだめすかしてものってこない。その後、保育園には全く行かなくなる。実母の訴えによると、「気に入らないことがあると道路にひっくり返ったり座り込んだりしてしまう。嘘をつく。すねるとテコでも動かない。トイレを拒否し、わざとおもらしをする。食事はやたらと食べ、止めるとわざと魚の骨を食べたりする。謝らない」。しつけのために押入れに閉じ込める、裸で外に出す、たたく、ひっかくなどかなり乱暴なことも行なわれていた。

実母の飲酒発作があり、近所の主婦とのトラブルが直接の原因となって、実母は明美の養育を拒否する。姉とはよく遊ぶようだが、姉の明美への接し方にはペットを扱うようなところがあり、手錠をはめたり、自分の思うように動かそうとし、食物を投げて与えたりすることもある。近隣では母と姉による虐待という見方が強い。

児童相談所一時保護となった。心理判定では、ＩＱ一〇〇（田中ビネー）「明美、ママんとこかえんない」「明美、ママんとこかえんない」と言い続け、「おばちゃんとこ（福祉司、検査者）に帰る」とか「ママはこわいからかえんない、ママ酔っ払うと怒る、やさしくない、おねえちゃんは遊んでくれない。嫌い、お水かけた、ママも嫌い、おばあちゃんは一番嫌い、川に入れる」と言い、家庭での虐待傾向の一端をうかがわせる。一時保護所で職員からもらったリボンについても、「ママ、リボン取っちゃう?」と心配そうに聞く。「……神経質傾向の強い子どもが母親への同一視の失敗により不安定になり、行動の抑制が学習できずにいたのではないかとも考えられる。……安定して受け入れられる生活のなかでは聞き分けもあり、指示にもよく応じられる。長期間の安定した養育環境が必要であろう」と心理判定員の意見。精神科医所見、「脳波は年齢相応の発達を見せており、正常脳波。……母、姉は気がついていなかっただろうが、日常生活で抑圧されていたのであろう、広い意味の被虐待児と言えるのではないか」。

一時保護所の所見は、「虐待ケースということもあって古傷がかなりあったが、様子を見ていくことに……入浴時〈熱いお湯かけるの?〉と不安そうに聞いてくる。……不安そうな目付きをして職員を眺めておどおどした態度をとるため、〈悪い事をすると怒るけど、そんなに怒らないよ〉と言うと、〈うーん〉と元気な返事が帰ってきた。食事ははじめガツガツたくさん食べていたが、慣れるに従って食事の量も減り、好き嫌いが出てきた。手洗いのときに、水と石鹼に興味を示しているせいか分からないが、長時間かけて洗っているので、〈もうきれいになったから行こうね〉と何度も注意するがやめようとしないため、そのままにする。他児がおやつを食べている頃ようやく帰ってきて、おやつを食べたいと言うので、何気なく〈あーら、明美ちゃんは水遊びが好きなんだからいつまでもやってていいよ〉と話すと即、正座し、床に手をついて〈ごめんなさい〉と謝る。その動作に職員のほうが驚いてしまう。一時保護所からV学園入所となる。黙って涙をポロポロ流す場面あり。就寝時「ひとりで寝る、ひとりで寝る」と布団をかぶって泣いて寝ることが多い。精神的に落ち着きがなく、ちょっとしたことにも声を押し殺して泣く。性格はおとなしく暗い感じである。

四歳、相変わらず口数が少なくおとなしいが、人のことばに敏感である。年長児の嫌味に対し、同年の他児は言い返してケロッとしているのに、下を向いて涙を流している。夏休み、面会、外泊あり。外泊期間は二週間の予定だったが、実母が送りに来ず、何度も電話連絡し、四週間に延びる。職員が迎えに行くと、実母がアルコール中毒で強制入院になるような状態。顔にもアザを作って、子どもの面倒を見られるような状態ではなかった。姉がお菓子を買って二、三日食べさせていた様子で、栄養状態悪く、お腹が異常に膨らんでおり、風呂にも入っておらず、爪も伸び放題である。

他人のことばに敏感に反応し、嫌なことを言われるとジワッと涙を流し、黙っている。母親のことは時どき思い出すようではあるが、落ち着きもあり、表情に明るさが戻る。同年齢児と仲良く遊ぶようになる（それまではひとり遊びが多かった）。嫌なことをされたときはハッキリした態度を見せられるようになり、落ち着いてきた。

五歳、幼稚園入園。幼稚園では友人と遊ぶことができず、ポツンとひとりでいることが多い。自分の思うようにことが運ばないとイライラして泣き出す。機嫌が悪くなると押入れのなかに入り、ごろ寝をすることがよくある。母親より電話があり「父親が明美を誘拐し、自分たちを脅すのではないか心配だ」という内容である。同集団に本児より年下の子ども二名入所。嫉妬も強いが、面倒をみたりお姉さんぶりも見られる。他児に対する嫉妬が強く、欲求不満時にチックが見られる。母親から電話があるが、「何を聞いても答えないから、もう切ります」と不機嫌な口調で切る。他幼児との関係でも泣くことはなく反対に泣かせる方で、欲求不満、不安定な態度は少なくなってきている。チックも見られなくなってきた。

六歳、正月のカルタ遊びから字への興味が高まり、文を読めるようになってきた。手紙をよく書きたがり、「明美、元気ですか、また来てください」という自分に対する手紙文などを書く。母親死亡（肝機能障害）の知らせを聞いても涙を見せず、その後も変化なし。母親の死亡が理解できず、葬儀にも参加せず。祖母と連絡がとれるが「姉のほうは育てる。明美は養子にでも出して欲しい」とのこと。学校帰り、友人宅に寄り道。お菓子を買ってもらう。幼児期より他人にねだり癖がついている。無断外出も見られる。算数などの学習面での遅れが目立つ。正月の外泊は毎年行けないので、「明美も外泊行きたいな」と寂しそうにつぶやく。

七歳、「明美の面会がないのはどうして？」「おねえちゃんがお母さんになったら明美を迎えに来てくれる？」と質問してくる。福祉司より、「本児を養育里親の審議会に出すことにした」という連絡が入る。その後、里親候補の面会がある。近くへ外出し、玩具を買ってもらう。他児に「お父さん、お母さんに買ってもらった」と言う。

心理判定を受ける。IQ九十七（田中ビネー式）。「HTPテストによれば、もともと示していた性格傾向は解消されていないが、よい条件や担当者との関係によって安定を得ているのだろう。本児なりにありのまま受け入れられているという感じ、可愛がられているという感じによって、本児の人なつっこい素直なよい面が出てきている。本児にとって、可愛がられる、愛される環境が一番重要なものと思われる。現措置継続でも本児に働きかけられることはまだ充分あると考えられるが、家庭生活の楽しさを知らないことや、体験不足は否めない。養育家庭委託とするならば、里親、地域状況いかんで本児の適応状況が左右される部分が多いので、以上述べられたように充分な配慮が必要である」。

以上がV学園での彼女の様子の再構成である。前項の姉との話でも出てきたが、私が認識していなかった事実は、第一に、母親による明美に対する虐待が明確に明らかになったこと。姉の話とも加味すれば、相当の虐待であったといえる。

第二に、母親が婚姻前からアルコール依存症であったこと。夫との関係により生じたものではなく、夫との関係はさらにそれを強化させたということであり、母親の精神的状況は相当根深いものであったことが分かる。

第三に、明美に母親の記憶があった可能性が高いということである。六歳のときに死亡した母、虐待した母による傷痕の封印、封印したうえで母親の美化信仰へという仕組みが浮き彫りになる。彼女は私には一貫して母親について記憶にないと述べてきたが、V学園での様子からはむしろ彼女に全く記憶がないというほうが不自然と考えられる。記憶があって語らなかったというより、虐待そのものを封印し、事実を消し去ったのではなかろうか。彼女が後生大切に持っていた舞踊している美しい母の写真はまさに母への美化と幻想に貫かれている。

第四に、明美の手洗い行動が、三歳の段階で一時保護所の職員に現認されていること、しかもそのときの、明美の行動をみると、手洗い行動のもつ意味はかなり深いものがあると考えられる。

第五に、ここでは具体的なことを伏せているが、施設と養育家庭センター、児童相談所、そして里親の関係に齟齬があったということである。それぞれの立場の微妙な違い、あえていえば職域上の利害の違い、業務権力の行使が調整を困難にすることが分かる。関係の齟齬は、結果として多くの無残な問題を発生させる。そしてその無残さは、その後W学園時代においても各機関、そして私を含めた組織内部の関係のあり方をとおし、継承され繰り返されることとなった。

第5節　インタビュー

1　姉、友美さんの話

「V学園に母と面会に行ったことがある。母と明美と三人で水族館に行った記憶がある。母は昼・夜とアルコールを飲んでいた。夜はスナックで働いていた。小二のとき、朝、寝ていた母が帰ってきたときまだ寝ており、冷たかった。母の死に対しては悲しくはなかった。涙も出なかった。親戚から〈冷たい子だね〉と言われた記憶がある」。

「母の死後、私は祖母に引き取られ、M市に住むことになった。祖母は明美が父に似ているということで嫌っていたので、引き取らなかった」

「あるとき、V学園に電話したら、〈明美はもういない、行き先は教えられない〉と言われた」。

「明美から手紙が来ていた。祖母が隠していた。十六歳頃、見つけて読んだ。F先生に何度か連絡して〈会わせて欲しい〉と言ったが、〈会うのは良くない〉と言われた。自分がぐれていたため、明美に悪影響を与えると考えたのだと思う。Xさんの家からW学園に明美が移った頃、自分も真面目になり結婚することになって、F先生から面会の了解が出た」。

「明美を妊娠中のとき、母は堕ろしたいとアルコールを浴びるほど飲み、アルコールが原因で流産することを願った。最終的には中絶手術をしようとしたが、父が止めた。父は明美を好いていたらしい。母は私の方を好いていた。明美に対しタバコの火をつけるとか、裸にして、ダンボールに入れて外に出すなどの虐待があった。私は虐待を受けていないと思う」。

「明美が小さいとき、わざとウンチをしたりする、過食行為があった。祖母は明美を嫌っていた」。

「私は一時、養護施設にいた。明美が乳児院にいた頃だと思う。半年ぐらい。母がアルコール依存症で精神病院に入院していた。結婚後は父からの暴力があったらしい。祖母は父を嫌っていた」。

以上は明美の納骨の日、M市の彼女の住むアパートで話を聞いたときのものである。本人の記憶と祖母や親戚からの伝聞である。前述のV学園の記録にも出てくるが、母による明美への虐待の事実、そして明美がいわゆる「のぞまない妊娠」であったことが明らかとなった。

2　Y病院にて医師Gさんの話

G医師は若手のきびきびした医師である。明美が最初に入院したY病院での主治医である。

「拒食は、食べたい欲望の裏返し（過食欲求）である。口唇欲求の裏返しとしての閉唇である。心因説、成熟拒否、食欲中枢欠損説すべて仮説である」。

「Y病院入院時は、身体的衰弱への対症療法が中心だった。体重三十七キロ、拒食、ふらつき、低血糖のため点滴治療を実施した。回復期はこだわり、補食・差し入れをめぐっての駆け引きが強く、行動療法で対処したが、不成功に終わった。入院時のIQは六〇（動作五六、言語七〇）だった」。

私が示したV学園時代の資料を見ながら「幼児期のIQが一〇〇であったこと、三歳時の手洗い行動がすでに始まっていたこと、そして母の死は注目する出来事だと思う」。

「彼女にとって過去はどうであったのか、どうでもよいことだったのか、否認のメカニズムで苦しみを封印したのか。事実と解釈の区分けが必要である。受容と枠組みのバランスが難しい。カウンセリングは困難である。自己分析が困難、内面的な深まりが困難、それは知的能力からか、否認のメカニズムか、目先のことしか見えないからかは分からないが。彼女の当面する要求、欲求は下剤増量の要求・日常品退蔵欲求・食物廃棄＝食品へのこだわり・盗み食い・特定の固着した物欲である。また事実そう言われたのか、妄想によるかは分からないが〈お前はブタ〉と言われたのがダイエットのきっかけとなり、肥満恐怖・ボディイメージの障害に繋がっている」。

「いずれにしても彼女は自らを語ることなく縊死した。誰も彼女の本意を知ることは出来ない。原因を解明しようとすること自体が人間への冒瀆だと思う。解釈は自由、それぞれの想いで解釈は幾重にも成立する。まず事実だけを記述すべき。そのうえで、判断はかかわった人の価値観に所属する」。

上記はうかがった話の趣旨をまとめたものである

3　養育里親Xさんの話

Xさん夫妻はおよそ八年間にわたって明美に養育里親として接してきた、ある意味では明美に一番近い存在といえる人である。彼女が亡くなったときに連絡したが、通夜、葬儀ともに参列されなかった。複雑な心境であったことはうかがえるし、それだけに彼女のライフヒストリーにはなくてはならない語り手でもある。

Xさんの自宅を訪れるその日、その冬一番の寒波であった。そういえば去年のその頃、病院の面会室で明美から「天羽さんチョコレート好きだったんだよね」という簡単な手紙と、小さなチョコをくれたのを思い出す。「退院したら、もっと大きいのをあげるから」と面会時に話していた彼女の表情からは、一カ月あまり先に自殺が待っているなどということには思い及ぶことは出来なかった。

「明美が小学校二年生のときでした。八カ月間、家とV学園を何度も往復し、明美との交流を持ちました。私は身体をこわし、子どもを産めない身体になっていました。主人は子どもが大好きで明美を引き取る日を待ち望んでいました。とても可愛い子だった。小学三年生になるときに私たちの家に来て、新しい生活が始まったんです。明美がどういう生い立ちで、どのように大変な子であるかは知らなかったんです。もしかすれば、ある程度の話はされていたのかもしれませんが、私たちは希望に満たされていたといえます。

転校した学校で担任から、〈明美さんは変わった子だ〉という話を聞き、〈検査をしてもらったら〉という助言も、田舎から転校して来たので先生は偏見でみていると考え、この子はわたしが守ると思い込んでいました。実際いじめにもあっていたし、先生や親にもかけあったりしていたんです。給食の時間、食べ物を口にためて飲み込まずにいて、時間が過ぎてもひとりで食べ残しているという状態だったそうです。

私がおかしいと感じ始めたのは、明美が中学に入ってからだと思います。学習の遅れは小学校のときからありましたが、決定的な遅れが進み、いろいろ塾にも行かせたんですが、塾の先生からもあきれられてしまうほどでした。登校拒否が始まり、布団にもぐりこむとテコでも動かなくなった。思春期とも重なっていたと思いますが、布団のなかに包丁を持ちこみ、丸大ハムを包丁で削って食べていた姿を見たとき、大変なショックを受けました。

ある年の冬、私が帰ってきたら家中にきな臭い匂いがし、あわてて二階に行くと明美が机の前に立っており、マッチの燃え滓があたりに散らばり、紙が灰となり舞っていました。〈いらなくなったメモを燃やしていた〉というんです。〈火事になったらどうするの〉〈何でこういうことするの〉の私の問いに悪びれた様子がありませんでした。私のほうはノイローゼ状態で円形脱毛症にもなり、一度は児童相談所に戻してもらったんですが、知らないうちに他の養育家庭さんに委託されていました。でもその期間はいくらもなく、明美が自分から戻ってきました。〈里親さんの家が暗くて嫌だ〉と言っていましたが、結果的に継続して委託を受けることになりました。

それでもなんとか補欠で高校に入学できました。応募者に欠員があったそうです。しかし一カ月と持ちませんでした。学校には出かけるが登校せず、学校が終わる頃帰ってきます。シャワーを何時間でも浴びている。トイレに閉じこもり、トイレットペーパーを無制限に使う、歯磨きチューブを一回に全部使って磨くという潔癖症も激しくなってきました。

私の叱責の意味が分からず、〈家から出たい、外に何かいいことがある。私は自由になりたい〉と言い、気持ちのすれ違いは決定的になってきました。力尽きたというのが正直な気持ちです。私は主人の妹が病弱で、代わりにその妹の子どもをずっと育てたことがあります。女の子だったので、女の子だったら育てる自信があると思っていたので、施設から明美を引き取ったときも、まさかこんなことになるなんて想像もしてませんでした。

でも今にして思えば、短い期間だったけれど、主人といっしょにいろいろなところに遊びに連れて行ったこと、夏はＫ県の別荘に行ったし、花見や遊園地、温泉や海水浴や、田舎の親戚のうちなど……。あの子はとてもいい子だったときもありました。主人もとても可愛がっていたんですよ。そんな幸せな時間を明美も私たちももつことが出来た。それで良かったという思いもあります。

毎日、仏壇を前にして明美のことは回向していますが、病院で一生暮らさなければならない状態なら、明美はその苦しみから逃れられたのだから、それで良かったのではないかと感じたりします」。

そして「先生は、もし明美がV学園から私どもが引き取らずにそのままV学園で育っていたら、こんなことにならなかったと考えていますか」「病院から電話がかかってくるときがあって、コレクトコールでね。そんなとき、もう一度私がみてあげればいいのかしらなんて思ったりもしたんだけれど、先生はどう思われます。先生、明美は結局、病院から退院することは出来なかったのですか」と私に問いかけてきた。Xさんが「もし」とか、「だったら」とか考えながら、自分の歩んだ道に何とか折り合いをつけていこうとする願いを感じた。私が近く一周忌で墓参することを伝えると、墓と住職の所在を尋ね、いずれ自分たちも気持ちが落ち着いたら訪ねてみたいと応えた。

4　J児童相談所にて児童福祉司Fさんの話

Fさんは J児童相談所にあってベテランの児童福祉司である。近く退職になるという。私とは過去に何度か意見の合わないこともあったが、インタビューには快く応じてくれた。折からの虐待の激増で、相談所内は多忙を極めている様子がうかがえた。Fさんは、Xさん夫妻に明美が里親委託されたあとに、担当福祉司となっている。

この日は自分が担当する以前の記録に眼を通しながら話していただいた。以下、Fさんの話と記録とを再構成して記述する。Fさんは「アルコール依存症の母からの出産ということで先天的な疾患があったと思われる」「里親さんは宗教関係の仕事で忙しく、明美との関係で失敗した」と従来の考えを繰り返した。実父に関することとして、「(略) 父は暴力団員で、指は両方で五本しかなく、自分の歯で指を食いちぎったこともある。仲間内からヤキを入れられたとき、木刀で殴られても、叩く方が音を上げるほど気が強い。明美の芯の強さ、強情、頑固さは父ゆずりと考えられる（略）」という記録が目をひいた。

また「母親と姉と暮らしていたこと、母親がいなくなって学園に行ったこと、学園は人が大勢いて甘えられなかったこと、Xさんの家に来て普通の家庭だから甘えられると思いうれしかったこと。家族とはよくしゃべると本児は言っている」と記述されている。

また里母からの話として「（略）・学校行事の前日はおおはしゃぎをするが、当日になると布団にもぐりこみ、起きてこない。・洋服を着たまま三日間ぐらい寝ている。・里母を全く無視し、口をきかない。・食事も食べず、自分の机に座ったままボーッとしている。・風呂に入るよう話すが駄目で、一週間以上も入らない。・汚れたままの洋服を平気で着ている（略）」とある。

養育家庭センターのワーカーは、「緘黙については、本児の生活歴のなかで実母とのかかわりから身につけたことが、里母とのかかわりのなかから複雑に甦ってきたのではないか」と見解を記している。

5　Q乳児院にて職員Uさんの話

Uさんは、Q乳児院で二十年目になるベテラン保育士だが、近く退職するという。そんなUさんは、彼女の特徴として、「表情がない子だったんです」「いつも伏目がちの子でしたね」「年齢の割にことばがはっきりしていなかったような気がします」「笑わない、泣かない。つまり、感情表現が薄いって感じなんです」「髪を自分で思いきり引っ張る自傷行為があって、それでそれを避けるために髪を結わえていたんですよ、ほら、この写真のように」と、一枚の明美の写真を見せてくれた。

「いわゆる手のかかる子だったという印象はないですね。当時の勤務体制は個別担当制ではなく、一人ひとりの子どもと安定した関係がとれるような状況ではなかったんですよ。最近はひとりの子どもとひとりの職員ということで体制を組んでいるんですが」と、先ほどの一枚だけあった笑顔の明美の写真に見入りながら話してくれた。

帰り際に、「この写真持っていきますか」と言われ、たった一枚だけあった写真をいただいて帰る。Uさんは今まで受け持った子を一人ひとりアルバムに綴じていた。「退職して時間が出来たら、みんなどうなったか訪ねてみたい気がします」「乳児院を出たあとのことがいろいろあるんですよね」と、今までのUさんがかかわったほかの子どものことなども語ってくれたが、乳児院と引き取り家庭、そして児童養護施設、それを結ぶ児童相談所の関係が、ひとりの子どもの生存に深くかかわっている現実、そしてその関係＝連携が決して有効に作用していない現実を改めて実感せざるを得なかった。

おわりに

昨年三月に明美の三周忌を行なった。ちょうど母親の十七回忌と重なり、明美母子の法要をT寺にて、姉夫婦そしてW学園、V学園職員有志とで行なうことが出来た。

私は退職して二年強が経過した。私自身への問いかけとして、もし私が本当に彼女の人権を擁護する人間であったならば、何をおいても自殺したX病院の責任を徹底的に追及しただろうということである。

しかし私はそうはしなかった。それはすでに私に当事者性が喪失していたからでもあるが、X病院に委ねた以上、事情もよく分からないのに外部から批判すべきではない、彼女がどのように大変な子であったかはよく知っているし、W学園内での自殺という結末も充分ありえた。X病院も一生懸命やってくれたはずだ。精一杯やってくれたはずだ。そのようなことを考えると、責任を追求するという気持ちにはなれなかった。X病院への怒りは湧かなかった。

しかし、それは彼女の命の唯一性を守る立場とは言えない。彼女は生まれてから死ぬまで、誰からもその命を擁護されなかった事実を示しているのではないか。母ならば叫ぶであろう。「誰が自殺するために入院をお願いしたというのだ。娘を返してくれと」。

受胎のときから虐待する母、そして遺棄。その後をひき受けた保健・福祉・教育・医療はすべてその機能を果たさなかった。そのそれぞれの領分の境界線から彼女は滑り落ち、姿を消した。

今、中村明美は胎児のときから虐待を受けた母と二人で同じ墓に眠る。

私には主観的な奥底からの叫びも存在するが、それは封じこめたつもりである。なぜなら周到な準備がなければ、叫びは単なる釈明か攻撃に終わるからだ。結局、人とのかかわりは出来事が起こってから始まるのであり、そのために常に後手後手の手遅れを生じさせてしまうものであり、決して未然に予防するという操作的なものではない。彼女のなお生きたいという声を再生させる作業は、まだ私にとって宿題である。したがって私の内側に現場は継続されている。それは彼女が私に残した力である。

第8章 「切り拓く現場・切り裂かれる現場」
——死を看取るということ

新潟青陵大学看護福祉心理学部
柳原清子

はじめに

病院は生と死がうごめく現場である。病いがあり、障害があり、死がある。そもそも医療は、病苦からの救済（回復・治癒）を願う人びとの希求から望まれた行為であり、医療者はその使命を担った存在といえる。前近代では病気は「穢れ・ケガレ」とか、先祖からの犯してきた「罰・ばち」の文脈などで捉えられてきた。こうした呪縛にも似た閉塞感が人びとの病苦のなかに含まれていた訳だが、それが近代医学の発展のなかで、因果関係として病態が説明され、治療法が生み出されたとき、人びとは因習からの開放感とともに、医療に大きな期待をかけるようになっていた。

私が看護者として働きはじめた一九七〇年代、病院は華々しい場であった。癌患者が多い外科病棟では、ベッドサイドにシャンデリアのように点滴液が何本もぶらさげられ、それを管理しながら、体内の水分量と栄養状態を推測していく。新しい薬、新しい技術――そのめまぐるしさが、最先端、ということばに置きかえられて、誇らしい気持ちを生み出していた。だが、その新しさは、治療の新しさであり、患者の痛みに対する医療者の認識と対処は極端なほどに遅れていた。呼吸停止、即、気管内挿管そして人工呼吸器装着の一連の処置が手際よくなされる一方で、「痛み止めは身体を衰弱させてしまう」の論理が通っていたのである。死は医療者にとって敗北の色彩が強かった。

こうした状況で私のなかでも、患者の「死」は目をそむけたいことになってしまっていた。なぜなら、死の周辺の情景があまりに無残に見えたからである。病床のその人たちは、痛みと苦しさと猜疑心の果てに疲れ切ったようにして、目を伏せて死んでいった。「いいかげんなことばかり言って！　本当のこと言ってよ！」と金切り声で枕元の目覚まし時計を投げつけてきた人も、「痛い。お願い……」と頻回にナースコールを押し、鎮痛剤の注射を哀願した人も、やがて衰弱が進んで意識が落ちていった。意識がなくなり、ことばがなく、ただ荒い呼吸音だけがある病室で、看護者の私は救われる思いにもなっていた。「もう苦しまなくていいね」と。それは家族も同じ気持ちだったように思う。

なぜ、患者の「死」を避けたかったのか。人間の本能として、人の死の看取りは避けたいものなのか。実際の臨床は、「生」も「死」も、そのどちらもが「うごめき」と表現したくなるような、一筋縄ではいかない複雑さとつかみ様のない流動的な重みを伴う世界である。死が近い人のそばにたたずむことはつらく、それゆえこの事態を避けたいと思った。がその反面、「私に看送らせてほしい」と、最後のそのときに立ち会うことを心のなかで切望する自分の姿も見出すようになっていた。

「死」に慣れたということか。いや、そうではない。病院での死は、死という結果だけがあるのではなく、死への過程でのさまざまなかかわりが必ず存在する。その「かかわり」ということが、私を死の近い人びとのいる現場へと向かわせた。看護者にとって、そこ、すなわちターミナルケアの現場には人を惹きつけてやまない何かがある。その証拠に、ホスピスで働くことを希望する看護者のなんと多いことだろう。

「その人の死を看取りたい」と思う看護者の根幹には何があるのだろうか。死の看取りの現場では、何が起きているのだろうか。

本稿のタイトルを「切り拓く現場」「切り裂かれる現場」とした。切り拓かれるのは何であり、切り裂かれる状況とはどのような状況なのか。死を看取る現場の看護者の姿を浮き彫りにしながら、なぜ、そこに居続けようとするのかを、考察してみたいと思う

第1節　死を看取る臨床現場

臨床現場という場を少し整理しておこう。ここでは、病院が舞台であり、癌でターミナル期に

なった人と看護者と家族と病棟風土が構成要素としてある。

哲学にとっての「現場」とは、おなじ時代を生きる他者たちとの関係の場面であると言った。そしてそれは、時間としての視点から規定すれば、シンクロニズム（共時性）の世界であると言った。二つの現在がともにという形で縒りあわされていること、そしてそれぞれの内部的な時間のなかに退却不可能のかたちでおなじ現在という場に引きずりだされたままになっているということ、（後略）

（鷲田清一『〈聴く〉ことの力――臨床哲学論』[1]）

このように鷲田は述べているが、まさしくその通りだとおもう。「関係性」と「共時性」が縄をなうように縒りあわされ、退却不可能な形で、「いま、ここで」というふうに展開する場面が現場であり、その連続が日常ということなのだろう。「ともに」「今」を現場を捉える中核として、論をすすめてみよう。

1　死の看取りの情景

ひとつの情景から述べてみたいと思う。

私が看護婦になってもうすぐ一年になろうとする、三月の出来事である。当時の病院には、まだターミナルケアの概念は入ってきてはいなかった。もちろん受けた教育にもそれはなかった。

その前の年の七月、大学四年生の村田さんは、真っ黒に日焼けした身体で入院してきた。新人看護者の私は慣れない手つきながら、術前注射を「お尻に注射します」と大きな声で説明した。注射をした臀部は真っ白で、背中の真っ黒と一線を画していた。驚いた私は、「村田さんて、本当は色白?」などと、手術前の緊張のなかで素っ頓狂な質問をしていた。「ずーっと泳いでいたから」と村田さんは苦笑した。水泳部のキャプテンとのことだったが、このとき、すでに癌は腰に転移しており、腰をかばうように歩く姿は前かがみだった。手術後、早々に村田さんは退院した。

秋が過ぎ、冬が来て……。ある日、廊下の向こうから、腰が曲がり、ふらつく足取りを両脇で支えられながらやってくる人の姿があった。再入院する村田さんだった。目が合うと、「また来ちゃったよ」と弱々しく言う。「うん」とうなずくのが精一杯の私だった。すっかり色白になっており、かつての面影はなかった。肺の転移で呼吸困難があり、個室が準備されていた。

ある日の深夜帯、ナースコールが鳴った。場所は男子トイレである。半信半疑で懐中電灯を持ちながら、「どうかしましたか」と声をあげた。「ここです」と和式トイレからかすれた声が聞こえてきた。村田さんだった。「立てなくなってしまって……」と言う。混乱しながらも身をトイレにすべりこませた私は、急いでお尻を拭き、パジャマズボンをひきずりあげた。そしてとっさに、動けない村田さんの斜め前に行き、背を向けてしゃがんだ。

「私につかまって! 背負うから、さあ早く」と叫んでいた。肩に手が添えられてきた。上背は私をはるかに超えている村田さんである。しゃがんだままの私は、一瞬困惑していた。背負って立つ自信がまったくなかったからである。しかし、なんとしてもここは立たねばならないと思った。「つかまってて!」と言いながら床に手をつき、渾身の力をふりしぼって、曲げていた膝を伸ばした。立てた。ほっとすると同時に、愕然とした。背負えるのである。まさか、こんなに易々と背負えるとは……。私の背中に、村田さんの痩せたあばら骨があたっていた。スー、ハー、その呼吸は荒かった。あの大きな人が……、といいようのない思いで胸がいっぱいになった。病室まで、どう歩いたのか記憶は定かでないけれど、ただ、その軽さへの衝撃と背中のぬくもりの感覚だけは今も残っている。

こんなことがあって二週間後、村田さんは昏睡に入っていった。もう呼びかけても返事はない。日勤、深夜勤、準夜勤。勤務が終わるたび「次の勤務は○曜だから待ってて。私に看送らせてね」と心で懇願していた。そして私が深夜勤の明け方五時、村田さんの呼吸は止まった。顔を拭き、髪をとかし、あの世への旅立ちの衣装の着替えをした。それは、大学を卒業し就職する日を夢見てご両親が新調した背広だった。ネクタイも準備されていたけれど、どう結んでよいか分からない私に、年配の主任(看護婦)がそっと代わって結んでくれる。主任はその結びの途中でふと手を止めて、部屋の外にいた家族を呼んだ。「お父さん、息子さんのネクタイ結んであげてください」と。いつも背広姿だったお父さんは銀行員とのことだった。ネクタイを結ぶその人の作業は、涙をぬぐいながらだったためか、ふだんの何倍もの時間がかかっていた。

第2節　時間の流れが突然「濃くなる」とき

病棟の日常というのは、大きな定められた流れがあって、その枝葉に、細かな処置作業が積み重ねられて成り立っているように思う。手術を受けるとか、ターミナル期であるとか、当事者本人や家族にとっては、このうえもない人生の重い出来事も、病棟のなかでは「病棟の日常」に組み込まれてくる。日常の仕事ということばからは流れ作業的意味合いが感じられるし、無機質さ、空虚さ、没個別性の世界でもある。私は膨大な「医療処置」という仕事に、医師の下請け作業を感じて反発し、「本当の看護者の仕事はどこにある」とむきになって自問していた。もっとも、最初の一、二年は自問のゆとりもないほど「仕事をこなす」ということでただ精一杯だったが……。

こんななかで、まったく予想なしに「村田さんを背負う」という出来事が起きた。日常の時間の流れに、もし色がついているとすれば、それはたぶん、うすぼんやりした色であろう。その色彩がぎゅうっと凝縮される瞬間がある。「現場が濃くなるとき」とでも表現したらよいだろうか。

それは、不思議な静寂さを伴った時間でもあった。背負うときも背負ったあとも、ほとんどことばを発してはいない。発することばがなかった、というのが正しいかもしれない。私は背負い、歩き、病室のベッドにそっと村田さんを横たえた。そして布団をグッとひきあげ、身体に沿って隙間ができないように押さえた。とりわけ、寒い空気が首筋に忍び込まないようにと襟元は丹念に直した。村田さんは芋虫のように身体を丸め、顔を布団の中にうもれさせた。私は酸素の流量を確認し、布団をなおすしぐさで背中をポンポンと二つたたいて、その場を離れた。ポンポンに特別の意味があった訳ではない。新人の不器用な看護者に何ほどのことができようか。背負ったときの私はただ哀しかった。背負われた人の体温がほのかに温かいがゆえに哀しかった。

今思うのだが、私の哀しみは、背に感じた軽さ（衰弱）から、死が確実に村田さんに近づいている現実に驚愕し、その感情がことばを失わせ、哀しみとなったものである。同時に、立てなくなってしまったという、うろたえのなかで、絶望した村田さん自身の哀しみが、背中を通して私に伝わってきたものでもあった。私自身の哀しみに村田さんの哀しみが、背負う体温を通して交錯していた。

じつは交錯したのは哀しみだけではなかった。おそらく村田さんのなかには、背負う看護者の手の確かさと伝わってくる体温と、言い知れぬ意気込み（人間のたくましさ）を感じ、そこに包まれゆく安堵の思いを抱いたことでもあったろう。

そして看護者の私は、身体を通して、哀しみを共有していく人間という存在の不思議さと、呼吸と呼吸が響き合っていく存在の愛おしさを、このうえもない手ごたえとして感じていた。

何ものにも代えがたい、この一瞬の真実。思いもかけないなかに開かれた「凝縮した時間」だった。

臨床の看護者たちはよく、仕事の継続の理由を問われると「う〜ん、患者さんから贈り物をもらっているからね、だからこの仕事やめられないのよ」と照れたように笑う。「贈り物」という表現に込められたものが、看護の微妙な現場世界、いうなれば、根源的な人間のつながりの世界を表わしているが故に、「贈り物」のひと言で、あうんの呼吸で現場のもつ味わいを共有することができる。だがそれは、いうにいわれぬ抽象的なもののゆえに、なかなかそれを明確な言語で表現できず、他分野の人びとに理解されないジレンマを強くもつことにもなる。「贈り物」とは「その人とともにいる凝縮された濃い時間」だといえないだろうか。

第3節　臨床現場の「濃い時間」の意味

臨床の場での濃い時間の共有が、看護者のいう「贈り物」の正体ではないか、と仮説を立てたわけだが、「臨床の場」ということと、そこにもたらされる「濃い時間」を分けながら考察してみたいと思う。

鷲田は『〈聴く〉ことの力』[2]という表現で、現場にあふれるようにある現象の、哲学的考察を試みている。「語るということ」「聴くということ」「迎え入れるということ」「ふれるとさわる」等、われわれが日常、為したり見えたりはしているが、じつは誰も見ていないものを見えるように、ことばを使って論証していく。そのなかに「だれの前で、という問題」「だれかに遇うということ」等、いかにも哲学的問いと思索が入っている文章が続く。

さて「臨床の場」ということから考えよう。鷲田は次のように述べている。

〈臨床〉はひとが特定のだれかとして他のだれかに遇う場面である。〈臨床〉にはそのかぎりで、遇われる他者の偶然性ということが含まれる。〈臨床〉においては、自分が他者を選ぶのではなく、他者とそこで遇うのだということ、その偶然性のなかで生成する社会性というものを〈臨床哲学〉は視野の中心におく。

（鷲田清一『〈聴く〉ことの力――臨床哲学論』[3]）

「臨床は他者と遇う場面である」ということが、キー概念かと思う。遇うという字は、会うではない。「まったく期せずして遇う」ということの偶然性が重要なのである。

病室を訪れた私に「痰に血がまじるようになってきている。もうだめですね」とつぶやいた人がいた。黄疸もひどいその人に看護者としてできることは、熱いお湯で身体を拭くことだと思った。熱いお湯は、私の両手をゆでだこのように真っ赤にした。熱いタオルに力をこめてごしごし拭く。ふと目があった瞬間、互いのまなざしに、一点の深い分かち合いがあった。

この清拭の場面も、村田さんを背負ったあの場面も、期せずして、私の目の前に拡がった現場である。「もうだめですね」というつぶやきは、身体の奥から搾り出されるようにして生まれたことばに感じられた。そのことばを深く吸い込みながら、私は手を真っ赤にして、身体を拭く。このとき、鷲田のいう「〈いのち〉の核が共振する現象」を感じた。「別の存在がおなじようにおのれの身体を震わせながら、とんとんと〈わたし〉をたたいてくる」、このきれいな表現も鷲田のことばである。

時をともにに過ごすということを、現象学では次のように説明する。

対象として見るよりももっと深い、世界への感覚的な通路、現実の世界に現実のこの世界という重しを、あるいは交換不可能な意味をあたえてくれるような基礎的な経験が、このように他者の存在との深い交叉や絡み合いという出来事のなかで成立してくる。

（鷲田清一『現象学の視線——分散する理性[4]』）

再現のむつかしい（これが交換不可能という意味なのだと思うが）一回きりの、そして、目の前に見えるものではない前意識的な層での経験が、現場で実践されているところのものである、という。前意識的な層での経験、それは互いに身体を通して、とんとんといのちを響かせあう瞬間である。それが濃い時間（＝経験）なのである。

第4節　死を看取る場にあるリスク

死を看とる現場には、こまやかな濃い時間があると同時に、衝撃でわが身をどう存在させていいのだろうか、と茫然自失となる事態に直面することがある。

ある看護者がそんな現場を、克明に文章にしていた。その看護者のたぐいまれなる能力と感性の豊かさに感嘆する思いで、どうしても話を聞きたくなり、新幹線に乗ってその人の住む街へ出かけた。その竹内さんは総合病院の外科病棟の看護婦であり、経験十年目のベテランである。駅に出迎えたその人はすぐに分かった。看護者同士の嗅覚かな、とちょっと苦笑する思いだった。

1　その時のこと——竹内さんの文章より

病室の扉を開け、部屋に足を踏み入れたところで、私は息を呑みました。皆で器材を片付けに行っている、ほんの二十分ほどのあいだに「彼」は縊死していたのです。（中略）

私は彼のそばに歩み寄りました。まだ身体も温かく、生きているときのままの顔色。蘇生も可能かもしれない、そう思いました。

首の紐を解き、窓からひきずり降ろそうとしましたが、あまりに重く、びくともしません。なんとか彼を背負い、ベッドの上に乗せようとしましたが、私のほうが押し潰されてしまいました。彼を背負えない。身体の重さは、そのまま人生の重さ。私が全力を尽くしても、彼を「生きさせる」ことはできない。そのときまで考えたこともなかったけれど、人は自ら「生きている」のであって、「生かされている」わけではないのだと。

（竹内輝江「ターミナルケアからの歩み」『看護学雑誌』[5]）

この一週間前に、竹内さんはこの人の泣く姿に遭遇している。あのとき、もしかしたら彼のなかに〈自殺〉の二文字があったかもしれないのに、なぜ気がつかなかったのか……。この悔いが竹内さんの「問いかけ」のスタートとなった。

2　この人のこと――竹内さんの語り

この人は三十二歳の男性です。癌の転移がかなり進行していました。病名などは本人に告げてあり、病状の進行を食い止めるために、治験段階の治療目的で入院してきました。

とにかく、恵まれた感じの人、というのが印象でした。実業家の息子として生まれ、自らもこの若さで事業をとりしきっていました。高い教養を身につけ、温厚な雰囲気で、周囲からも高く評価されている様子です。外科病棟には、さまざまな人がいます。ひとことでいうなら、手のかかる人がたくさんいるのです。病状の急変に関する対応から、怒り罵倒の数々まで騒然とした雰囲気です。そのなかでは彼は、本当に看護婦にとっては助かる患者でした。何しろ、病状がつらいにもかかわらず「大丈夫」といって、何ひとつ頼まないのですから。申し送りにも、記録にも、とりたてて取り上げられることもない、いうなれば影の薄い存在でした。

だけど、私はだんだん気にかかってきました。個室で病状に耐えながら、自分のペースを守って過ごしている人、と良いほうに表現できるのだけど、その部屋には人を寄せ付けない緊張があったからです。この人といつか話そうと思っていましたが、とりつくしまもない様子の人に声をかけるのは、当時経験四年目の看護婦の私には、勇気のいることでした。

3 その時、看護婦の私は

亡くなる一週間前のことです。今日こそは話そう、と思って、仕事が片付いたのを確認のうえ、その部屋に向かいました。部屋の前で逡巡したあげく入ったのですが、彼はじっと椅子に座ったままでした。私の足音が聞こえているはずでしたが、顔をあげることもなく、身じろぎひとつしないのです。かけることばが見つからない、とはこういうときのことをいうのですね。衝立のところで立ち尽くしていましたが、深呼吸をひとつして、そばに行き、「大丈夫?」とたずねました。彼は、固い表情でうなずきました。何とかことばの接ぎ穂を見出していきたい。彼からことばが出てこないか、と私は全神経をそばだてました。

すると、彼は顔をクルリと窓の外に向けてしまったのです。あっ私を拒否してる？　いや、そうではないはずだ……。私は、そばに腰を下ろす形で、彼の横顔を見つめ続けました。そして、さまざまなことを思いました。この人は病院の長い一日をどんな気持ちで過ごしているのだろう。なぜ、何も話さないのだろう。本当はきっとつらいはずなのに……などと。

私には長い間の沈黙だったように思います。長い時のあとに、突然彼が振り返り「優しくされると泣いてしまう……」としぼりだすように言ったのです。そして声を押し殺して泣き出しました。止める術もなく、という感じで涙があとからあとから続くのです。

少し時間がたって、「何か心にかかっていることがあるのですか。ご家族のこととか……」と聞いてみました。イヤと首を振ります。切れぎれに「もうすべては片をつけてきた」というのです（そういえば以前に、仕事のことも、家のこともすべて整理して、治療に専念できるように準備してきた、と他の看護婦に話しているのを耳にしていました）。そう、気にかかっていることも、心残りもないのか、整理はできているのか。でも整理ができている人がなぜ？……。この思いがふっと口をついて出てしまいました。「それなら、なぜそんなに苦しそうなんですか」と。口に出してから、「あっ、まずい」と一瞬後悔しました。苦しみの内容など、そんな簡単に答えようもないものだからです。沈黙を想像した私でしたが、そんな私の意などまったく介さず、彼からすぐに答えが返ってきました。「からだがつらくて、耐えられない。何とかがんばろうと思ってきたけれど、もうこれ以上耐えられない」と。

「えっ、からだがつらくて耐えられない！」この答えは、私の意表をつくもので、たじろがずにはいられませんでした。もちろん、容態の悪いことは充分わかっていました。熱、痛み、吐き気、呼吸苦、とあらゆる症状が見られ、その対策に使える薬はみな使ったけど、効果が得られない事態になっていましたから。

が、それにしても、このひきずりこまれるような苦悩が、身体のつらさだ、とは。この涙はそのことの涙だ、というのか。イヤそれだけではないだろう、治療効果がでないこと、症状が軽減しないことへのいらだち、医療者への怒り、腹立たしさがベースにあるにちがいない。

私は「身体に苦しいことが多くて、私たち（医療者）に腹が立つのも無理ないと思いますが……」と話を切り出しました。「そうではないんだ」と答えがかえってきます。誰も責めない、苦痛はしかたがない、とまで言うのです。もう次のことばが見つかりません。

このときの私は「大変な場面にいる」という自覚で身動きならない感じでした。自分の言動で相手を傷つけるかもしれないという感じで、手を動かしたり、身体を動かしたりしてもいけない、みたいな緊張のなかにいました。

しばらくして「そうではない。そうではないけれど……治療を受けていて……つらくなって我慢しきれなくなって、限界ですって言ったけれど……そのときは耐えきれないほどにつらくなっていた……」と彼は言う。泣く姿は激しくなり、肩のふるえが大きくなっていました。身体を少し寄せていたのだけれど、ふるえる肩の線は本当に細かったです。治療に関しては成功率五割以下。「それでも何もしないよりは可能性にかけたい」とこの人が強く希望した、と主治医からきいていました。

「もしも治療を受けなかったら、副作用に苦しむことはなかったよね。もっと生きられたよね。今は治療を受けたことを失敗だと思っている。もう自分では何もできない。自分ではなくなってしまった……」という。「生きられたよね」とは、ああ自分の死を感じているんだ。「自分ではなくなった。もう取り返しがつかない」。ああなんて重いことばなんだ。だけど、本当にとりかえしがつかない状態なの？　そうとは先生たちは断定してはいないけど、でも、この人は確かにそう思っている。私は自問自答の渦のなかで、どう答えていいか分かりませんでした。

ふと、壁の時計を見たら、一時間あまりの時が過ぎていました。激しいむせび泣きが少しおさまってきました。小さな静寂が、言いたいことは言いつくしたのかな、という私の判断を助けました。「いろいろなこと言っていいですから、不満とか不安とかこれからも言ってもらっていいですから」と私は言いました。そして廊下に出ました。

廊下に出て、私はその場にうずくまりたい気持ちに何とか耐えました。廊下がこんなに長く感じられたことはありません。疲労困憊でした。

その一週間後、彼は縊死しました。

彼の縊死は病棟で大騒ぎとなりました。ふと、この人に泣く姿があったことを話したとき、婦長は「何故、そのとき報告しなかったの！」と怒鳴ったのです。影のうすい患者、そのことに、外科病棟のだれも注目しなかったのに……。

4 それからのこと

彼の死後、極端に口数が減り、何カ月も塞ぎ込んだままの私を心配した友人がカウンセリングの先生を紹介してくれました。その先生はけっして話の主導権をにぎろうとせず、死の話にふれることもされませんでした。私はそれをいいことに、どうでもいいことの愚痴をグダグダ言っていました。やがて、半年も過ぎた頃の診察室で、先生がポツリと言いました「もう少し前向きに考えられないかな。人間にはそれぞれ生きる意味が……」――「生きる意味」のことばを聞いたとたん私は「どうだっていいじゃん。そんなこと」と言い返していました。

「どうだっていいじゃん、そんなこと」。自分の投げ捨てるようなセリフを自分の耳で聞いて、「そう！　どうだっていいんだ。そんなことは」と幾度もいいながら、大声で泣き出したのです。自分のなかにあった深い哀しみにようやく向き合えた思いでした。

私は彼との話し合いの最後に、彼に向かって「話していいですよ」と言っていますね。じつは「彼は言わないだろう」ということに気づきつつ言っているのです。〈おざなり〉という日本語がありますね。この立ち去り方はその〈おざなり〉の要素があったように思うのです。泣く姿に出会ってからの一週間、「今一度彼のところへ行かなければ」と思っていました。「彼自身は終わっていない。だから行かなくては……」と呪文のように思っていました。でも行けなかった。

「私には力がない。行けない。でも明日なら……」。そんななかで、彼の縊死が起きたのでした。

あのとき、別の対処をしていたら、彼の自殺はくいとめられたか、は分かりません。ただ、彼の直面している苦悩に漠然と気づき、行かなくちゃと思いつつ行けなかった、その事実を自分ではなかなか認めたくなかったのです。そのことに長く苦しんでいました。

第5節　現場を切り拓くということ

竹内さんの体験を聞きながら、緊迫が深く鋭く私を覆っていた。「なぜだか分からないけれどその人のことが気にかかったのです」と竹内さんは言う。あなたのことが気にかかるのです、という思いをばねに、必死にその人のそばに在ろうとする看護者。その一途さへの照り返しのように、やがて「やさしくされると泣いてしまう……」ということばがこぼれ、ほとばしるように涙が流される。そして切れぎれに語られてくる、死が近いことを悟ることば。どうしようもない現実を前に、ただともに頭《こうべ》を垂れるしかないような時間があり、一週間後、自殺という形で、この現場に幕が引かれた。

縊死という衝撃は、それまでのかかわりのなにもかもを否定させてしまうような力をもつけれど、そこにあった人間同士の微細な感情やかかわりの意味は大事にされなければならないと思う。

ここには、まったく途絶され孤立する人に対して、強い関心で、場を切り拓いていく看護者の姿がある。

竹内さんの、この「語り」を、ある研究者に話したとき、長い沈黙のあとで、「へんな言い方かもしれないけれど、ここで泣けたから、この人は死ねたのかもしれない」とのコメントが返ってきた。「泣けたから死ねた」という解釈がズシンと響き、これ以上のどんなコメントも不要に感じられ、「そうですね」と返答したきり、私も沈黙した。

まちがっても、このコメントの「泣けたから死ねた」ということを、「泣かなかったら、死ななかった」と解釈してはならない。抑うつ状態でうずくまっていた人に、たぐいまれな看護者の、おずおずとしているけれど精一杯でまっすぐな視線で「気にかけている」というメッセージが向けられたとき、かたくなに塞き止めていた感情が涙とともに流れ出す瞬間がおとずれた。それが「やさしくされると泣いてしまう……」ということだったのだろう。その人は泣くなかで力を得、「これで死ねる」と思ったのかもしれない。

それ以上の、死ねるから生きるへ転化させられなかったのは、自分があまりに非力だったからと、竹内さんは自分を責めていた。自殺臨床の専門家からいわせれば「もう一歩のアプローチがほしかった」ということなのかもしれない。しかし、誤解を恐れずにいうなら、私は、ターミナル期で病状が深刻となり、あと死までいくつ苦痛の山を越えなければいけないのだろうという絶対的苦悩のなかでは、自殺できることがその人の希望だったのだろうと思うのだ。もちろん、苦悩の渦中のその人は、自殺という自らの選択すら思い浮かべられなかったかもしれないのだけれど……。

自殺すら考えられないほどの苦悩ということを考えたとき、シモーヌ・ヴェイユのことばが思い出された。シモーヌ・ヴェイユは、高等中学校の哲学教師であったが、〈不幸〉というものにとりつかれているのです、と自ら表現するほど〈人間の不幸〉に関心を抱き、人びとの〈困難〉ということを理解すべく工場労働者となって、そのさまざまな経験を通して、哲学的思想を深めた女性である。彼女はいう。

不幸によって不具にされた人間は、誰に救いを求める状態にはなく、求めようという欲求すらほとんど抱きえなくなっている。だから、不幸な人間に対する共苦の情は不可能事である。それがほんとうに生ずる場合は、水上の歩行や病人の平癒や、さらには死者の復活よりもおどろくべきひとつの奇跡なのである。

（大木健『シモーヌ・ヴェイユの不幸論』[6]）

シモーヌ・ヴェイユのことばから解釈すれば、竹内さんが気にかけたその人は、他者に救いを求める欲求どころか、自分の絶望すら自覚できないほどにうちのめされていたことだろう。そこには、他者が安直な共感などという小手先のもので、近づける隙などありはしなかった。不幸な人と、ともに苦しみを分かち合うというのは、奇跡に近いことなのである。その奇跡のようなことに竹内さんは挑んだ。そして、その人は自らの不幸の自覚のなかで「泣く」という状況が生まれたのである。

この人に泣くという場面をうみだした看護者のかかわりの深さは、ケアの本質を示している。どうにもならない現実の重さにもがく人間、自分もまたそんな人間のひとりであるという自覚、人間の「業・ごう」とも呼べるような、理性や知性で説明がつかないものの渦中に飛び込むのは、ケアする人間だからであろう。ケアする人間とは、ミルトン・メイヤロフがいった(7)「この世界で他の人に関わっている」という感覚、ともに在り、ケアを通して、ともに生を生きるということをなす人間をさす。看護者は、拭く、なでる、さする、ふれるという身体的な触れ合いを技とし、それを通して、深い関心を寄せ、いのちの響かせ合いのなかで実践する者である。

結果としての自殺で、それまでの関わりの意味が抹消されるものでは決してない。現場はたしかに切り拓かれたのである。

第6節　切り裂かれる現場

一方、竹内さんの語りのなかに含まれる痛々しさは、死を看取る現場が「切り裂かれる現場だからだ」ということに気づく。何を切り裂くのか。竹内さんの経験現場には、三つの「切り裂き」があったように思う。

ひとつめは、「死」という、身体に脈々たる温かさをつくった存在および関係の切り裂きがあり、二つめは、職場という集団風土からの孤立化という切り裂きである。そして三つめにあげられるのは、自分自身への嫌悪感、猜疑心、罪悪感の押し寄せのなかでの、自尊感情の切り裂きである。

1　存在の切り裂き

いまさら、述べるまでもないことであるが、その人の「死」は、二人称で呼称される家族などの重要な他者だけでなく、三人称の立場に立つ看護者もまた激しく打ちのめされる。手を伸ばせば、その延長上にあったその人の存在。病み、衰えという局面は、人間存在の根源を照らし出す。よくも悪くも、その舞台はその人固有のものである。〈微笑み〉も〈のたうち〉もその人の姿に間違いはない。どんな形であれ、その舞台にある人を、食べる・排泄する・身体をきれいにする・眠るというもっとも基本的なニーズから安寧をつくっていこうとするのが看護である。裏方として、つっかえ棒の役割を担い、そこに自らの存在意味を感じていた看護者にとって、手の延長線上にあったその人がいなくなった喪失感は、いいようのない空虚感となる。

特に、自殺という形で幕引きがなされるとき、その人にかかわった人びとの思いは複雑となる。罪悪感、申し訳なさの感情、それらは、地面にひれ伏したいほどの情けなさを生み出してくる。看護は絆を紡ごうとする関係だからこそ、自殺は一方的に絆を切断されたようでつらいのである。

2　職場（集団風土）からの切り裂き

自殺という形で、存在を喪い茫然自失となっている看護者にあびせられる「そのとき、なぜ報告しなかったの」という病棟管理者からの責めのことば。それは、やっと立っている人に向かって、スパッとアキレス腱を切るような行為であり、これを言われたのでは看護者はひとたまりもないな、と身が切られる思いがした。医療処置が最優先されるなかで、時間外に気にかかる人の傍らに出かけて行って話を聞いてくる看護者の姿。医療現場でよくいわれる「全人的ケア」だが、治療に関連する一連の業務以外の、いわゆる「語り合う」というようなケアを拓く行為は、個人にとどまり、そこからもたらされる〈実り〉も〈リスク〉も個人の範疇にとどまってしまっている現実がある。

個をカバーしきれていない現場は、ある結果を個の責任のように評価することが往々にしておきるが、こうした職場の風土のなかでは、人は孤立しがちとなり、容易につぶれてしまう。「現場の力」を集団の場の力とみるとき、多様な看護者の考えや感性を認め、異なる考えに「おもしろさ」を感じられるか、それらを率直に出せるか、にかかっていると思う。だがそれはたやすいことでは決してない。とりわけ、看護者集団は、他集団に比べても同属意識が強い集団だといわれている。「私」ではなく「私たち」を主語で語りたがる集団にあるのは、同一、同質であることに価値をおき、突出することを好まない職業文化である。医療現場の医師を頂点とするヒエラルキーのなかで発言していくには、その同一規範を旗頭に団結せざるをえなかったのかもしれない。が、この集団のなかでは、個がもつ援助観をケアの方法論として取り入れていこうとする土壌は、かなり管理者が意識化しないかぎりつくることは難しい。たとえば、家族の看護を当然と頭で分かっていても、いざ救命救急センターの一刻を争う現場で、不安に震える家族の姿をもとらえ、声をかける実践がシステムとしてできているかである。その体制がないなかでの、気のきく看護者の家族ケアは、もしかしたら、突飛な行動と評価されるのかもしれない。「全人的ケア」もしかりである。「全人的ケア」とは具体的にどのような行為を積み重ねていくことなのか、スタッフ間のコンセンサスを得ながら、日常の業務として組み入れていくことが重要なのである。

3　自分の存在意義からの切り裂き

もうひとつの切り裂きは、自分という存在への自己否定感である。「それからのこと」と題された、竹内さんの後半の語りに、よくそのことがあらわれている。

たぐいまれなる感性と知性と熱意をもってケアを切り拓こうとした日々のなかにいた看護者が、縊死という形で、その人を喪い、職場からの孤立感を悲哀の感情とともに味わうことになったとき、燃え尽きたように、沈んでいった。一生懸命になればなるほど、ひたむきな看護者であるほど、この燃え尽きのリスクは大きくなる。

熱心なひたむきな援助者がなぜ燃え尽きるのか、それは、死を看取る現場は、一筋縄ではいかない複雑さといいようのない重みを伴う世界だからである。これまでは、死の看取りの現場は、とても静寂さに満ちた場のように表現してきたが、実は、その場は激しい「怒り」の感情が渦巻いた喧騒たる場でもある。「何様だと思っているんだ。あっちへ行け！」と突然の怒鳴り声が患者から飛んできたことがある。人との関係は、ほんの小さな行為をとおして紡がれていく――この思いを拠り所に、好意をばねに仕事していこうとする看護者の感傷を見透かし、弱みを握ったかのように、暴言は鋭くきつく突いてくる。それは、看護者がもっていた感傷をベースとしたやさしさを逆手にとって、自分のなかにあった怒りのはけ口としてぶつけたものであるが、そのしくみは巧妙だった。医師や婦長など、力を持つ者に怒りはぶつけられることはめったになく、弱い立場のもの、気の弱いものへとその怒りの刃は向かう。しかも、ぶつけられた看護者は、何か自分が重大なミスをおかしたようで、その出来事を誰にも話さず、なかったかのように自分のなかで対処しようとする。要するに、患者をケアすることや共感することに失敗し、怒りを生み出してしまった私は未熟な看護者である、という反省で処理するのである。「相手の立場で考えるべきだ」という思いでがんじがらめになってしまう看護者。自分自身へいつも、「〜すべきだ」と言い聞かせていなければならないような事態が、真綿でジワリ首をしめられるような、息苦しさを生じさせてくる。

人とかかわりをもつことを職業とする看護は「感情労働」とよばれる(8)。感情労働においてやりとりされる感情には、その適切性において基準（感情規則）があり、その基準からはずれる感情の表出は許されない（感情管理）。悲しみや怒りなどの感情の処理（感情作業）は、看護という仕事に不可欠の部分であり、この処理に失敗すると自己欺瞞や、うつ、バーンアウト、アイデンティティの危機などに陥る危険がある。これは、感情労働のリスクなのである。

つまり、死を看取る現場では、ターミナル期にある人の理解が強調され、この人たちが抱くさまざまな感情「怒り」も「悲嘆」もその人の当然の姿として受け止めることを求められる。その受け止めの方法として「共感」「受容」「傾聴」がいわれる。どんな感情も共感で受け止めろ、というのが、感情規制ということであり、相手の姿に、嫌悪感や反発や怒りなどのマイナス感情を表出することは許されない、というのが感情管理である。

人と人のかかわりは、私がいて、あなたがいるという関係なのであり、私のなかの感情に無関心で、あるいは蓋をして、あなたの言葉など聴けるはずがない。病む人、苦しむ人に対してマイナス感情を持ってはいけないという感情管理がなされるなかで、やがて、看護者は自分の本当の感情に気づく術まで失ってしまう。内省的な反省ばかりでは、怒り、くやしさ、悲しさなどの発露という感情処理作業は適切に行なわれない。その結果、身体のすみずみに澱のようにして処理されなかった感情がたまっていく。それは身体の奥深くで無意識的に溜め込まれ、その流出は塞き止められている。

竹内さんが、最後に叫ぶ「どうだっていいじゃん。そんなこと！」。これはさまざまな思いでがんじがらめになった自分から、自分自身を解放する〈宣言〉だったような気がする。奥深くせき止められた「堰」は切って落とされた。溢れ出す感情。同時に、その感情の叫びとともに流れ出た涙は、切り裂かれた自分の存在への慈しみの涙だったような気がする。

おわりに

看取りの現場の力をもう一度整理しておきたい。本稿では、この現場にある「濃い時間―濃い経験」について述べた。この現場での経験とは、今ここで、ともにという〈共時性〉と、ふく、なでる、さする、ふれる、背負うなどの〈身体性〉とが縒り合わされたかたちで展開されるものであり、そこでの〈いのちの響かせあい〉が、現場からの「贈り物」の正体ではないかと述べた。なぜいのちが響きあうのか。〈身体性〉がそれを可能にするのである。ここでの〈身体性〉は、身体的接触をとおしての、意識の深い交流をさすのみならず、〈深い関心〉というものが、身体、つまり五感を総動員してのかかわりをつくってくることをさしている。

西村は『語りかける身体[9]』で、この身体を介して交流する看護ケアを微細にあらわし、現象学を手がかりに解説した。ことばのない世界、意識がないとされる世界でも、他者が私をとんとんとたたいてくる、という人とのかかわりあいが可能となっている事実をしめした。

この身体性と同様に、看護者が現場を切り拓く力としてもちいているのが、〈関心〉と〈感情〉である。〈感情〉は現場を切り拓く大きなエネルギーを生み出してくると同時に、自らの感情の有り場を見失うとリスクともなる。感情にかぎらず、〈実り〉と〈リスク〉は表裏一体のものであり、その意味で現場は〈実り〉と〈リスク〉が混在した場だということもできよう。本稿のタイトルを「切り拓く現場」「切り裂かれる現場」としたのは、その意味でもある。

ダイナミックさと静寂さを併せ持つような現場、そのなかに立ち現れる「ただ一瞬のいのちの響かせあい」。その一瞬のために、淡々としたなんの変哲もない日常があるのだが、そのあたりまえに見える日常性が貴重に思えてしかたがない。日常が淡々としたものであるからこそ、〈その時、ともにの経験〉は色あざやかに浮かび上がってくるのであるから。

第9章 社会福祉実習教育における現場の力
――「普通」「常識」を問い返す磁場と学生の変容

立教大学コミュニティ福祉学部
湯澤 直美

はじめに

「えらいわねえ……」。このことばは、さまざまな使われ方をする。敬意や賞賛といった相手やその行為への感嘆をこめた場合。自分と他者を対比して差異を示している場合。あきれていることを遠回しに表現している場合、など。


「大学では何を学んでいるの?」

「社会福祉です」

「えらいわねえ」

「……」


社会福祉を専攻した学生の多くはこのような会話を体験する。自分自身では意識していないにもかかわらず、周囲からは決まり文句のようにこう言われるのである。「そんなことはないです」と答える学生もいれば、「はあ」とだけ言う学生、何も言えない、何も言わない学生もいる。一年次生であればあるほど、いずれも、ことばにはならないはがゆさやおもはゆさを抱える。なぜことばにならないのか。それは、この場合の「えらいわねえ」には、じつにたくさんの含意があるからである。まさに、〈社会福祉〉と〈社会〉の関係そのものを体現している。〈学生〉と〈社会〉との攻防が、このことばのなかにある。

「自分は本当に社会福祉に向いているのだろうか……」。多くの学生がある時期に感じ始める。ここにもいくつかの側面がある。自分の素質について悩む場合、人と関わる仕事の奥深さにとまどう場合もあれば、社会福祉に付与されている社会的イメージや規範に葛藤する場合もある。いつでも笑顔で、元気で、相手を受け入れて、嫌なことは率先してやる……。

社会福祉現場実習を履修する学生は、「自分」をひっさげて現場に臨むが、意識するしないにかかわらず、このような「社会なるもの」を背中にしょって臨んでいる。そして、そこで出会う利用者・職員とのかかわりのなかで、肥料をもらったり、種を選んだり、水をまいたりしながら、「自分」という畑を耕す。そこで、自分の畑がじつは社会のなかのひとつの領地であることを感じたり、隣の畑と自分の畑の境界線をどうするかに悩んだりする。

ときには耕すことを放棄したくなったり、畑を捨てて引っ越そうかと思ったりすることもある。耕すことのおもしろさや楽しさが空気のように感じられる頃、実習期間が終わってしまう場合もある。そして、収穫物をしっかり手にもって帰ろうとすると、じつはそれがガラスの靴のように手には取れないものであったりすることもわかる。「とにかく終わった……」という実感のなか、その後の日常生活や学生生活が発芽期間となる。実習事後教育である。教員は、学生が現場で〈どのような「他者」「自分」「社会なるもの」に、どのように出会ってきたか〉を鳥瞰しながら発芽を待つ。そこから発芽するものは、ひとつとして同じではない。また、発芽の時間とプロセスもさまざまである。それは現場が、学生・利用者・職員の一人ひとりが生きてきた軌跡や紡いできた歴史が交錯する場であるからだ。

筆者は、社会福祉の実習教育に携わり、学生の変容過程を目の当たりにしながら、現場の力を改めて感じさせられてきた。それは、筆者が社会福祉の現場で職員として働いていたときとは違った発見の連続でもあった。社会福祉援助技術現場実習は、現行では百八十時間の実習期間である。約四週間あるともいえ、たった四週間ともいえる。しかし、学生が主人公として実習という舞台を踏んだ際、百八十時間が百八十時間なりに発動する力は大きい(1)。そこで本論では、社会福祉現場実習における学生の変容に着目し、どのような過程でどのような変容がもたらされるのかを分析していく。そしてその変容は、現場のどのような力によって発現しているのかを考察する。いいかえれば、学生の変容を素材として、「現場の力」の実態にアプローチすることが本論の目的である。

第1節　社会福祉援助技術現場実習の目標

1　人材養成としての実習教育

社会福祉職が専門職として国家資格となって以降、社会福祉実習の体系も改編されている。社会福祉援助技術現場実習の目標として厚生労働省は、以下の五点をあげている[2]。

(1) 現場体験を通して社会福祉専門職（社会福祉士）として仕事をするうえで必要な「専門知識」「専門援助技術」および「関連知識」の内容の理解を深める。
(2) 「専門知識」「専門援助技術」および「関連知識」を実際に活用し、介護を必要とする老人や障害者等に対する〈相談援助技術〉に必要な資質・能力・技術を習得する。
(3) 職業倫理を身につけ、福祉専門職としての自覚にもとづいた行動ができるようにする。
(4) 具体的な体験や援助活動を、専門援助技術として概念化し理論化し体系だてていくことができる能力を涵養する。
(5) 関連分野の専門職との連携のあり方およびその具体的内容を理解する。

これらは実習の目標であると同時に達成課題であると理解できるが、実際には配属先である実習施設の特性により重点の置き方は異なっている。しかしながら、どの社会福祉領域においても通用するジェネリック・ソーシャルワーカーを養成するという視点は、共通であると考えられる。上記の諸点を概括すると、専門（および関連）知識・技術の内容の理解と活用を通して相談援助技術に必要な資質・能力・技術を習得すること、職業倫理を身につけること、実践の理論化の能力を涵養することなどが主要な柱となっていることが分かる。そして具体的には、利用者のニーズを把握する能力、関係形成能力、自己理解の能力などを高める指導が必要とされている。

2　実習教育研究の動向

これまでの実習教育をめぐる研究や議論においては、おもにソーシャルワーカー養成教育の一環として、学生の能力・資質の向上のためにどのような実習教育が必要であるのか、という点に比重が置かれてきた。具体的には、①養成校と実習施設の連携を含めた実習教育システムのあり方、②実習教育プログラムの開発、③実習事前・事後学習の方法と活用、といった事柄である。そこでは、おもに「現場実習の教育効果をどう高めていくか」ということに主眼が置かれている。

そのため、実習教育を通して学生がどのような変容を遂げ、その変容は現場のどのような力によって促進されているのか、という点についてはあまり論じられてきていない。あるいは、学生を実習生として受け入れることが利用者や職員にとってどのように作用するのか、さらに社会福祉を教育する教員にとってどのように作用するかについても論じられていない。

しかしながら、実習教育が現場において〈進行形である生身の生活と人間関係〉を土台にして展開されるものである以上、そこでかかわり合う諸関係、すなわち学生・利用者・職員・教員の相互作用を分析し、その全体の構造を明らかにしていくことは必須の課題である。とくに、実習教育における現場の力の態様にアプローチすることは、実習目標の検討、実習プログラムや事前・事後教育の開発に寄与すると考えられる。

3　分析の枠組みと視点

筆者が所属する立教大学コミュニティ福祉学部は、新設学部として一九九八年に開設したため、実習教育の目標をどう設定するか、という議論から開始しなければならなかった。そのなかで重視した点は、より分かりやすい言葉で端的に実習教育で重視したい力を表現することであった。その結果、①かかわる力、②考える力、③創る力、という三つの力を高めることを現場実習の目標として掲げ、表1のように設定した。

これは、まだ改訂の余地のあるものだが、これらの三つの力は相互に作用し合いながら高められるものである。かかわる力は考える力・創る力に連動し、考える力はかかわる力・創る力に連動し、創る力はかかわる力・考える力に連動することによって、学生の変容・成長が支えられると想定した。

そこで本論では、現場実習において、学生の変容の契機となるいくつかの事象をとりあげ、どの

表1

かかわる力 →	①利用者との関係形成 ②職員との関係形成
考える力 →	①さまざまな発見を大切にする力 ②発見したことをさまざまな角度から吟味する力 ③自分自身の感情を吟味する力 ④福祉の制度・政策やコミュニティについて考える力 ⑤利用者の人権について考える力
創る力 →	①自分の思いを自分のことばで表現する力 ②疑問を育て自分の意見を提言する力 ③社会のしくみを捉える力 ④四年次の学習計画・学習課題を創る力

ような現場の力が作用することによって、どのような学生の変容が促進されるのかを、①かかわる力、②考える力、③創る力を分析概念としながら考察していく。

社会福祉実習の達成課題は、いくつかの側面があることは先に見たとおりであるが、ここでは主に利用者との関係形成に焦点をあて、具体的な事象としては「他者との出会い」「自分との出会い」「社会との出会い」という三つの局面をとりあげていく。

なお、筆者が実習教育のなかでこれまで主に担当してきた領域は児童福祉・女性福祉であるため、ここで引用した実習体験事例もそのなかから抽出したものに限定されている。

第2節　他者との出会い――選択できない人間関係との対峙

現場実習において、往々にして学生がとまどうのは、苦手なタイプの利用者とのかかわりである。児童福祉の領域では、自分からなついて遊んでくれるいわゆる「かわいい」子どもには、学生は率先して近づいていけるのに対し、くってかかってきたり辛辣な言葉をなげつけたりする子どもは「扱いにくい子ども」と感じ、当初は敬遠することが多い。しかしながら、そこで学生は葛藤する。実習生として嫌われたくないという素朴な思い、実習なのだから関係を作らなければならないという義務感。このことを学生はこういう。「普段の生活であれば自分からつきあうことは避けられるのに、実習ではそうはいかない」。

子どもたちは一見容赦なく、実習生に向かってくることが多い。それは、あたかも生きたおもちゃ……とでもいうかのように。電源も乾電池もいらず、しかも自分たちと遊びたいと願い、嫌われまいと遊んでくれる〈またとないおもちゃ〉なのである。しかも期間限定なのだから、利害はない。一方、学生は「子どもの気持ちを受容しよう」「対等に平等に接しよう」と努力する。しかし、子どもが求めているのは形だけの「平等」ではない。この「わたし」と遊んでほしいのだ。学生と子どものかけひきが始まる。

1 「便利屋」実習生

小池さんは、ほんわかとした柔らかい雰囲気をもちながらも、自分の気持ちをしっかりともっている、という印象がある学生である。母子生活支援施設で実習するが、そのなかでいつも衝突を繰り返すAちゃんとのかかわりに格闘する。たとえば、実習が始まって一週間くらいたったある日の実習ノートにはこう記されている。

先にBちゃんの宿題をみると約束していたので学習室に行くと、Aちゃんが理由を言わずに「ちょっと来て」と言う。私は「Bちゃんと先に約束したから、これが終わったら行くよ」と言う。Aちゃんは終わるのが待てず、Bちゃんに「早くしろ。汚い字!」といったことばを浴びせ、Bちゃんの椅子を蹴る。そこで私は我慢出来ず、「どうして、そういう人にケンカ売るような言い方するの? そんなこと言うなら、もういっしょに行かないからね」などと言い、Aちゃんと言い合いになってしまう。しまいには、「今度からあだ名を〈死ね〉にして、死ねって呼ぶからね」と言われてしまう。(略)その後、Aちゃんが部屋を出ようとしたので、呼び止めて話をした。「さっきのことは、Aちゃんの言葉遣いが悪かったからだよ。Aちゃんは、いつも皆のリーダー的存在なのだから、そういう言葉遣いを直せば、みんなにも伝わるかもしれない。今度から言葉遣いを気をつけてみてね。お願いね」と言ったところ、「ヤダー」と言われてしまった。が、あとでサイン帳をくれた。あー嫌われてなかった、と思い、ホッとした。

実習開始当初の小池さんは、子どもの行動に違和感を感じても自分から向き合うことができずにいたが、この日の実習では、初めて子どもと対峙するかかわりをもつ。しかしながら、その後の実習のなかで、援助者として自分に欠けているものがあるのではないか……ということに悩み始める。

「今、私に必要なのは、自分で勝手に決めつけず、子どもの気持ちを尊重する姿勢をもつこと」「子どもと同じ目線で共感することができていない。今の私にとって必要なのは、〈共感する〉ということだと思う」と。

こうして悩みのなかで前半の二週間の実習が終わる。そして後半の実習が始まって、五日目のことである。

今日、○○（実習先）に着くやいなや、玄関先でAちゃんに会い、「○○さんと○○さん（他の実習生）の方が良かった。なんか小池さん嫌いなんだよねえー。何でだろう？」と言われてしまった。私は「何でだろうねえー」と軽く流していたが、本当はショックだった。けれど、何となく分かる気もする。

この日、日中、彼女とは一言も口をきかなかった。けれど夕方になって、徐々に会話をしはじめ、夜の幼児保育では、Aちゃんといっしょに幼児の面倒を見た。

このとき、彼女は、「何でも私にまかせておいて」と得意気に言い、一生懸命幼児の面倒をみ、何の屈託もなく、とても可愛らしかった。

この一件は、小池さんにとってはかなり大きな出来事であり、そのあとしばらく落ち込む日が続いたという。どうにか実習が終わり、大学での学生生活が再び始まる。実習の授業は演習形式であり、一人ひとりの実習経験をとりあげながら討論が進められていく。授業でまず小池さんが取り上げたことは、「便利屋実習生」ということであった。Aちゃんをはじめ、子どもたちにとっての実習生は、あたかも便利屋のような位置にあったのではないか、という疑問であり、虚しさである。子どもの立場や目線を大切にしようとする自分と、子どもへの否定的な感情とのギャップに直面していることが、実習生の存在に対する不可解さへと連なっていたようであった。この不可解さとつきあっていくことが、小池さんの実習総括のテーマとなっていく。

2　借りものでない「自分のことば」

実習事後教育の終着点は、実習総括レポートの作成である。教員は、学生の実習体験を聴きとりながら、一人ひとりの〈テーマ〉を学生とともに探していく。

小池さんの実習の振り返りをどう進めていくか、という教員としてのこの時点での見立ては、不可解さにしばらく自分で向き合う力のある学生であり、小池さんの感情の変化を聴き取ることに重点をおきながら、「付き合う」「待つ」ということであった。「共感」ということばにこだわりながら、小池さんの持ち味である自分を偽らない卒直さを、他者との関係性のなかで活かす視点をみつけてほしいと期待した。どうもすっきりしない、という感覚をひきづりながらレポートに向き合っていたが、完成した実習総括レポートを持参した小池さんは、「自分のことばで表現してみたかったんです」と語りながら、どことなくすっきりとした表情をみせていた。小池さんが自分のことばで表現したのは、次のような文章である。

（前略）いつしか私は、子どもと向き合いたいと思うようになっていた。それは同時に自分と向き合うことでもあった。そこで生じたのが、自分の感情と子どもへの共感のギャップであった。この時点での私にとっての共感の定義を述べておこう。

「同じときに同じことを同じ様に感じる」しかし、この考えがかえって私を苦しめた。今思えば、別の人間が同じことを同じように感じるということは大変難しいことだと思う。（中略）しかし、「かかわる」という任務を背負った実習生には、一時それが理想のように思えたのである。私のノートのなかでは、「彼らの立場にたって」とか「彼らの目線で考える」ということばが至る所で使われるようになっていた。また、気持ちのうえでそうしようと努力していた。しかし、それは自分の感情をすべて押し殺して、相手に合わせているだけで、不満が募ってきた。そして、自分の感情と相手への共感が相反するもののような気さえしてきたのである。

ここで実習先の職員の先生から頂いた「相手を理解するだけでなく、自分も理解されるような人間関係を築く」ということばを思い返してみた。私は相手を理解しようと努めたが、自分を理解させようとはしていなかった。むしろ仮面をかぶって、感情を表わさない空っぽの人形を演じようとしていたのではないか。私には私のキャラクターがあり、子どもには一人ひとりのキャラクターがある。お互いのキャラクターを出し合ったとき、初めて二つとない、私と相手とのかかわりが創られるのではないか。こう考えていくと、少し楽になった。（中略）お互いの個別性を認めることで、かかわりは成り立つのだと思う。しかしここで私は、共感ということをどう意味づけてよいかますます分からなくなってしまった。（中略）

共感について、あるひとりの女の子とのかかわりを通して考えてみたいと思う。（中略）〈Aちゃんに「嫌いなんだよね」と言われた〉。このとき、私は寂しさを感じていた。しかし、それを見られたくなかった。そして彼女が私を嫌だと思う気持ちが、私には分かる気がした。なぜなら、私のなかにも、彼女を嫌だと思う気持ちが少なからずあったからである。正直、彼女のことばはまるで自分の心のなかを読まれているようで、驚きもしたのである。

これに対して職員の先生は、「嫌われるということはその子にかかわった証拠である」というアドバイスをくださった。嫌いという表現ではあったものの、少なくとも彼女は私について感情をもってくれた。そして私にぶつけてきた。それを受けた私は、自分のさまざまな感情を見つけることが出来た。そして、彼女についての考えを膨らませていったのである。その結果、彼女が嫌いと言ったことの裏には、もっと自分をみて欲しいというメッセージが隠されていたのではないかと私は感じた。(略)

これらのことから、私にとっての共感とは、「異質のものが、一つの空間のなかで互いの感情を発信し合い、そして互いがそれを受け取って、相手に対する感情を膨らませていくこと」だと思う。この空間とは、すなわちかかわりのことである。

3　考え続ける力

Aちゃんは、いずれの実習生にも自分との個人的なかかわりを強く求める一方、それが満たされないと激しく抵抗していた。複雑な家庭環境に生きながら実習生にぶつかってくる子どもたちを前に、学生は共感したいという思いと受けとめきれない感情の狭間で葛藤する。

普段の生活であれば避けて通れること、言わずに済むことにも直面する。小池さんは、そのような選択できない人間関係のなかで「共感」できない自分に葛藤し、「共感」を再定義する必要性にいきつき、分からなさのなかで考え続け、自分のことばで「共感」の定義を創っていった。

Aちゃんの「きらいなんだよね、何でだろう」という投げかけが、このことに重要な契機を与えている。子どもは子どもなりに、実習生が期間限定であることを認識している。実習生にかかわりにくさを感じさせる子どもほど、「終わり」を意識していることが多い。Aちゃんがこの投げかけをしてきたのは後半の実習五日目、残すところ一週間と少しという時期である。子どもなりに実習生の思いを受け取りつつ、メッセージを投げかけてきている。Aちゃんのことばは、〈もっと自分をみて欲しい〉〈本当は好きなのに〉ともとれる。一方、「なんでだろうね」と添えられたことばからは、もうすぐ終わるかかわりを意識した〈関係の変容〉への提案であったとも解釈できる。このような言動は、相手の気持ちを察しない自分本位なものと受け取られることもあるが、おしきせの仲良しごっこをよしとしないAちゃんの力であるともいえる。

小池さんの安易に分かったふりをしない姿勢からは、〈考える力〉は〈考え続ける力〉となってこそ〈創る力〉となっていくことを、教員として教えられた事後教育であった。そして、考え続けることを支えたのが、関係形成に対する子どもからの発信であり、それを受けとめた学生自身のゆらぎであり、それに対する職員のスーパーヴィジョンである。そのなかで、借り物でない〈自分のことば〉を大切にしようとする学生の力が発現されている。

第3節　自分との出会い――社会的諸関係のなかの自分

私は今まで自己理解というのは自分でできていると思っていたんです。何か悩んだときは自分で考え乗り越えてくることをしてきたからです。でも、気づいたんです。自己理解というのは、人との関係のなかで気づかされることもあるのですね。関係形成の意味はそういうところにもあるということが分かりました」「人間が成長していくには（略）ベクトルが進んだり戻ったりと、行きつ戻りつしながら、少しずつゴールに向かって進んでいけばいいのではないか……行きつ戻りつしているうちにベクトルが太くなる……そう考えられるようになったことで、自分自身を受け入れられるようになりました」。

これらは、事後教育のなかでの学生の言葉である。

現場実習のなかで自己理解を深めることは、学生の変容にとって大きな意味をもつが、その契機にはいくつかの側面がある。

一つは、関係形成における自分のかかわりの特徴を知ることであり、また、自分のありのままの感情から気づきを得ることである。

二つには、自分の価値観やこだわりに目を向け、吟味することである。

三つには、自分の「できたところ」「いいところ」を見つめるとともに、自分の限界を見つめることである。

四つには、他者の生活の歴史に出会うことで自分自身の歴史を振り返り、意味づけ直すということである。

これらを通して、自分を活用する方法に気づくことが、学生の変容につながっていく。

1 他者性と無力感

豊川（仮名）さんは、おとなしく控えめな印象の学生である。一生懸命に取り組もうという気持ちをたくさんもっており、その分、自分をみつめる姿勢も強い学生であった。高齢児童の多い児童福祉施設で実習するなか、強烈な印象に残った次のようなかかわりを体験している。

私は実習前、私とそう変わらない年齢の人たちが生活しているから、友達のように彼らとかかわれたらいいと思っていた。境遇の違いや、実習生としての立場の違いはあるが、上下関係でなくいたいと思った。しかし、実際に実習を始めてみると、自分で思うより難しいものであることに気づいた。C君とのやりとりは、もっともそれを強烈に私に感じさせた体験であった。C君は、中卒で社会に出て働いたが、大人の社会で揉まれ、大変な苦労をしている少年である。家庭のないこと、中卒であること等でそういった苦労にさらされていったらしい。転職を繰り返し、その度に社会の厳しさに出会い、世間や人間に対して不信感を強くもっていたようであった。

私が彼と出会ったとき、彼はとても不安定な状態であり、独り言のように誰かれとなく自分の辛い話などを脈絡なく訴えていた。「自分の将来は親や学歴がないからダメだ」と言ったり、仕事をしている人をみて「絶対あんな奴には負けない、将来は背広を着てデスクワークをするんだ」と言ったりしていた。（中略）彼は人に話を聞いてもらうことを求め、私にも話をしてくれたが、私にとってその話を聞くことは大変なことであった。彼の今までの人生の辛い話や不満などにうなづいて聞いていると、「オレのことはアンタには分からない」「オレの話はそうやって笑っていつも受け流されるんだ」と返され、彼はどんどん悲観的な方へ考えを進めてしまう。逆に、彼の考えが極端すぎるように感じられ、それを伝えたりすると、「アンタは親も学歴もあるからそういっていられる」と返されてしまう。「アンタは女だからいいよ。結婚すれば働かなくていいから」と言われることも多かった。彼にどう対応していいか分からず、自分の無力さを感じるばかりになり、彼から逃げ出したくなってしまった。

私は彼の言うように、親もあり大学生でもあり女である。そして彼は、最初から私を住む世界の違う人として置き、自分とのあいだに線を引いていた。（中略）今の私のままでは彼と話すことが出来ないのか、同じ苦労や経験をするしかないのか、とさえ思った。（中略）そして結論は、私は彼とは同じにはなれないということだった。（中略）たとえ、どんなに境遇が似ていても、仲が良くても、その人と同じにはなれないのではないかとも思う。むしろ、同じ体験をすればその人と同じ立場になれるとか仲間になれるといった考えはおごりであると思った。（中略）違う人間同士で共感したりお互いの苦しみや痛みを分かったりするということはどういうことだろうか。人との違いを受け入れられるような人になりたいと思う。

2　境界線のない生命

豊川さんの事後教育は、自分と他者との距離について受けとめ考える機会となることを願っていた。実習のふり返りの面接のなかでは、関係形成をはかるものさしには、実際的なかかわりの中身だけでなく、自分の心のなかに相手がどのように位置づいているのか、というものさしが大切であることについて、意見交換をした。

私の気持ちがあなたには分かるのか……このようなやりとりを、現場の職員は何らかの形で体験することが多い。このことばは利用者と援助者との関係形成の転機やチャンスとみることができるが、初めて投げかけられたときの動揺は大きいものである。豊川さんは、「自分の無力さ」を感じ「逃げ出したくなった」と表現している。逃げ出さずにその場にいる、あるいは、「分からない」ことを認めたうえで、それでも「分かりたい」「分かろうとしている」ことを伝えるということもある。さらに、その言葉を発するほどの固有の苦しさに想いを巡らす、ということもある。どのような身の振る舞いをするにせよ、逃げ出さない限り、その場の空気をしっかり吸い、自分の身体のなかにきっちりとおさめることとは、事実としてできることとであろう。

「人との違いを受け入れられる人になりたい」という豊川さんのことばにあるように、このやりとりには他者性を強く意識させられる。筆者も、似たような場面を体験してきたが、そのときの緊迫感とともに、自分自身をえぐられるような感覚をもったことを記憶している。

何をえぐりだされるように感じたのか。それは、援助者（自分）のなかにある社会性、ことばを換えれば、社会的諸関係のなかの位置である。上下関係にならないように心がけたり、どんなに対等であろうとしても、このような場面が回避されるわけではない。社会福祉が個人にとっては生活問題の解決に寄与するものであると同時に、社会にとっては体制の維持や補完という歴史性を有してきたなかで、援助者自身が権力の一端あるいは末端であるという存在基盤からは自由ではない。だからこそ、社会的諸関係のどこに自分が位置しているのか、そのことへの自覚が問われてくる。

さらに、現場で出会う利用者の生活世界と自分自身の生活世界の結節点と距離をどう認識するのか、境界線のない生命として社会にどう自分を開いていくのか、が問われる場面でもある。どのように傍目には差異のある日常世界を生きていようと生命に境界線はないと思い至るとき、しかし一方で、自分の足で誰かを踏み、そのうえに自分の幸せがあるのではないかと思い至る。「おれの気持ちが分かるのか」。この問いは、社会的諸関係のなかで現代を自分がどう生きようとするのか、という現場からの創造的な、壮大な問いである。現場実習でのかかわりは、この問いを考え始めるひとつの入口を与えてくれる。

第4節　社会との出会い――生きることへの視座

現場実習のなかでは、利用者の生活の歴史の一端に遭遇することにより、学生の心はさまざまに動かされる。それは、さりげない利用者とのやりとりや生活史を語る利用者のことばからであったり、ケース会議やケース記録にふれる機会からであったりする。学生は、壮絶な人生を生き抜いてきた強さに対する感銘や感動のことばを表現することが多い。あるいは、「自分がいかに幸せな家庭生活や人生を送ってきたかに気づいた」といった自分の幸せ観の取り戻しを表現することも多い。そこでは、他者との差異を自覚することで自己のアイデンティティの保全が図られている。しかしより詳細にみると、そこに生起する心の動きにはいくつかの異なる側面があることが分かる。

1　苦しみの個別性――質でも量でもない「私の」苦しみ

角田さんは、女性の自立について考えたいという思いから、婦人保護施設での実習を選択する。天真爛漫で人当たりが柔らかい印象を受け、さりげないことばを上手にかけることのできる学生である。実習でのひとりの女性との出会いからさまざまなインパクトを与えられており、現在も、そのことを考え続けている。

実習の振り返りをする授業のある日。角田さんは、とても衝撃的であったというひとりの女性との出会いについて語った。「自分の父親であり祖父である男性が妊娠中の子どもの父親である……そんな女性に出会いました」。教室にいた学生たちは、母・娘の二世代にわたる父（祖父）からの強姦であるということにはなかなか理解が及ばず、隣同士で話をする姿が見受けられた。自分よりも若い女性が、そのような現実のなかで母となっていく事実。角田さん自身、Dさんとの出会いは深く心に刻まれ、実習ノートにも随所に登場する。

職員の連絡会に参加し、初めてDさんの妊娠の背景を知った日の実習ノートには、このような記述がみられた。

○○（施設名）にいる人たちは、皆それぞれつらさを抱えていると思う。私は今まで利用者の方々を、どれだけつらい大変な過去だったかという大変さの競争を自分のなかでして、利用者の方々を見ていたと思う。しかし利用者の方々それぞれつらい過去があり、それをはかりで計ることはできず、そのつらさはその人の心のなかだけにある。私がつらさ比べをするものではないし、できるものではないと思った。

Dさんの歴史を目の当たりにした際のことを、「自分にとっての当たり前のことが他の人にとっては当たり前でないことが信じられなかった」と、とてもショックであったと角田さんは綴っている。そして質でも量でもなく、その人にとっての苦しみはその人にとって最大の苦しみであるということに気づき始める。

福祉の利用にあたっては、利用者の生活課題がどこにあるのかを把握し、利用の優先度や適合性を援助者が判定する段階がある。しかしながら、その過程で利用者から〈言葉となって話されること〉と〈話されない（離されない）こと〉がある。自分のなかから離すことはできない思いのなかに、質でも量でもない「私の苦しみ」がある。判定という社会的行為は、ともするとその苦しみを裁断する危険性とつねに表裏一体にある。〈苦しみの個別性〉というものさしは、個人の歴史の連続性と全体性を社会的に保障するものさしでもある。

2　非選択的出来事を人生に意味づける力

角田さんは、自分の人生のなかでDさんは忘れられない人、大好きな人だという。「Dさんのどんなところが魅力的？」とたずねると「強いところ」という。このように、人生を生き抜いてきた強さは多くの人びとの心を動かす。そこには、どのような力があるのだろうか。

人生のなかで非選択的な出来事に遭遇することは誰でも避けられない。問題によっては解決することはできるが、その事実を消し去ることはできない。社会福祉の現場で出会う人びとの多くは、そのような非選択的な出来事と連れ添いながら生きている。そして、それらを人生のなかに意味あるものとして、言い換えれば、選択的な出来事として位置づけていく力を内包している。そのことからは、選択と非選択の分岐はきわめて曖昧であり、実際には当事者と社会の双方によって主観的な意味付与がなされているものであることが分かる。たとえばDさんのように、非婚で妊娠・出産した場合、「あなたの選択かそうでないか」を詮索する周囲のまなざしが存在する。選択と非選択という二項図式のなかで、その人に対する社会のまなざしが形成されるのである。しかし利用者の歴史からは、生の営みはそのような二項図式では捉えきれないグラデュエーションであることを教えられる。

3　生きることへの視座――自立とは何か

「自立ってどういうことだと思う?」という授業での筆者の問いかけに、しばらくたってから、「はい！」と勢いよく手をあげた学生がいた。角田さんであった。「何を使ってでも生きていくことだと思います」。このことも、Dさんから教えられたことのひとつである。「何を使ってでもの〈何〉はどういうこと?」と問うと、「制度とか人を頼ること……すべてを含んでいます。生きていること、そのものが自立の姿だと思います」という答えが返ってきた。いつもより自信をもって答えた姿が印象的であった。角田さんが言いたかったことの根底に、生きていること、そのものへの畏敬の念が感じとられた場面である。Dさんとの出会いを経ての実感なのであろう。

社会福祉の変遷のなかで、現代では「社会福祉の支援＝自立支援」という捉え方が広まり、定着してきている。自立が意味するところは深く議論されないまま、あるいは、領域ごとでの暗黙の了解のなか、「自立した生活」が支援の到達目標として位置づいている傾向もある。かつて、「要保護者」を「貧困」「非貧困」という指標で識別してきたものさしを、「自立」「非自立」というものさしに変えたかのようにもみえる。筆者の経験では、多くの学生が、実習を体験するまではこの自立の内実について自分に問かける機会をもっていない。「授業で多少学んだ気もするけど、そんなに考える必要もなかった」という。しかし、実習でさまざまな生活を目の当たりにし、経済的自立だけが自立の指標ではないのではないかという問いにぶつかり、人が生きることへの視座を模索し始めるのである。

角田さんは、その後、「女性の哀しみ」をテーマとして卒業論文の執筆にとりかかっている。〈悲しみ〉と〈哀しみ〉は異なるものではないかという問題意識から出発し、悲しみという事象が積み重なり重層性を帯びて存立しているものが〈哀しみ〉なのではないか、と自分なりに定義し、社会福祉は人間の哀しみをどう扱ってきたのかを考えたいという。さらに、社会福祉が女性の哀しみをどう構築してきたのか、という〈哀しみの社会性〉という視座から、自立とは何かを模索している。

このように、現場実習において他者の生活の一端に出会うことは、学生の感情をゆさぶるプロセスをもたらし、現実感覚から社会に向き合う契機となっている。そして、能動的な学びへの意欲が考える力を促進し、社会的な提言を創造する可能性につながるといえるだろう。

第5節　二項対立を越える人間存在への発信

1　「えらいわねえ」という社会のまなざし

「えらいわねえ……」、社会福祉に何らかの形で携わっている者に投げかけられるこの言葉は、個人的な発語であると同時に、きわめて社会的文脈をもった発語である。敬意や賞賛ともとれると同時に、対象の差異化の実践ともとれる。(3) そこには、個人と社会福祉をめぐるいくつかの関係性が含意されている。

第一に、「知らなくても生きていけるのにえらいわね」というかかわりの断絶である。あえて他者の生活世界を知ろうとしなくても、個人の日常世界は成立する。実習を通して社会的現実に直面した学生は、こう言う。「知らないでも生きていけること自体がこわいと思いました」と。

第二に、「自分に向き合うのは大変」という自分の葛藤からの回避である。たとえば、路上で生活する人びとの人権を大切にしなければと思考する自分の頭と、「汚い」と感じる自分の心。アンビヴァレントな自分自身にかかわることへの断絶である。

第三に、「仲良くしましょう」という関係形成の義務感である。そこには、仲良くかかわるべき、という一方的な関係性が想定されている。

第四に、「三K」「暗い」「大変」といった社会福祉に付与された社会的イメージである。それは、マイノリティへのまなざしとして、周縁化された生活現実に向けられている。

第五に、「見ちゃだめよ」という言葉に示される嫌悪・恐れである。たとえば、親がわが子に路上で暮らす人を「見ちゃだめよ」と言い放つとき、〈見ない〉という行為により一線をひき、何かを防衛する。その奥底には、自分も紙一重の存在にあることに対する無意識的な拒絶や否定がある。〈見る〉ことの回避は、社会的排除へと連なっていく。

第六に、「やりたいけどできない」という葛藤である。社会的諸関係を同質性のあるものに限定することによる安定感は、一方では息苦しさもともなっている。そこで異質性へ接迫したい思いにかられながらも、抑制をかける自分への葛藤が生じる。

これらは、総体として、社会福祉なるものへの社会的なまなざしであることが分かる。

2 学生の変容からみた現場の力

教科書や模範解答はない。ましてや設問もない。自分で設問を作り、自分の解を求めていく。科目名は生命・人間・社会。それが社会福祉現場実習のベースである。社会福祉の現場が「三K」のひとつとされたり、「えらいわねえ」という特別なまなざしを向けられたりする場であるにもかかわらず、多くの学生が実習体験を「自分の宝物」と感じるのはなぜだろうか。

学生の動機はさまざまである。それぞれの生活世界から、社会福祉の現場に出向いていく。そして、「関係形成」を軸として、自分とは異なる生活世界に足を踏み入れる。そこで、さまざまな出来事にぶつかり、現実を知る。現実とは何か。社会福祉の生活世界はひとつの鏡となって、自分自身を照射し、社会そのものを映し出していく。自分・他者・社会、その不可分さという自明の事実こそが現実である。そこで織りなされる体験はさまざまである。利用者や職員の温かい言葉に励まされたり、生活を楽しみ創りだす術を学んだり、実習を離れても利用者のことを想っている自分に気づいたりすることもある。あるいは、かかわりのしんどさや自分の無力さに気づき、悩むこともある。ある意味では、自分自身に内在する「えらいわねえ」ということばに体現される意識と対峙し、葛藤し、試行錯誤する。

社会福祉の現場、とくに実習先の多くを占める施設は生活の場である。現時点では、大半が利用者の好むと好まざるとにかかわらず、実習生という第三者が生活の場に入ってくるシステムになっている。それにもかかわらず、他者を受け入れる懐の深さが、そこに生きる人びとと織りなす暮しにある。一方で、おしきせの儀礼的な仲良しごっこを拒む率直さがある。そして、「普通」「常識」「当たり前」なるものを問い返す磁場がそこにある。一人ひとりの生命は、いまここに生きているということにおいてかけがえがないこと、それぞれの生のありようは多様であり、一つひとつがありのままに尊重されるべきことはいうまでもない。近代社会の進歩は、「人間存在は多様である」ことを価値あるテーゼとし、多様性を尊重することが要請されるようになってきた。しかし一方で、それもひとつの社会の戦略であるという見方もできる。

すなわち、「多様であっていい」「いろいろある」ということは実に簡単なことだからだ。人間の多様性を形式上容認することにより、しっかりと自分の砦を守り、他者性の尊重という名のもとで無意識のうちに自分自身が内包する差別感や偏見と向き合うことを放棄することができるのである。そしてそのことは、自分自身の変容の可能性、他者との関係の変容の可能性、社会の変容の可能性を閉ざしてしまうことになる。社会福祉現場実習では、そのことに対峙するさまざまな関係形成や場面を体験する。そのなかで、自分自身の存在の社会性や時代の奥行きに目を向ける契機を与えられる。

「健常 対 障害」「若さ 対 老い」「幸せな家族 対 不幸な家族」……あらゆる二分法がとりまくなかで、「えらいわね」というまなざしが息づく社会。いろいろな生のあり方がある、と過剰かつ安易に強調することでは、二分法により成立する一般化された社会的カテゴリーから自由になれない。(4) 社会福祉の現場には、カテゴリー化の実践に抗し、二項対立を越えようとする人間存在への発信が存在し、それゆえに自分のなかの世間・普通・常識が問われる。(5) だからこそ学生は葛藤を体験し、また、そのことを考え続けるエネルギーを与えられてくる。この大きな難題は、すぐに答えが見出せるものではない。自分・他者・社会を囲っている自分自身の枠組みを解体しなければ創造できない解でもあり、だからこそ、かかわり続け、考え続け、創り続けていくのであろう。その人間的営為に向けられるエネルギーが生み出される磁場が、現場である。磁場には、人間が一方的に裁断されることに抗する磁力がはたらいている。磁力は、一人ひとりの人間の歴史の連続性と全体性を、繋がりのなかで織りなす力を保持している。

二項対立を越えようとする人間存在への発信には、常に人間を裁断している自己への自覚が必須である。そこには、裁断する痛みとともに、裁断を越えようとする意志が存在する。その意志が存在しない場を、現場とは呼ばない。

「私の実習はまだ終わっていない」……実習総括レポートの完成時に、こう言葉にする学生がいる。まさに、現場の力である。

第10章

「変幻自在なシンフォニー・共同体という現場の共同体験」
――出会い、変幻自在さ、創造性、そして信じる力

すずしろメンタルヘルスサービス
川上　高弘

はじめに

すずしろコミュニティは二〇〇〇年に二十周年を祝った。一九八〇年七月に産声をあげたときには、まだ現在のような補助金のシステムはなかった。当時七十二歳だった家族会会長の思いから「すずしろ作業所」は始まる。初めの十年はコツコツと工賃仕事をするおとなしい作業所だった。現在は、ＪＨＳ（日本ヒューマン・サポート・ネットワーク）すずしろメンタルヘルスサービス（精神保健福祉の市民活動グループ）が運営している形となっている。

いわゆる作業所とよばれてきた活動、行政から補助金を受けて運営されている五つの施設を中心

に、精神障害を体験する方々とともに、いろいろなサバイバル活動を行なっている。いわば発展途上共同体だ。このグループ全体を「すずしろコミュニティ」と呼んでいる。

一番古い施設がワーク・オフィス、そして行政から借りていた建物から立ち退かねばならなかった一九九四年に、ステーション・オフィス（思春期フリースクールのような活動を展開）とラウンジ・フォース（ショットバー形式のお店）ができて、ついで翌年、カフェテラス・ラタン（女性中心のリラクゼーション・ルーム）とフリースペースα（後にフリースタジオαとなり、仕事をしたい、でも雇われたくない人の拠点となる）がオープン。その後、ラウンジ・フォースが独立し、ソーシャル・ハウス（すずしろグループの交流センター＝生活支援センターのようなもの）が生まれる。

私がすずしろコミュニティとかかわりはじめたのは、一九八七年十二月。大学卒業後、ヨーロッパの修道院へ留学し、帰国してから、ある自然療法を行なうホスピスのようなところで修行していたときのことである。西洋医学に見放された患者さんと接するなかで私が再認識したのは、「心のケア」の重要さだった。

「死」を眼前にした患者さんの肉体的な痛みを和らげることも大切だが、それ以上に患者さんや家族の方が抱える精神的な悩みをフォローすることの必要性を痛切に感じた。しかし、そのとき私は、セラピストとしても相談者としても、人間的にまだ未熟であることを自覚せざるを得なかった。私が成長するために必要なのは、さまざまな体験ではないかと考えた。ちょうど、そんな時期にすずしろコミュニティと出会った。実際の仕事内容など何も知らなかったが、だからこそ、未知の体験を通して私が得られるものも多いはずだと考えた。勉強のつもりで手伝いはじめたが、しだいに深みにはまっていった。あっというまの十四年……。

十年ひと昔というが、この十年、コミュニティが（つまり参加者一人ひとりとグループ全体が）ずいぶん大人に成長してきたなーとつくづく感じる。とくにこの五年というもの、コミュニティは、確実に変化しているような気がする。もちろん変幻自在の自由さを駆使して、そのときどきの必要に応じて展開してきた活動だということは、今も昔も変わらない。毎日いろいろなことがあり、スリルとサスペンスの連続でもあるのに、以前よりもずっと落ち着いてきたし、参加している皆が、自分のグループとしてコミュニティそのもののことを（つまり自分のことだけではなくて、お互いのことを）とても大切に考えることが日常のなかで自然に行なわれるようになってきている（まだまだ、それに乗れない人もいるのだが……）。

何気ない毎日の生活のなかで、普段は見えない心の動きが見えてくる。心が響いてきて、コミュニケーションがとれる。自分が役に立てることもうれしいし、協力し合うというコミュニケーションはお互いに元気が出てくる。じつはこの小さなグループにとって大切なことは、コミュニティにかかわる一人ひとりが、自分の人生を生き生きと個性豊かに、自由自在に、楽しく生き抜くことなのだ。病気や障害のあるなしはここでは全く関係ない。否、むしろ豊かな人生と心豊かなコミュニティにとって、その体験（病気や障害の体験）は、お互いの成長のために必要不可欠な「共同体験」に変化してゆく。まさにそれはさまざまな人生の「鏡」だからだ。

何はともあれ、コミュニティでは、のびのび生きるための智恵と力、生きる力を養い育てることが一番だと考えている。そしてそれにはグループ一人ひとりの力、共同体の力がとても大切なのだ。お互いの違いを乗り越えてお互いを信じる力を育て、お互いの違いを分かち合いながら共存していく……。コミュニティにおいては、すべては出会いの道具である。とりわけスタッフは、「存在」をかけて、出会いのコミュニケーションの生きた道具となっている。なーんだ、そんなことかと言われそうな、あたりまえのことなのだが、この業界（精神保健福祉業界）では、いまひとつ分かってもらえないような気がしてならない。

現在のすずしろコミュニティは、業界人になりきって、特定のサービスしか担えないような、そんなグループになるつもりはない。むしろ生活協同組合のような、参加する人が相互に支援し合えるような環境を創りたいと願っている。そして生きる力をつけながら、自分が生きたい生きかたをするために、自由自在に自分のためになるように、いわゆる業界の専門家と呼ばれる人が提供するサービスを存分に使いこなせるような、そんな生命力あふれる智恵と力を身につけていきたい。そしてそれが、自分たち自身のケアだと思っている。二十一世紀におけるすずしろコミュニティの課題は、ひとことでいえばサバイバル。生きる力を甦《よみがえ》らせること。人生の荒波を楽しく航海する力を養うこと……。

そしてそれが出来るためにはいろいろなコツがあるのだと思う。それは、ありのままに「違い」と出会えることであり、人としてちゃんと出会うことであり、いろいろな視点をもった変幻自在さ、そしてそのなかから生まれる創造性……。違いを大切にしてこそ、自分を信じる力（生命力を信じる力）も生まれよう。そのコツをマスターし生かすためには、ヒューマン（サポート）ネットワークのコミュニティ（共同体）が不可欠なのだと考える。まだまだ未熟で、成長を続けているところではあるが、以下の節でいろいろな出来事を率直にながめながら、コミュニティの姿を反芻し、どうしてこのようなグループに成長し始めているのか、考えてみたいと思う。

第1節　二十年目の気づき

1　「出会いの道具は、ショットバー」

さて、話を十周年に戻そうと思う。ことはそこから始まったのだから。すずしろコミュニティのショットバー「ラウンジ・フォース」は、全国初の夜開く作業所だった。夕方から集まる常連メンバーたちは、今でも変わらない。玄米自然食の夕食に舌鼓をうち、体にしみいる自然回帰水とカクテルなどのドリンクのグラスを片手に話に花が咲いている。毎日あるピアノの生演奏や時おり行なわれるサロンコンサートに、思い思いの優雅な時間を過ごしたりしている。ときにはいろいろな相談が始まったりもする。

十五周年前後の頃だったか、あるメンバーが自分のお店に主治医を連れて来てくれたときのことである。

初めのうちは、

「おまえ薬を飲んでるんだから、アルコールは気をつけろよ……」

（そりゃそうだ、主治医が薬を処方してるんだから、心配だろう）とか、

「最近は眠れてるのか？」

「うん、眠れないときはここ来るから……」

「ん〜。　？？？」

「元気だから大丈夫！」

「作業所ちゃんと行ってるのか？」

「大丈夫ちゃんと行ってる」

（毎日ラウンジ・フォースに来ているから、そりゃまあ本当だ）

「仕事はどうだ、大丈夫か？」

「もちろん！」

（遠くの席で、「あんたは仕事どうなんだ」と、メンバーの独語。まったくだと、ついうなずく……）

と何だかんだ、まるで診療室の会話のようなものが続く。しかし、さすがにショットバーの雰囲気とアルコールの相乗効果か、しだいに会話は普通になって、結構話が弾んでいく。診察室では味わえない会話。カウンターで飲んでいるうちに、病院での「医師と患者」の関係ではなく、文字どおり横並びの関係で付き合いができていく。酔うにつれ、

「医者だって気苦労が多いんだぞ、経営者に気を使うし……看護婦に気を使うし……」

「みんな診察でいつも同じことばかり言うし……」

(同じこと聞くからだと思うけど……)

「一日に何人見るか知ってるか～?」

といった生の人間性をさらけだす。それに応じて、

「先生も大変なんだね、それでいつも二、三分しか話聞いてくれないのか……」

と、メンバーがやり返す。

でも、あるメンバーは、主治医が見せた人間性に触れることで、いままで以上に親近感をもって話せるようになったという。またある主治医は、普通に暮らしている生のメンバーを見ることで、「患者」以外の側面を知ったという。

このような経験からたくさんのことを学んだ。とくに「人は出会う相手との出会い方によって、自分を表現し、自分の存在を実存させる」のだという体験は、その後のコミュニケーション・システムを活用するコミュニティ活動の土台となっていく(コミュニケーション・システムとは、「べテルの家」の向谷地氏の表現。リハビリテーション・システムに対比させて用いていることば)。

「いわゆるリハビリテーションが〈何らかの障害を抱えた人の生活全体に着眼し、全人間的な復権、回復をその理念とする〉のに対して、コミュニケーションに基礎を置く活動においては、〈人と人との関係性の創造や、それ(出会い)を可能とする場、空間、社会を新たに形成していくこ

と〉となる」。

まずは、ちゃんと出会わないかぎり、コミュニティは成り立たない。ケアも成り立たない。ありのままの出会いを実現しないと、建て前だけの関係性、やらせのようなかかわり、マニュアル的な出会いだけでは、なかなか本当の交流は築いていけない。もちろん、このときの「出会い」とは自分自身との出会い、眼の前の人との出会い、共同体との出会いなど、全部を含んだ意味である。ちゃんと出会うというのは、結構大変なことなのだ。

しかし、自分自身との出会いも含めて、ありのままの自分で「出会い」を実現していかないかぎり、本当のところは表われてこない。いろいろな現象、状況、出来事とどのように出会い、どのように対峙してゆくかは、自分次第だ。そもそもソーシャルワークとは、この社会を変幻自在に、誰もが生きやすい社会（人と人との出会いや関係性）に変え、創造していく仕事にほかならない。これはコミュニティの基本でもある。ありのままに出会える環境づくりがまずは大切なのである。そしてそれは意外と難しい。そこで、先ほどの「人は出会う相手との出会い方によって、自分を表現し、自分の存在を実存させる」という体験が生きてくる。

2　「ありのままの出会いのむずかしさ」

人の出会いとは不思議なものだ。人は出会う相手によって自分を表わす、と先に述べた。極端にいえば、「自分という存在を、相手に合わせて実存させるような存在である」ということをショットバーのカウンターで、毎晩毎晩のさりげない出会いのなかで、グラスを傾けながら学んだ。だからこそ格好をつけないで、さりげなく自然体で出会うほうがよいだろうと思う。ありのまま出会おうとして努力したとたんにぎくしゃく。最初は、格好をつける、信じない……自分のことをうまくいえない……どきどきする。分かってもらえるのだろうかと不安になる。お互いに、どこまで言って大丈夫なのか、おそるおそる確かめる。だんだんに慣れてきたら慣れてきたで、わがままが出る。自然体とわがまま、ありのままとわがままをごっちゃにしてしまうこともある。でも、これも自然なことだと思う。人はだんだんに経験をつみ、成長してバランスがとれてくる。

こんなふうにして日常が過ぎてゆく。ありのままのつき合いだから、家族のなかにいるようにわがままも出てくる。自由と勝手のちがいが分からない人、思い通りにならなくてむかつく人……など十人十色。そもそもいろいろな気持ちをもって参加しはじめるのが通例だ。「作業所に通うようになったら退院させるから」と言われて仕方なくとか、「もし、薬を止めたときは」あるいは「作業所に行かなくなったときは、独房（保護室の意）に入れるぞ」と医者に言われて（と本人は言う）仕方なくとか、「おまえなんかどうせどこにも行くところがないんだから」と家族に説得されてとか、とにかく初めてくる人の「きっかけ」はひどいものだ。人生の落伍者？　よろしく意気消沈して無気力でやってくる人も結構いる。なかにはつわものもいて、いろいろなところを経験し、どこでも同じようなもの、人生なんてこんなもの……と投げてしまっている。

だから、「自分を成長させたいから」などというのを聞こうものなら、拍手喝采（もちろん、先生やワーカーさんを喜ばせるコツを心得ている、ちゃっかりヨイショ組もいるから、うかつには喜べないが)。何年かたって、まんざらここにいるのも悪くないと思い、自分が生きているのも悪くないと思い、目が輝きを取り戻すまでに、いろいろな出会いがあり、いろいろなことが起こるのだ。コミュニティに参加する人は、皆同じような体験を大なり小なりする。とくに現場でスタッフの役割を担う人にとっても同様である。自分のあり方を問われる体験は毎日のこと。ケアということについて意識し、勉強する分、本当に鍛えられる。

そう、こんなことがあった。家族に見放され、養護施設で育ったA子さんの話である。

彼女は調子を崩し、養護施設にいる間に、精神科に診てもらうようになった。十八歳になって、めでたく施設から出て独り立ち……なんて、そんなに簡単にできるものじゃない。すずしろコミュニティのグループホーム（補助金などもらわずに自主運営）に来ることになった。銀行はうまく使えず、食事もうまく作れないなど、いろいろな問題は抱えているものの、それはなんて事はない。何とかなるものだと経験上は思う。問題は、本人の希望で来ているわけではないということだ。あるいは、まだ自覚はないということ。養護施設を出るにあたって、親と連絡をとると、この先一切かかわりたくないと親は言う！　有名大学の先生をしているというのに何を考えているのだろう。何も彼女は悪いことをしていないのに！　そして、誰がみてもそっくりな親子なのに、自分の生んだ子ではないから、苗字も使わないでくれ、変えてくれと、むちゃくちゃを言う。それを聞いて、養護施設の職員といっしょになって腹を立てた。

　養護施設と養護学校を卒業し、生活保護を受けはじめ、住まいも変わった。すっかり生活が変わって、初めのうちは緊張も多く、なんだか硬い毎日だったのが、しばらくして少しは慣れてきて、いろいろな希望を言いはじめていた。ちょうど、だんだんに生活が慣れはじめてきた頃を見計らったかのように、いろいろな問題も起きてきていた。

　特定のスタッフを脅すのだ。まるで、どこまで自分のわがままを許してくれるのか試すかのように、包丁を持って「殺す！」と叫ぶ（別の人が現れた気配を察して包丁を隠したりする動作で、案外まわりを気にしているなーと感じる）。自分の思い通りにならないとイライラ。自分勝手なのは、まるで親と同じ行動にみえる。

　そんなところへ、親からのひどい手紙が届いた。さっそく、病院でケース会議がもたれた。

　病院の先生はやさしい先生だ。

「本人が傷つくし、今はかわいそうだから見せないことにしましょう。これ以上イライラをコントロールできないときは、入院……」と言う。

　病院のソーシャルワーカーは、

「もっと状況を確かめましょう。本人の気持ちを確かめましょう」と言う。

　福祉事務所のケースワーカーは、

「人を傷つけますか。危険ですか。自殺は？　……」などとたずねる。

結局、本人への離縁状のようなその手紙は見せないことになった。しかも、安全のために入院の方向が決まった。自分としては、現実ときちんと出会わせたほうが良いのではないかと思わないでもなかったが、これ以上イライラして、またグループの皆を驚かせるような行動があると面倒だなーなどと、思い巡らした。だから、「そのままほっといても大丈夫！」とは言えなかった。先生の御意のままにという気持ちだった。

本人は次の外来のときに説得？された。きっと皆の気持ちを察したのだろう。「イライラして自分が悪かった。少し落ち着きたいので、入院します」と語る。一カ月半で戻ってから、しばらくはおとなしかった。もちろんこのような対処療法では、何も根本解決はされていない。むしろ、ありのままにちゃんと出会えなくなる。薬が増えただけだし……。

第一、信じる気持ちはお互いに少し遠のく。そんなことを思っていた矢先、また、である。まるで、このグループがどこまで自分をかばい、自分を守ってくれるか、受け止めてくれるか、どこまでわがままが言えるのかを確かめるかのように、同じような問題行動が起こる……。例の関係者たちが集まったら「処遇困難」と簡単に言いそうだ。こんどこそ出会いの道具にならないだろうか、などと考えながら、思いを巡らせる。

スタッフたちも思い思いに心をくだく。ひとりのスタッフは、自分の対応がまずいのではないか、と自分の力のなさに思いを馳せる。別のスタッフは、グループに入る以前の問題だといって、個別のケアを主張する。別のスタッフは、ありのままをグループの力に任せようという。また別のスタッフは、しばらくはまきこまれずにほっておこうという。私自身は、とまどいながらも（どうも苦手なタイプだから）しばらくのあいだは、適当にじゃれあいながら様子を眺めていることにした。ただ、周りを不安にするような行動はばかだ、ということはそのまま伝えようと思った。自信がついてくると、もう少しはマシな自己主張もできるだろうとも思った。

スタッフはそれぞれ思い思いの対応である。世の中いろいろな人がいる。いろいろな出会いがあることも体験して欲しい。時間をかけて、付き合うしかない。自分の思い通りにならないA子さんは、いつかスタッフやすずしろコミュニティを拒否するかもしれない。あるいは、グループの一員として成長を続けるかもしれない。しかし今、先のことを心配しても始まらない。出来ることをたんたんと続けるのみだ。コミュニティに参加するにあたり、A子さんの一番の問題は、自分から参加している感じがなかなかつかめないことだった。

ありのままの出会い、自然体の出会いは、案外むずかしい。人間、自信がないときほど虚勢を張って、自己防衛する。本来いないはずの敵を作り出してしまう。恐怖があるからだ。自分自身のことも含めて、いったいどう信じてよいのか、なかなか分からない。

3 「人として出会うことのむずかしさ」

日常生活のなかでよく経験することだが、Bさんのお母さんは言う。

「うちの子は、本当にまだまだ子どもで……いつも口うるさく言わないと何にもしないんです！」

させないのはあなたなのだと言いたくもなるのだが、なかなかその一言、初対面では言えなかったりする。

「私たちがしっかりしないと、誰が面倒見てくれるんでしょう。まだまだこの子ひとりではとてもとても、ひとり暮らしなんてできやしない。ねえ、そうでしょ。私がいないと、何もできないんだから……」

と六十歳過ぎたお母さんが、四十歳ちかい子ども?に、真剣に、早く一人前になってほしいと言う。もちろん元気なのはお母さんのほうである。どうやら、面倒を見るのが生きがいなのだ。そして、子どものほうがあまり元気になっては具合が悪い。言われるまま、黙々と子どもの役と障害者や病人の役をやりつづけるやさしい顔と心をもったBさん。

「しょうがないよ。なかなか一人前になれないからなあ……」

「私たちが死んだらどうなるのでしょう。死ぬに死ねないわよねー」

と。よく家族の集まりなどで出る話。親亡きあとはどうするのだと、話のネタになる（でもそのときはそのときで、何とかなるのが普通なのだ。むしろ、残った子はたいがいしっかりするものなのだが、なかなか信じてもらえない。そんなこと言おうものなら、大変な目に合うのがおちかもしれない）。

結局、親が妙にがんばって、張り切って親の役割をやりつづけているのだから、死ぬまで家では子ども、しかも病人の役や障害者の役までこなさなければならないから、けっこう大変だ。まあ、それはそれだが……。

しかし、じつをいえば、援助者も気が付かないうちに親と同じようなことをしているものだ。相手のためになると考え……いろいろと役割をとってしまう。もちろん、いつでも良かれと思って行動しているのは間違いない。しかし無自覚にしてしまっているところが、おそろしい。表面的な（無自覚な）出会いでは、本当はだめなのだ。見えてこない。たぶんなにも解決しない。援助ごっこをお互いにしているようなものなのだ。そもそも病気、障害、子ども、老人などは、人間の本質というより、そのときどきの状態、症状に過ぎないではないか。人は、付き合いの浅い関わりの場合、どうしても、深いレベルの出会いより、表面的に見えていることに目を奪われやすい。

また、習慣的な思い込みやら常識やらでも惑わされてしまうものだと思う。見た目のことに振り回されると、その人そのものと、本当の出会いができなくなってしまう。その人に近い関係だからといって、ちゃんと見えるとも限らない。人は、自分のことは案外見えていない。それに、家族などは距離が近すぎて見えなくなることも多いことを経験する。そうかといって、専門家として客観的に、などと思えば思うほど、病気とか障害とか老いとかいう部分的なものにしか目をとめないから、その人そのものと、深い心の出会いはますます遠のいていく。

たとえば人格障害のような場合も含めて、援助者が自分の不安のために、自己防衛の壁を築いていき、しかも強固な壁にしてしまうと、とたんにその人の全体は見えなくなるのは当然である。ほどよい境界線、相手に応じて自由に動く枠（バウンダリー、収縮自在の細胞膜のように）が必要なのだがなかなか難しい。もちろんこれはお互いさまの問題だと思う。

機能的な役割だけを担う専門家との部分的、限定的な出会いが必要なときもある。しかし、人生を「支配」するほどの出会いではないことを、双方自覚したほうがいい。自分で自分の人生を生きるために「ある」援助だからだ。その場合の援助者は、すばらしいサービスの提供者として自信をもって、質の高いサービスを提供しなければならないし、同時に、誠実な「仕える人」としてのモラルが必要だ。援助を受ける人も、自分が生き生きと生きるためには本当は何が必要かを考えたほうが良いことは言うまでもない。

ところで、すずしろコミュニティに参加を希望する人の多くは、何らかの病気や障害の体験をしている場合も多い。病気や障害をなかったものとして出会うことは不可能である。しかし逆に、病気や障害を中心にして出会うことも不可能であると思う。お互いがお互いを「鏡」として役立てることは先にも述べた。だから病気も障害もよい出会いをもたらす道具になれる。そしてありのままに出会うとは、いろいろなものを含めて、自分という全体と相手という全体に素直に出会うことだ。人は、自分という存在をどのように規定するかによって、どうやら生きるうえでの自由度が違うようなのだ。最近、規制緩和ということばをよく耳にするが、自分を縛るすべてのものからの規制緩和は存外難しい。病気や障害の体験を大切にしながら、そのままそこから解放される……このことはとても大切な視点だと思う。

「自分なんか、どうせ分裂病で一生治らないし、薬を飲みつづけなければならない」と、素直にふてくされていたCさん。「どうせ」というあたりが曲者だ。

「今は、実際には何が苦しいの？」と聞くと、

「別に。元気だし……」

「でも薬がつらいなー」と話しはじめる。

「病院にいけば病人だけど、ここにいるときは、病人やめて普通の人でいいんじゃないの？」

「そうか」と、Cさん。

「むしろ分裂病について皆知らないんだから、貴重な体験を教えられるといいのにねー」

「そんなみっともないことできるかよー」

（そうかそう思ってたのか）

「病気はみっともなくないよ」と言う。

そのうち、何だ何だ?と周りに皆が寄ってきて、待ってましたとばかり、病気や障害論議に花が咲く。皆にとっていい材料ができたなーと内心思いながら。ああだこうだと話は尽きない。出会いのチャンス。自分を素直に語れるときだ。

あるときスタッフのひとりが、Dさんの言いわけを聞いて、怒って言った。

「Dさん、障害、障害ってずいぶんこだわるねー。それってずるいんじゃないの？　障害を理由に、自分の都合だけを押し付けるなんて……そんなに障害を売り物にしないでよ！」

むっとしたDさん、食ってかかる。

「スタッフのくせに、ひどいなー。かばってくれるのがスタッフだろー」

周りで聞いていたメンバーが、

「あまったれー」と笑いながら茶化す。

すると、雰囲気がいきなり和やかムード。別のスタッフが言う。

「むかつく障害　対　あまったれ障害、ま、皆、大なり小なり障害者かー」

別のメンバーは、

「コミュニティ障害者だねー」（笑い）

「なんだ、皆だって障害を売りものにするじゃないか……」とDさん。


これだけ言いあえる関係性ができているともいえる。さりげない会話のなかに、基本的な考え方が出てきておもしろい。目に見える機能的な病気や障害から解放されるのは、ありのままにそれらのハンディを味わいながらも、いろいろな視点をもって、目には見えない自分を縛ってしまうような、また皆がもっているような病気や障害のとらえ方の違いに気づくときである。

よく、当事者グループといわれる会合にでると、やたらと病気や障害を強調する場合がある。まるで自分たちの権利のように。もちろん、片目が義眼である私も、何かの拍子に、話の材料などにうまく利用したりすることもある。しかし、やりすぎはかえって自分を縛るので危険だなーと感じる。どんな人にも、もっともっといろいろな可能性があるのに……それを信じないなんて！
また援助者グループなどでは、いわゆる当事者じゃないからこそ、逆に遠慮しないで付き合えるはずなのに、かえって遠慮がちに、自分たちは縁の下の力持ちと決めこむ。「黒子役」だと決めつける。当事者中心といいつつ……当事者を大切になんていううたい文句が、気づかぬうちに援助者を陰からそっと支える縁の下の力持ちにしかしない。表舞台に立たずに裏で支えれば……と考える。しばしばやらせの世界が繰り広げられる。まわりがお膳立てしておいて、さも本人たちがやったかのように……。勘の良い人はちゃんと気づく。乗せられていることや、じつはとっても差別的なことを。ありがたいと思いつつも（そう思わせてしまう）よく考えると自分はなさけないなーと。内心は自分の力のなさを見せつけられてしまうのだ。

ある年、障害者のための合同運動会に参加したときのことだ。そのときのすずしろグループは総勢三十五人、結構盛り上がっていた。一年も前から走り込みをして準備に余念がなかったE君。そしてボランティア参加（実習生）のFさん。問題の長距離走がはじまった。トラックを一周で、ビリの走者を追い抜かして二周目を爆走する二人。ダントツに速い！　本部からも注目の的だった。何しろ、二人ともがんばった。とくに、皆の応援を受けて気を良くしているFさんの走りっぷりはよかった。それに刺激されて、あとを追うようにEくんがくっついて、最後まで離れなかった。本人の記録も更新した。二人とも大喜びである。すずしろグループは応援席で大喜び。ところが、全員がゴールしてからその事件が起こった（最後の人がゴールしたのはだいぶあとだった）。本部から（本部には、行政の担当者、議員たち、区立施設の担当者、民間施設の担当者など、運動会を無事に終わらせるための軍団が控えている）口々に、

「障害者があんな速いはずはない、変だ」

（たしかに大会新記録だった）

「あれは一体どこのグループだ？」

そのとき私は、本部にいて手伝っていたので、しょうがないから、

「すいません勝っちゃって。すずしろです！　彼ら」と発言。

なんで勝ったのに、ここで謝ってるんだろうと思いながらもペコペコ。健常者のメンバーでボランティアだと分かると、

「何を考えているんだ」

（そりゃ勝とうと思っているさ、と内心で思う）

表彰状を書く担当者が、

「一位をどうするんですか」

「障害者が主人公の運動会なのに、思いやりの手加減を知らんのかね？」

「一位からはずしましょうか？　当事者じゃないし……」

「そうだなー、せっかくの運動会、障害者にハナをもたせないとかわいそうだ」

「なんたって障害者の運動会なんだから……」

「いいじゃない、がんばったんだから」

という人もいたが、さんざん文句を言われ、ボランティアさんには注意をしておくように、ということで終わった。あとで、スタッフやボランティアのFさんにいきさつを話すと、Fさんは開口一番、

「まずかったんですか。だって手を抜くなんて失礼でしょ」

まったくだと思った。この感覚が大切だと思った。それこそ小さな親切、おおきな差別だ。その後しばらくのあいだ、

「弱い立場を思いやる方法が、何か違うねー」

「スポーツは、勝っても負けても、正々堂々。だからすがすがしいのにね」

などと、皆で話の題材となったのは言うまでもない。

第2節　共同体という現場の体験と成長

1　コミュニティでのいろいろな出会い

すずしろコミュニティに来ると、ありのままでよいという。自由でよいという。しかし、自己中心的なありのままや表面的な自由は、そこから解放されない限り、かえって不自由であり、わがま

まとなる。大自然のいのち、存在の源へ向けたありのままや、そこへ向けた自由を見つけた人のもつ、こころの癒しと平和と幸福感とは正反対だ。


若手のG君「ここは自由なんじゃないの?」

スタッフのHさん「自由と勝手きままとは違うよ」

「自然体のありのままでいいんでしょ」

「ありのままとわがままはちがうよ」

よく繰り返される会話。

「働いて稼ぐ場でもないし、リハビリテーションの訓練する場でもないし、憩いと交流の場なんでしょ。ならどうしてダメなのさ?」

(待ってました。チャンス到来!)

「よいところをつくねー、交流って誰と?」

「もちろん友だちさー、ここに来ると皆仲間だから、安心して病気のことしゃべれるし……」

「ああそう。それじゃ、病気じゃない人はダメなの?　仲間じゃないの?」

「ん〜」

「病気の人のほうが、安心して話せるなー」

「なんで?」

「隠さなくていいからさー」

「それは病気の部分の付き合いだねー」

「ん〜。それに自分と合わないタイプなんて友だちじゃないさ」

「じゃ家族は？　同じタイプじゃないの？」

「あれは特別だ。めんどうなだけだ」

「家族は自分で選べないから大変だよね」

「そうなんだ。付き合うの大変なんだ。気を使うし」

「ここにいる皆も、Ｇ君が選んだわけじゃなくて、来たら居た人たちでしょ……いろんな人がいる。でも皆コミュニティ仲間じゃないの？」

「ん〜。家族みたいに我慢しろっていうの？」

「つきあいは自分次第じゃない？」と話はしばらく続く。


家族＝自分で選べない、与えられた人なのだ。思い通りではない。それに比べて、友だち＝自分の選んだ好みの人＝恋人みたいなものだ。しかし、コミュニティはどちらかというと、その意味では「家族」になっていく。地球大家族みたいなものだ。

ありのままになるほど、自然体に戻るほど、すずしろの心と出会い、何かが心に触れる、心に痛みを与える、心をチクチク刺す、心を砕く、心を開く、心を眠りから覚ます……だから……コミュニティのなかに存在するほど（仲間になって、皆との出会いを深めるほど）そうすればするほど、自分の在り方が問われることになる。そしていろいろと見えてくる。そのとき、何かいのちの源のようなものを見出し、信じて自分を委ねる人は、そのままの自分を受け止めながら、どんどん自分がよい方に変わっていくことを受け入れていく。その人には、たくさんの情報、たくさんのおしゃべり、たくさんの相談はいらない。必要なことはただひとつであることに気が付くから……。ちょっとした視点の広がりだ。自分の本当の悩みや不安が、目の前に見えてくるとき。本当は恵みのとき。自分が変われるとき……もっとも根本的な自分の存在が、その在り方が混乱していると、その恐怖から逃れたり、自己防衛したりして、いろいろな反応を起こすものだ。

人と人とのかかわりのなかにおいては、相手の問題だと思うことは、じつはすべて自分自身のあり方の問題であることを体験し、自分自身を精査していく作業をせざるを得なくなる。そのとき、タイミングが悪いと、やたらに自己防衛のかたまりとなって、たてこもりや、あらゆる攻撃を試みたり、自分をごまかしたり、怖がったりしながら、逃げ回る姿が映し出されることがある。これはちょうど、人間の自己免疫疾患と同じようなものだと思う。本来は、体を守るべき免疫力が、目的を取り違えてしまうことから、自爆していくような機能になってしまい、ついに破滅する……。

そこのところをうまく乗り越えてこそ、コミュニケーション障害を乗り越える道を見出すのだと思うのだが、コミュニティにおいては、そのような試行錯誤の体験を、日常のなかであまりにもたくさんできる。だから、逃げだしたくなることもある。もちろんうまく逃げる人はそれはそれで

OKなのだが、なかにはとてつもなく下手な人がいる。本当に、もがく、もがく……。そうなのだ。コミュニティにおけるいろいろな出会いのなかで、最大の出会いは、自分自身のこころの深い部分との出会いなのかもしれない。

2　コミュニティの共同体験

すでに述べたように、障害者として出会う（決めつけた、限定的な出会い）より、人として出会うことのほうが、結果的には、自然な相互援助も可能となる。これは、共同体の日常的な体験である。もちろんお互いに元気が出る。普通、人は、人のためになるのはうれしい。だから自然に元気がでる。ただ一方的な関係というのは、不公平というものだ。

しかし、ときとして一方的なように思える助けが必要なこともある。Ｉさんは、すずしろ作業所として始まった頃から参加し、作業のリーダーシップをとり（もと社長さんだった）、張り切っていた。なにしろ休んだことはほとんどない。「ちかごろの若いもんは、だらしないなー」（昼にならないと起きてこない若い人が結構いるので）とか、「仕事はピチーっとやらんといかん」などと言う。実際、彼は仕事がとてもよく出来るし、二十年間いっしょに仕事をタイアップしている業者の片腕といっても良いくらいだった。しかしである、いまはボケてきた。けっこうトンチンカンになるときもある。なかには、ばかにするけしからん人もいる。そのときは誰かが一喝する。

それより問題は、本人のつらさだ。「なんだか、変だ。自分は間違ったのか。間違わなかったのか」と、そっと教えて欲しいとやってくる。とうとう送り迎えが必要になる。天涯孤独の身である。ずっとそばにいてくれていいのに……。

「自分がいると迷惑ではないか」

と言いだす。迷惑どころか、皆にとってもその存在が大切な人である（もし、本当に迷惑な人だったら、どんな対応になるのだろうと不安になってくるが……）。

「そんなことないよ」と、あまりに元気よく答えると、

「いいな、元気で……」と、くる。

（いかん、元気すぎるとまずいんだ、と）内心、まいったなーと思いつつ、

「ん〜何言ってるの、ずーっといっしょにしてきたじゃない。皆、同じだよ」

と、さりげなく答える。

しかし、現実は厳しい。その後、寝たきり生活になってしまう。どんな出会いを続ければよいのだろう、と悩む。あのマザーテレサのように、にこやかにさりげなくは、なかなかできない。いったい出会いのなかに何をみるのだろうか。やってもらうことはうれしいが、自分の力のなさが情けなくなる。（もちろんこっちだって、自分の力のなさが悔しくなるのだが）さびしいのだ。自分が出来なくて悔しいのだ。そんなとき、表面的に「ケア」の真似事をしたところで、どれほどのことがあろう？　と思う。

それはそれとして、何かできることがえらいのだと思いつづけて人生を送ってきた人のつらさ

は、きっともっと大きい。でも、早くから存在そのもの、家族の一員として、共同体の一員として存在することのほうが大切だという体験をしている人にとっては、それほどでもないかもしれない。こんなことを体験させられるのがコミュニティの生活だ。これがコミュニティにおけるお互いのケアである。

だから、Iさんはこんなことを言う。

「何にも役に立たなくなったけど、皆のために手を合わせて祈ることはできる」

「そうだね。うれしいな。いつも思ってくれる人がいるのは」

汲んでも汲んでもつきることなくコンコンと湧き出してくる井戸とか泉のように、出せば出すほど生きるエネルギーが湧いてくるように、どうすればエンパワーメントというか、力づけとか本当の自信とかにつながるようになるのだろうなー、とよく考える。

手取り足取りでは明らかに逆効果である。行政のやり方はどうもこれになりやすい。社会福祉というと、なんとなく女性っぽいイメージがつきまとう。こまやかに気を使って、母性的に世話をして、等々。その方が仕事した気になる。しかも、共依存的（お互いに甘ったれで、それによって生きること）である。世話する人が目を輝かせて元気で、世話をされる人は目が死んでいるように具合を悪くしていれば、もっとよく世話をしてもらえる……。

しかしこんなことで、大胆でおおづかみな、前向きな自信のようなものが見えてくるのだろうか。そうではなかろう。われわれの仕事は、正面から攻めたり、裏から攻めたり、いろいろある。何度も語るように、どんなことも、たとえば喧嘩、落ち込み、妄想など、どんなトラブルでも、援助（サポート）の絶好のチャンスとなり得る。視点の置き所次第で、コミュニケーションの道具として役に立つ。それなのに、どうもびくびくして、そんなチャンスをよく逃してしまう。これは、スタッフでもメンバーでも皆同じ。

変幻自在、自由奔放、臨機応変、十人十色、とにかくフレキシブル。十人十色が「たいへんだー、重荷だ、負担だ」ではなくて、「こりゃおもしろい！」「いろんな人がいて楽しい」になる。自分の変化（変幻自在）を楽しめること。一人ひとり違う、毎日違う、スリルとサスペンス、わくわくどきどきの生活と実践。生活というものは、本来画一的なものではないのだから、おもしろいのだ。だから、なんでもチャンスだと思う好奇心とプラス思考が大切である。

自分の個性を大切に最大限に生かす。男性であること、女性であること、若いこと、年を取っていること等々、最大限に活用すること。人と同じでないことを楽しむ。だから、コミュニティやそのグループそのものを尊重する。お互いの関係を大切にする。人はさまざまな付き合いのなかで、とりわけ特定の所属するグループのなかで変化していく。またひとりの大きな力より、一人ひとりは小さな力でも、グループの力は大きい。そのはたらきを存分に活用できるようにしたい。

だから喜びと感謝をもって自分自身を常に育てる。なんでも良いから、自分ならではという夢中で打ち込めるものをもって、自分を磨くこと。また、その時その場で自由に創っていく面白さを充分に味わいたい。いろいろなものを創造していくアーチストを目指す。共同体の一人ひとりがそのことを目指し始めると、共同体の力が発揮される。その生活はスパイラル的に深まりと広がりをもつことを経験する。

人は、自分の力で生き始めるのでもなく、自分の力で死ぬのでもない。常に誰かのお陰で生きること死ぬことができる、自分という存在……。つまり、いつでも肝腎なときはちゃんと誰かのお世話になっているということである。気がつかないうちに、やっぱりいつも、お互い様なのだ。生命そのものは、そういうものだ。生活とはそういうものだ。お互い様なのだ。

ある人との出会いは、双方にとって、人生の流れのなかのひとつのポイントである。もちろん人生の全部ではない。今は援助者であっても、援助される側になるときもあろう。今は稼いでいる人かもしれないが、消費するばかりのときもあろう。そのように、時の流れに身をおくとき、どこにポイント、視点をおくか、どのような価値観をもつかが大切になってくると思う。目の前に過ぎ去って行く出来事、出会いのなかに、存在の本質を見ていくことが大切なのに、ついつい、目の前のことばかりがすべてに思えてしまう。

もう一度言うと、いわゆる障害の体験などを含め、出会うすべての人は、自分にとっての鏡なのだという発想（自分のこととして考える）。それから、人は変化する部分とその人そのものの部分があり、いろいろな視点をもつと変幻自在になる。それは、自分そのもの（命というのか、霊的生命力というのか、心というのか）と出会い、ちゃんと体得するほど、つまり自分らしくなるほど、自由に相手にそって、変幻自在にも生きられるようになるということ。それを体験させてくれるのが、コミュニティの生活体験であり、共同体験である。

ベテルの家のあの「幻覚妄想大会」にしてもそうだが、コミュニティの活動において、すべてのものは出会いの貴重な道具となり得る。トラブルなどは最高のチャンスである。コミュニケーション・システムとは、そういう意味で使っている。コミュニティにおいてはそこで出会う一人ひとりが必要な存在なのだと気づく。弱そうに見える人もそうでない人も、どの存在も皆、人として出会い、心から語り合いはじめる。

3　共同体験・あまえ・依存・共依存

■沈　黙

「なぜ○○してくれないのですか」と恨みがましく言う人がいる。また、「なぜ○○なの？」とたずねる。詰問する形の言い方よりは、率直に自分の希望を言う練習をしたほうが良いよと伝える。同じことを「○○して欲しい」と正直に言えば、関係性はだいぶ違ってくる。人は頼まれれば、「そうか」となるが、詰問されると、「だって△△だからねー」と、なぜそうできないのか言い訳をいっぱい考えるハメにおちいるからだ。皆、けっこう臆病で人がいいのだ。だから、お互いにあまりいたずら心を起こしすぎても、あとが大変だ。出会いのチャンスになるにしても、そのへんはバランス感覚、ちょっとした心遣い、人としての品性はほんとうに大切なのだと思う。

ところで最近の相談で多いのが、自信喪失した若者の相談である。携帯などで呼び出しあい、集まっては、おしゃべりする。なにも意味はない。時間をつぶし、少しでも仲間と思える人といたい、本当は友達が欲しい……たくさんたくさん、死ぬほど話をしつづけるのに、寂しさや孤独は増すばかり……。とにかくおしゃべりしまくる！ お互いに友達ごっこをしながら、本音は怖くて語れない。場合によっては、名前も隠したりしながら、本当の自分を決して出さずに。

表面的なお互いの共通点を何とか見出そうと懸命になって、三面記事のような話、人の噂、共通の話題――ドラッグやセックスや、人をだまして面白がったり、依存した人の話題を出して面白おかしく批評家になったり……と、自分のこと（本音）が語られることはなく、もちろんそこには社会的な視点などほとんどない――を探し、面白おかしくおしゃべりして、どこかへ散っていく。まったく沈黙を知らない。いや不安で怖いのだ。孤独や沈黙に耐えられない人は、幻聴を作り出して自分と会話をするようになる。

人の個性や違いをそのまま信じる力や勇気がない。もちろん自分のことだってなかなか信じられない。自分のことを、だれも保証してくれないとつぶやく。浅いかかわり、あまり心が深く入らないかかわりのまわりを、うつろにうろうろしつづける。心に触れることは怖くてできない。裏切りを怖がり、本当のつながりをもてていないのに、仲間の共通の何かから外れることを恐れる。だから、本題に入ると、するりとかわして逃げてしまうことになる。

結局、自分の問題に向き合わずに、精神科へ走り、薬漬けになっていく。まるで憐れみを請うているかのように、自分から好んで病人を演じて、自分なりに慰めているつもりになっている。明らかに自分で選んでである。そんな彼らと個別に付き合うと、ひどく違うのに驚く。いろいろな良さを見せてくれるのに、集団になるとまるっきり子どもだ。生きたグループになれない。自分の個性を出しながら、グループ内で育て合うなんて考えられもしない。コミュニティの体験はなかなか出来ない。まあ、心がない、のっぺらぼうのようなものだから無理もないのだが。

■AC（アダルト・チルドレン）

ACであると自称していたJさんは、あるカウンセリングルームからの紹介でやってきた（結果的に見ると、一般的には境界性人格障害といわれるタイプだ）。一見、何が問題なのか分からないくらいに、自分のことを流暢に説明し、コミュニティに参加したいという。話を聞くと、親たちの依存症の問題、暴力や子どもへの無関心などいろいろあり、Jさん自身は、カウンセリングでACと言われているという。

半年以上たってのち、Jさんはある仕事のアシスタント・スタッフとして、手伝うようになった。コミュニティにとっては自然な流れである。仕事をするようになってから、明るくなったようにも感じられ、やれやれと思った。

それから一年くらいたった頃、その仕事に関しては、だんだんと任せるようになっていった。これも自然な流れである（毎日毎日、Jさんだけと話しつづけるわけにはいかないし、第一、ほかの人もいっぱいいるのだから）。もちろん、それなりの報酬も出ることになり、コミュニティはその仕事に期待する。ところが、だんだんに、心のなかにある深い部分の話、人間関係の不満や仕事上の不満などは話せなくなり、あるときからFAXや電子メールで話すようになり、しまいには、日常のことや仕事のこともFAXやメールだけで……となってしまった。

こりゃいかんと、いろいろ話そうとすればするほど、ややこしくなっていく。スタッフたちは次第に面倒になってきたなーと感じ始めた頃、「自分は、どうせずっと見捨てられている」から始まり、「あなたたちにいいように使われているようだ」などとエスカレート。そしてとうとうカウンセリング・ルームへ足繁く通い、生活保護を受けるべく奔走し、さらに部屋にたてこもり……、しまいにはカウンセリングの仲間やJさんの属する新興宗教の先生？のような人に相談をもち込み、コミュニティとの対立関係を、すっかり築き上げていった。

こんな風にして自己防衛するのかと、妙に感心したりもする。Jさんは、生活保護受給を考えるなかで、いろいろな人の一般的なアドバイスを受けながら、コミュニティとの会員契約関係を、雇用関係にすりかえてしまい、関係官庁に訴えたり、弁護士を頼んだり、権利擁護センターに泣きついたり。いったいコミュニティとの何が問題なのか、個人的な関係性の問題なのか、どこからくる恨みなのか……ややこしさは増すばかり。自分でもなんでこんがらがっているのか分からない様子である。

結局、Jさんの望みどおりになったかどうかは分からないが（というのも、ややこしくなるにつれて、もともとの問題はなんだったのか、すっかり分からない感じだったから）、ともかく形を整えて弁護士に応える形で一件落着？した。本当のコミュニケーションはできないままになっているなーというのが本音だが、本人が満足ならそれはそれ……。なんとなくこのようなコミュニケーションしかとれないことは残念だなーといまでも思っているケースである。

もちろん彼女の場合、グループとしての対応は困難だ。専門のカウンセラーによる適切なサポートがしばらくは必要だと考える。コミュニティのなかで難しいのは、いろいろな病状、症状よりも、コミュニケーション障害のほうだ。理由はともあれ、彼女のように、グループ内の出来事やトラブルを、別なところで解決しようと委ねてしまう場合などには、出会いは遠のいていくばかりなのだ。

■自　信

Lさんと Kさんの二人は相思相愛の仲だった。数年続いていた関係で、周りは、ときにはハラハラしながらも、そのまま見ていた。二人とも何年経っても、スタッフの前ではカッコつける。それぞれアルバイトも出来るし、ボランティアなどもこなせるし……。なかなかボロを出さない。自分の本当の姿を表わさない。途中で、お定まりの妊娠騒ぎやら電話魔騒ぎやら三角関係騒ぎやら、にぎやかだ。

Lさんは自分の本当の問題に直面しようとすると、すぐ逃げる。一方、彼女のKさんは、病気が長いせいか、病人、障害者としての自覚がありすぎる（つまり、はまりすぎている）。次第にLさんの本当の問題は、自分のことも人のこともなかなか信じられない、ということだと思うようになった。

そして、その根っこは家族の構造にあると。

そこで、いつものような他愛もないトラブルに乗じて、

「本当は自分をごまかしているでしょ」

「なんのことさ」

「信じてないでしょ」

「ん〜。（しばらくして）だって……」

「怖いんでしょ、本当のことを見るの。でも、もう力つけてるよ」

「そうかなー」

付き合いが長くなって、そんな話もできるようになった。

あるとき、病院帰りに線路の上から電話があった。携帯電話だ。元気そうなLさんの声。

「いま、線路の上。もう死んじゃう……」

「なんで！　そばに電車いるの？」

（素っ頓狂なことを聞いたものだ）

「いや、まだ」

「いったい、どうしたの？」

「じつは、いま診察で、先生にひどいこと言われた」

「どんなこと？」

（ついはまっていく）

「依存症だよあなたは、だって」

「いいことというじゃん。図星！」

「迎えに来てほしいな」

（そこでわれに返った？）

「ひどいなー。すぐ助けにきてよ。電車くるよ」

「そりゃ無理だ。遠いし、間に合わない。まあ、がんばれや」

「ん〜」

「そばに誰かいるの？」

「駅員さんが見てる」

「じゃ、思い切って、助けてもらえば？」

「あの〜助けてくださ〜い」

（間抜けすぎる！　携帯電話でリアルタイムだから、まるで実況中継だ。そのまま、ごそごそ音がして、ツーツー）

それからしばらくして、駅長室からの電話。その後、警察からの電話と続く。

そんなことがあって、休息のための入院となった。Lさんは正直に医者に話すものだから当然である。しかし、性懲りもなく入院中に別の女性を見つけた。皆がお見舞いに行くというのに……。まったく恋愛依存、恋人依存……相手を者（人）ではなく物（アルコール、薬物、麻薬……）として付き合うのだから、まあ、同じことなのだが。皆、頭にくるし、あきれる。人として出会えないところに悲劇がある。Lさんにとっては、とりあえず、Kさんでなくてもいい。自分を引っ張る強い母性にあこがれるのだ。そして相手に捨てられないように、見放されないように、しがみつく。

幻聴や妄想の内容は、たいがいどうということはない。自分が不安感、孤独感に耐えられない。信じる力が足りない。だから、そのもの（麻薬とか、相手とか）無しにはいられなくなる。麻薬が切れるとあばれる、そして麻薬に浸っているときには、何もできない。ずたずたで生活が不自由、ちょっと冷静にまずいからと考えて、麻薬をやめると、今度は禁断症状に苦しむ。絶えられない。

このような依存させる構造、依存を冗長させる構造は、援助関係などにもありうる。つい、自殺を呼び起こしやすい環境を作っている、一見元気に見えるグループもある。相手の面倒を見れば見るほど（面倒を起こすのだから、面倒を見ることになる）、病気の症状をたっぷりと出して、自分の弱さをアピールする。具合が悪いほうが、都合がよい。自分のほうを向いて欲しいと、自分から甘えておいて、今度は、自分ばかりかまってもらうのは申し訳ない（自分から心配をかけているのに）、心配をかけて申し訳ないと、自分を責めはじめる（振りをする）。スタッフが共依存の関係に気づかない場合、もしくは気づいても対応できない場合、まずいことに、相手の具合はますます悪化する。ちょうどデフレ・スパイラルのようなものだ。

手のかかる人ほど、専門家は、初めのうちは面倒が見られて、援助者としてたくさんの良い働きが出来ることを内心うれしく思って、自分の存在価値を密かに確かめたりしながら、相手のためだと強く言い聞かせ、直接的援助をしつづける。良い援助者を務める（演じる）専門家たちでも、いわゆる当事者同士でも、その構造はさして変わらない。もちろん皆も相手のご機嫌をとるコツくらいは心得ているものだ。

そうするうちに、だんだん相手も自分もわがままが出てくる……次第に深みにはまってくると、援助者も今度は、面倒になってくる……顔に出さないまでも、枠組を振りかざしたり、自分を守るためのいろいろな手段をやんわりと、しかしはっきりと出すようになる。そうなると、相手は、自分はやはり無用な存在、邪魔な存在、迷惑をかけるばかりで役に立たない存在だと確信しはじめ、次第に、心の死（存在の死、体の死にも……）に向かっていく。自分でさっさと腹を切るタイプもあれば、相手に切らせるタイプもある。

Lさんが手首を切る構造はまさにそんなところだ。いろいろなことがあって、Kさんは、もちろんありったけの善意で「こんど手首を切ったら別れるからね」と言う。じつは、情が移って離れたくないのだ。一方、内心は、きっとうまくいかない、別れるだろうと考えているLさんの方は、自分からはカッコ悪くて別れるなんていえない。女を泣かすわけにはいかない。また、自信がない分、すべてを相手のせいにしたいのである。自分からは言えない。別れることに関しても自分以外の人から手を下してもらいたい。だから、相手のせいにする口実に、手首を切ってしまう。無事別れることになるだろうと。しかし、麻薬はそんなに簡単に手放せない。まずいと思いつつも……。

Kさんからの電話である。

「あの～。Lさん手首切っちゃったんです」

「そう、困ったね。どうして？」

「私のせいかも……」

「そう」

「今度切ったら、別れるって言ったの。どうして、それなのに切っちゃうんだろう」

Lさん、本当は別れたいんじゃない？と言いたいところだが、こちらもフォローしないとあぶないと思い、すぐには言い出せなかった。

「心配なの？」

「私、別れたくない。彼もそう言っているのに、切るんだもの」

「そうか。相手を大事にするのはイロハだよね。でも、どうすれば本当に大事に出来るか考えてみようよ。Lさんのこと大切だったらさ」

「でも不安なの」

その後、話を繰り返すうちに、彼女は、自分のほうが依存的かもしれないと思うようになっていく。そして、自分という存在が、アルコール代わりはいやだと言うようになった。本当の付き合いじゃないといやだと。でも、Lさんとはよい友だちでいたいと。なんてやさしいんだろう。人間の自己防衛本能、生命力の表われでもあるのだろうが……使い方、使われ方が狂ってくるとつらい。甘えから、寂しさから、あるいは非常な孤独感から、自分の存在をアピールしてあらゆる手段を尽くし、自分の方を向いてもらい、自分のわがまま、思い通りに、かかわる相手を振り回すこと……。それほど信じられないのだ。つらいだろうな、不安だろうなと思う。どうすれば、信じる力をつけていけるのだろうと思い巡らす。

第3節　サバイバル

コミュニティはオーケストラのようなものだ。いろいろな個性ある楽器が別々の旋律を奏でる。共演であり競演である。そこにあるハーモニーは豊かで、深い響きが美しい。ときおり起こる不協和音やシンコペーションは、ワクワク、ゾクゾク、アクセントになって楽しませてくれる。そんなコミュニティの生活は、生きるそのものの意味を問うことになるからこそ、力が出る。そこでは毎日がサバイバルである。生きる哲学をもっていなければ、……サバイバルはじつに難しい。

今は、開きなおって、自分の真の姿を見直し、自分の力で今後を考えるときである。一人ひとり人生の夢を大切にし、夢に向かって行動するときだと思う。もうすでに実現しているかのように思いながら。あのチャップリンは、『ライムライト』のなかで、精神的なショックを受けて、自殺を図ったバレリーナに、心のふれあいを通して、「人生はすばらしい。生きるために必要なのは、勇気と想像とちょっぴりのお金」と伝える。こういう自然派の感性は大切だと思う。治る力を信じる力。甦ることを信じる力。現場の力は、じつは信じる力だ。人と人との違いを乗り越えた信頼。勇気、積極性、自由、自律、アイディア、人と同じことをしないこと。つるまない、群れない、自由に羽ばたくことから、本当の共存共栄がはじまる。

だから小規模であること、変幻自在であること、木を見て森も見て……なんというメリットだろう。ありのままで（葛藤や矛盾に真正面から向き合う）、変幻自在（しなやかさ）に、サバイバル（たくましさ）する創造性が、コミュニティ活動を支えている。失敗は成功の母というが、試練や困難やハプニングは出会いのチャンスとなり、いろいろな視点を見つけて、創造性を生み出すもととなる。

サバイバルにおいて大切なことは、そのときそのときで、その現場、現場の判断と力で、直感的に、しかも的を得て動ける自由があることだ。もちろん、それができるためには、いろいろな見方ができるように、日ごろから練習しなければならない。変幻自在な視点をもって、自由自在にサバイバル！　自由自在な発想、創造性。転んでもただでは起きない、七転び八起き、失敗を成功へという意気込み。現場とはそういうものだ。

すずしろコミュニティは十周年以来、やむを得ず、ということもあって、そういうところだった。そのような現場（生活の場）の力は、生活者の力であり、芸術家的職人的な力なのだ。ある意味で、生活というのは、机上の空論を振りかざしていると死を招く戦場と同じようなものでもある。生きるための戦いの場。これは大げさだが、生きるためのいろいろなハプニングを楽しむ場でもある。だからマニュアル的にシステムが決まっていて妙に安定しているとかえってダメなのだ。

すずしろコミュニティの最大の弱点は、経営の母体の弱さだと行政から指摘される（いまだに零細の個人営業のような任意団体）。だからはやく、福祉法人化をと……せっつく。しかし、弱点はそれを工夫して生かすとき、ウリに変わる。補助金をもらうこと、社会福祉法人になることは、再考すべきことだと思っている。もっと世界に目を向け、異業種に目を向け、近視眼的でもなく、木もちゃんと見て森もちゃんと見て、過去にも捕らわれず、世の中のトレンドをも見ながら、流されない信念をもって、変幻自在な発想をますます豊かにし、創造的に生活（社会・人間関係）を創り出していく作業。これが心地よいし、面白い。

あの毛利元就のいう「三本の矢」にもあるように、すずしろコミュニティのスタッフ一人ひとり、メンバー一人ひとりは、弱い不十分な存在であっても、心を合わせ、ひとつの心をもって、ひとつの共同体をという生き方を共有することで、弱さのなかに強さを発揮する。もちろん心を合わせるとは、同じことをすることを意味しない。むしろ逆だ。各スタッフはお互いの違いを信じる。スタッフ共同体は、そのまま同心円的にコミュニティの核であり、グループモデルでもある。スタッフグループのなかでのびのび出来なければ、コミュニティのなかでは、なおさら出来ない。ショットグラスも作業も出会いの道具！　違いも出会いの道具、もちろんスタッフは生きた出会いの道具だ。そして共同体はひとつの心で生きる体（生活）となっていく。そこで出会い、助け合いながら、それぞれが生きる力をつけていく。コミュティにいる一人ひとりが自分を大切にしながら、お互いに必要な存在になっていく。そしていつしか気づく。援助しようと考えるうちに、自分が皆に助けられて生きているということを。

おわりに

フランスに「ルルドの泉」というのがある。全世界から、障害や病気を体験している人が、奇跡の回復を求めて何万人も集まる。奇跡の水を飲んで、浴びて、祈って、念じて……。多くの人は、肉体的にはそのままの状態で帰る。しかし来たときと違うことがある。それこそ、奇跡的なことである。自分自身を感謝して受け止めるようになって帰ることだ。

たとえば、目が見えない人が心の目が開け、耳の悪い人が心の耳が開け、足の不自由な人が別の足（神の足）で歩けばいいことを悟り……。自分の見方が変わったとたんに、障害は障害ではなく、感謝に変わる。障害というシンボルは、のびのびとありのままに、だれもが付き合って行くことによって、人びとの愛のシンボルに変わることができる。そのように変容できる。そこに生きるコツがある。それを体験し伝えられるのは、じつは、日々の生活のなかで、共同体の体験のなかで、あるいは仕事として、あるいは家族として、あるいは隣人として、存在している一人ひとりなのだ。

そのとき大切なのは、存在そのもの、いのちそのものに注目する、価値をおくということである。子ども、老人、障害……などという弱味、弱点、何らかの社会的ウィークポイント、ハンディをもっている人との出会いが、福祉の仕事ではどうしても多い。資本主義経済の社会、一見、合理的な現代社会に、稼がないから皆に邪魔だ、いないほうがいいと思われている人たちを喜んで受け入れる。誰もがもう相手にしないかもしれない孤独なお年寄り、暗いベットにさびしく伏せる病人、心身障害者とよばれる人たち、家庭から見捨てられた子どもたち、出稼ぎの外国人労働者、浮浪者、刑務所にいる人など、社会的にみて弱い立場にいる人びと……。

一応、元気そうに働いている人、出会う人から見て、いわゆる障害を体験している人は、自分の鏡、自分の姿（を教えてくれる鏡）なんだと思う。目の前にいるその人は、生まれたての自分（すべてをゆだね、身を任せ、泣くことと愛されることしか出来ない）、柔らかい心をもった子ども、そのために傷つきやすい子どもの自分、自己像があやうい思春期の自分、青年期の自分、壮年期の自分、老年期の自分、病気の自分、障害をもった自分、死を迎えた自分、すべての自分のいろいろな姿がそこに見えるのである。（そんななかで）自分の姿、変化し続ける自分、時間的流れ、変幻自在の自分がある。しかし同時に、同じ自分のなかに、（体や見た目は変化するが）変化しない自分自身もちゃんとある。同じ価値をもち続ける自分。人格というか「心」というか、自分自身の中心部。そこに目を向ける。いのちそのものを大切にする。とするならば、自分のいろいろな姿がそこを中心に、展開しているように見えてくる。

福祉というものは、表面的な足りない点、障害の安易な解決のための援助技術を追い求めるだけでいいわけはない。本当の価値観をもとめて、全人的なしあわせ、全宇宙的なしあわせを基礎において物事を見て、それを追い求める、これが課題だと思う。病気、事故、老齢、死、苦しみの理解、苦しみはどういうときに悪となり、どういうとき善となるのだろうか。こんなことを言うと、自分にとって福祉は稼ぐための仕事だという専門家からは、ずいぶんめんどうなこと言うなーと、けむったがられそうだけれど。

いつも健康な人は、自己満足になりがちで、人のことはよく理解できないのではないだろうか。そんなことを自問してみる必要がある。自分が痛みを体験して、初めて人の痛みの体験も理解できるのだから。自分を浄化すること、自分を赦すこと、自分を慈しむこと、いのちの大きな力に委ねること、おおらかさに委ねながら、自分の生きる意味を見出すこと。苦しみと微笑み、死をも乗り越えていく生命力や人の心の奥深さ、大きさ。苦しみそのものが、人類という生きる生命力そのものと連帯感をもつとき、深い死の孤独からの解放があるのではないか。病気や障害が、周りを巻き込んで、いのちを目覚めさせる、慈しみの実践に人びとを駆り立てるようになるかもしれない！

繰り返しになるが、私たちは弱いと思う人を援助しようとする。しかし、すぐに自分の方が助けられていることに気づいてハッとする。こうして一人ひとりの心が変容し始め、生きていくのに一番大切な何かを学んでいく。いのちが出会い、いのちを分かち合いながら学んでいく。

こんな体験をいっぱいさせてくれるコミュニティのメンバー一人ひとりに心から感謝したい。

第Ⅱ章　現場の力
――生活の場において気づく援助のあり方とその気づきを得て変化する関係

陽和病院生活相談室
大塚　淳子

はじめに

約十年ほど遡る。現在の精神科病院に勤めて一カ月の研修期間中、まだ過去の体験としては未整理のままで、いつのまにか前職場への身内意識が強い話し方になっていたようだ。「あなたの職場や現場はもうその施設ではないのですよ。無意識でしょうけれど、気をつけてください」と、何回か注意をされるほどであった。新たな勤務先の単科精神科病院ではなく、学生時代に六年間ボランティアで通い、その後六年間勤めた身体障害者授産施設が、自分にとっての現場であるという感覚がまだ残っていたのであった。言われて、そのことにハッとさせられた。現場の感覚とは何によってもちうるのであろうか、と考えた。

研修期間が終り、作業療法室、デイ・ケア室、生活相談室で構成されるソーシャル・センターの生活相談室に配属され、社会復帰促進病棟を担当することになった。こうして精神科病院における筆者のよちよち歩きのような実践展開がスタートしてしばらくした頃、センターの歓送迎会が催された。この席で自己紹介をしたときに、同期入職の作業療法室に配属になった若いスタッフから「あなたのアイデンティティはおかしい」と言われた。なんのことか分からずにいると、「あなたの所属は生活相談室ではないのですか。もっといえばソーシャル・センターでしょう。あなたは嬉しそうに社会復帰促進病棟の大塚です、と名乗ったよ、おかしいよ」と言うのである。先の上司からの注意と合わせて、筆者の現場意識を考えるひとつのヒントがこのことにあると、強く印象に残っている。

本稿執筆のお誘いをいただいたとき、筆者はまさしく「現場意識」ということでは相当に揺れてもがき、不確かさとしんどさを抱えていた。三年前に担当部署が病棟から外来へ異動となったときには、六年間も住み慣れた馴染みの深い地から新天地に引越しをするかのような期待や不安や戸惑いやらがあったが、こうしたいわゆる配置転換による「現場」異動で感じることとは違う境地であった。考え方の整理が困難な状態にあり、自分にとっての「現場」が分からなくなっていた。うまく表現できないのだが、振り返ってみると日記にはそのときの状況が次のように書かれている。

「自分が二つに引き裂かれているような感覚の状態が続いている」「〈引き裂かれる〉と自分が表

現しているのは、何と何とに引き裂かれているのか、これが分からない」「〈病院と地域〉〈医療と福祉〉というようなことで分けられているものでもない気がするが、最近自分の周辺でこのような用語の対峙的表現を多く見聞きするからであろうか」。この後しばらくすると、「実践の軸がぶれているのか」「軸を支える両足が揃って地面に着いていないのか」「足の置き所が二つ別々に分かれている感覚なのか」「特に地域の諸会議に参加しているときに自分が引き裂かれていく感覚や、しんどさが強くなる」。

しかしよく考えると、このときのしんどさの種まき作業は随分以前からしてきていたように思えた。それは何人かの患者さんから投げかけられていた問いやかかわり方への疑問を持ち続けるためにそれを引き出しにしまっておくことであったと思う。答えを出せないままに抱えつづけていた何かを考える時期に来ていたのであろうとは思った。そして、これらの患者さんからの投げかけに向き合いつづけたことがしんどさを支えてくれることにもなったと思う。

本稿では、筆者の実践体験で得た気づきから、「現場」ということに関する意識の変化を振り返ることで、「現場の力」というものに近づくことができればと考える。

第1節　福祉の現場におけるボランティア実践

学生時代の六年間、通いつづけた特別養護・養護老人ホームでのボランティアは、寮母たちが長期休暇を取る盆と暮れに老人福祉ゼミの学生が中心になるグループが泊り込みで行なっていた。盆暮れは入所者たちにとっては、家族の面会や外泊を巡り、それぞれの事情が如実に反映される複雑な心境の時期である。若い学生たちの賑やかさはそんな微妙な時期のクッションになっていたことを、随分あとになって実感したものだ。

ある夏に筆者が担当した養護棟の部屋にいた飯田さん（本文中の人名はすべて仮名）は、息子の家への外泊を心待ちにしていた。孫へのお土産も用意し、「三日間行って来るから、帰ってきたら、またよろしくね」と本当に嬉しそうであった。飯田さんは本や新聞を読むのが好きなのだが、目が疲れてなかなか読めず、学生がいるあいだは新聞の希望欄を読ませていただくのが常であった。

飯田さんは息子夫婦の迎えで出かけていったが、予定より二日早く戻ってこられた。何故だろうと思って寮母に尋ねると、「本人が希望して早く帰って来たんだって」と返事が戻ってきた。「そんなはずはない、あんなに嬉しそうに出かけていったのだから」と思ったが、そこまで聞けなかった。分からないままに、頃合を見計らって新聞を手に訪室したが、飯田さんは元気なさそうに見えて声を掛けるのを躊躇するほどだった。筆者に気づいた飯田さんから声を掛けてもらい、少し楽になって隣に座らせてもらったところ、孫のために用意したお菓子の箱をくれると差し出された。「嫁たちには嫁たちの考えもあるしさ」と、呟く飯田さんはとても寂しそうだった。

たった三日間の外泊は初日から気持ちが休まらずに徐々に辛くなるし、息子に嫌な思いをさせたくないので早く帰ってきたということを、次の日に話してくれた。どんな様子でどんな会話が家であったのだろうかと、筆者は複雑な思いになった。しかし、その程度で思いは留まってしまった。

大学四年の夏に、児童養護施設に泊まりでボランティアに出かけた。その施設に泊まるのは三度目だったので、保育士や指導員、子どもたちとも顔馴染みになっていた。ひとつの宿舎に一週間滞在して、掃除や洗濯、食事作りなどをさせてもらった。一宿舎に七人の子どもがいるので、なかなかの仕事量である。朝食の片づけが終わると昼の準備となるような時間の流れ方であった。学校は夏休みで、児童たちはエネルギーをもてあましていた。ちょうど、高学年児童の登山キャンプがあり、二日間は低学年児童だけで過ごすこととなった。いつもはテレビのチャンネル権やおかずを取る順番やらを高学年の児童に譲っているので、この日ばかりはといっそう賑やかである。

筆者が泊まった宿舎でも四人が楽しそうにのびのびと振舞っていた。夜になり、全員でテレビを見ていたとき、子どもたちと筆者の様子を見ていた保育士が今日はホールで雑魚寝をしてもいいと許可してくれた。ここからが大変な騒ぎになったのである。誰が筆者の横で寝るかということでおもめになってしまった。しばらくは見守っていたが、子どもたちだけでは埒があかず、求められてとうとう筆者が決めることになった。

小学三年女子二人と小学二年男子ひとりに幼稚園男子ひとりであった。宿舎での日頃の力関係や年齢的なことを考えて、筆者は片側には幼稚園の男子、もう片側はジャンケンで決めようかと提案をした。常識的な線だと自分では思っていた。しかし「なんでや、お姉ちゃんはなんも分かっとらん！　なんでこの子に決めたんか。歳が小さいからだけやろ！」と三人から睨まれることになった。今度はこちらが「なんでや?」と聞き返す番だった。そして、子どもたちの泣きながらの訴えに筆者は頭を殴られたようなショックを受けて、立ち尽くすことになった。

「チビのところには一月に一回父親が面会に来てるし、買い物もしてくれる。この夏にも来たばかり。うちらのところは面会なんて何年もない! 年齢は関係ない!」。何が常識的な判断だったのだろうか。どうしていいか分からなくなり、また彼らの胸中を思うと胸が張り裂けそうで、知らぬ間に筆者が泣き出していた。結局、皆で泣いているうちに、輪になって寝るとそれぞれをすぐ近くに感じられることを発見してようやく眠った。翌日、全員が目を腫らしているのを保育士が不思議そうに見ていたが、ことの成り行きは約束して秘密にした。

これ以外にも、ハンセン病療養所や身体障害者の授産施設など、何年も通った四箇所での体験では失敗も多かったが、今でも宝であると思えるような気づきも多く得られた。ボランティアといえども、筆者にとっては福祉現場での貴重な体験の数々である。しかし、このころの体験は筆者の内面での、人間観や家族観、福祉の諸問題に関連しての問題意識を高めはしたが、何よりその「現場」や「対象者」に流れる日常性やかかわりや処遇方針などについて詳細を知らない、「訪問客」としてのかかわりでしかなかった。

「現場」での出来事は、それら「現場」と自分との関係よりも、そこで自分が何をどう感じたのかということへの高い関心に終始しがちなものであった。学生生活も終盤になり、自分の内にも、差別感や偏見があるのではないかということが主要なテーマとなり始めた。知ることから、感じたことを考えていくことからしか始まらないと思い、早く現場体験を仕事として持ちたいと思うようになっていた。

第2節　職業としての「現場」体験が始まって

身体障害者の授産施設のケースワーカーとして働いていたときのことである。早くから福祉性と企業性を両立させるような取り組みをし、授産対象者にも高額の工賃を支給できるように職域や授産種目への工夫もしてきた施設であった。障害者のなかから幹部を起用する方針が継続され、当時の幹部職はほとんどが障害をもつ人たちであった。法的には訓練施設とはいえ、いわゆる働く場であり、ケースワーカーの仕事には入退所判定や職業訓練評価もあったものの、その先の自立を経済的に目指すことや、寮を出て地域で暮らすことへの支援や、福祉制度の利用を援助することなどと、加えてどちらかといえば地域交流事業の企画や推進が主業務であった。

歴史のある施設での業務は、ベテランの前任者からのていねいな引継ぎを受けていたお陰で、それほど迷いをもたずにこなし始めることができていた。個別ケースワークやコミュニティワーク、また費用徴収制度などが始まる頃でもあり、厚生省との交渉なども当事者とともに行ない、ソーシャル・アクションもしていた。しかし、何年かするうちに、「私は何か大きな落し物をしていたのではなかったか」という思いをもつようになった。

血液の病気をもち、片足をくるぶしの上部で切断している篠崎さんという若い女性がいた。包帯で包まれた切断面にはどうしてもさまざまな負荷がかかり、治療は受けていたが状態はあまり芳しくなく、時間の経過とともに何年かに一度再切断せざるを得なかった。障害など感じさせない明るい性格で、松葉杖をカバーする布はお手製で色違いを作り、洋服とコーディネートするようなお洒落な女性だった。

筆者がケースワーカーになってからも三回ほど手術を受けていた。その度に足が短くなってしまうのである。気丈な彼女はそれでも表面には大きな変化を見せず、ますます仕事や趣味に熱心であった。次はいよいよ腰にも手術がおよぶかもしれないという頃、彼女の変化は表面化した。年頃の女性である。どんなことか想像しただけでも辛い。そのころ彼女は結婚を具体的に夢見ていた。看護師と筆者が入院先を見舞うと、大泣きしながら「医者になりたい」と篠崎さんが言った。

「医者の治療方針が正しいのかどうかも分からない、切断しないでと言っても、そのままでは生命も危険だと言われてしまう。言い返せない自分が悔しい。これまでの切断もどんな思いでしてきたか」。われわれは言葉なくそこにいることしかできなかった。帰り道、私たちは「当然の思いだよね、これまで私たちは、篠崎さんが気丈さの裏に隠してきた辛い思いに寄り添えていなかったんだね」と、反省させられた。

職場の雰囲気を考えて、周囲の人を気遣って暗い気持ちを与えるまいとしていた篠崎さんに、私たち援助スタッフすら甘えてしまっていた。結局、彼女は長い時間をかけて医師と話し合い、このときは手術をせずに退院になった。その後三年ほどは大きな手術はしないで済んだようである。

ほかに、車椅子にのる頸椎損傷の障害をもつ幹部候補の男性、関口さんとのかかわりがある。関口さんの頑張りは認められ、職員として雇用する方向が決まっており、そのための条件としてあとは寮を出ての地域生活の開始だけとなっていた。しかし、同じ車椅子利用者でも頸椎損傷者は脊椎損傷者と比べると、自分ではほんの小さな段差も乗り越えることが難しく、住居の確保は難航した。電動車椅子なら移動はできるが、重くて車にたたんで乗せられず、住居内と移動用とに使い分けるにしても、段差のない、もしくは大幅な改造を許可してくれる住居が見つからないでいた。

そんなときに地域の中学校から、福祉教育の一環で障害をもつ人に講演をしてもらえないかという依頼が施設長を通してあった。頑張りに対する評価と、住居探しの壁に挫折感を強くしている彼への励ましということもあり、関口さんにお願いしようと所内で話し合われた。

しかし、関口さんは丁重に辞退を申し出てきた。筆者の再三の依頼に、講演内容は本人に一切任せて当日まで確認しない条件で、ようやく承諾してくれた。当日、会場に向かう車中で、筆者は関口さんから「今回あなたにはずいぶん世話になっているけれど、あなたには僕の本当の気持ちが分かっていないと思う。今日の話はあなたに向けてもしたいものだから、よく聞いておいて欲しい」と言われた。筆者がこのときに感じた居場所を探してうろうろするような落ち着かなさは、関口さんのぼそぼそとした口調とともに忘れることができない。

講演の内容は、関口さんが障害者になったときのことであった。高校時代に念願のオートバイの免許を取って、一年後に友人とツーリングの帰路、加害者の不注意で車に撥ねられたのである。気がついたのは病院で、すでに手術のために頭に穴を開けられていたあとだったという。病院と、その後の重度障害者リハビリテーション・センターに加害者が見舞いに来たときの状況について彼は最も語りたかったようであった。

「ベッドの足元で、涙を溜めながらうな垂れて見舞う女性とその父親を目にして、死んでしまったほうがましとも思ったことも語れず、しかし相手を許すこともできず、さらには自分もついこのあいだまでは健常者として障害をもつ人には差別感をもっていたことを思い、いろいろ考えると何も言えないでいた。このときほど、自分がこの社会にどうやって存在していいのか分からずに辛かったことはない。このどっちつかずの自分の在り方やその苦しさは、おそらく人には分かってもらえない。最近、アパート探しに回っていて、またそんな思いをしている。職員になるためには寮を出ないといけないし、自分の城をもてることは嬉しい。プライバシーは欲しい。でも、行く先々で不動産屋やいろんな人に同情の目で見られたり、背景を勘ぐられたりして、あのときの思いが蘇ってきている。自分がこの社会でどういう生き方、存在の仕方をすればいいのか、よく分からない」。

帰りの車中で、筆者は重苦しさを感じた。何か話して欲しかったが、関口さんはずっと黙っていた。車を降りるときにようやく口を開いた彼は、「今日テープ録音してもらったのは、あなたによく聞いて欲しかったからだ。具体的な援助をたくさんしてもらって感謝しなきゃいけないのだろうけれど、他にもう少し大事にしてもらいたい、分かってもらいたいことがあったんだ」と、テープを筆者に渡してくれた。

その日の夜、テープが擦り切れるほど繰り返し聞いた。身体障害という目に見える障害をもちながら一生懸命に生きている人を援助しているつもりでいた筆者には、見えない部分の心の傷や痛みを知ることや想像すること、そして寄り添う力にまだまだ欠けていたのだ。自信喪失とともに、しばらくはデスクワークしかできなかった。相変わらず、筆者の「現場」実践は、自分が規定できる業務の範囲内でのものにしか過ぎなかった。「現場」は筆者の足元や目の前の、見えるところでしか感じられていなかった。

しばらくして、自分で研修を受ける機会を設けた。ピア・カウンセリングやハグの仕方、傾聴に徹する研修、エンカウンター・グループなどに参加した。これらの研修で得たことを他者に語ることは難しいが、心の目や耳で見聞きできることが拡がった気がした。ようやく自信を取り戻した頃、筆者は学生時代のスポーツ事故の後遺症や諸事情により、職場で働きつづけることを断念せざるを得なかった。

半年以上のブランクがあっての再就職先は随分と悩んだ。もう「現場」は後遺症や体力も考えると無理かなとも思った。今思えば、施設や病院だけが現場ではないのだが、そうしたイメージしかもてなかった感じもあり、やはり一方に、「現場の魅力」と思われるものに引きつけられる自分も存在した。

第3節　かかわりのなかでの「現場」の変化

現在の職場、精神科病院で働くようになって出会った多くの方たちとのかかわりは、振り返りと充電期間が半年あったせいか、援助者としての気負いがいく分やわらいだ上で展開できるようになっていた。しかし、精神医療の制度や状況が貧しかったために、人生の大半を閉鎖的な病院社会で送ることになった人たちの生き辛さと苦しみの深さについての想像力を、いかにもちえていなかったかを思い知る体験をすることになった。

1　「地域にソーシャルワーカーがいてほしい」

その日も、病院から車で十分ほどの街のアパートにひとりで暮らす加藤さんを訪問した。二十歳代で両親を亡くし、就職後まもなく発病して入院生活を送ることになった女性で、筆者が出会ったころには、すでに三十年もの治療歴をもっていた。しかも、初期の十年ほどは劣悪な拘束治療を受けるという不幸な状況におかれ、精神医療を利用したいなどとはとても思えずにいる人であった。病状とそのための生活のしづらさがありながら、医療への信頼がもてないという三重苦であった。

近隣とのトラブルがひどくなり、医療保護の形での入院がおもな加藤さんは、もう少しで退院という段階で、いつも自己退院をしてしまうのであった。外泊訓練から帰院せずに、結局退院手続きをせざるを得なくなった加藤さん宅を訪問して、荷物を取りに帰る病院との往復に付き添ったり、せめて外来通院をきちんとしてもらえるようにとかかわることの繰り返しであった。

一回の入院は、生活保護制度の家賃保障期間との兼ね合いもあり、約半年ほどである。妄想も軽減し、体力もほぼ戻っていた。いたちごっこではないが、見守りを中心としたかかわりを続けながら、医療への信頼関係を回復してもらうための息の長いかかわりを、医師や看護師のチームでも確認して継続している状況の一時期のことである。

かかわりを始めた当初は、訪問してもなかなかドアを開けてもらえなかった。次第に調子のいいときは少しだけ開けてくれ、ドアを挟んでの立ち話ができるようになっていた。入院中のかかわりを経て、次の退院後の訪問では、奥の部屋を仕切るすりガラス戸を閉めて台所にまでは入れてくれるようになった。板の間に座って話をしながら、台所のシンクやゴミ箱周辺を観察することができた。ガスが恐くて、電気コイルの調理器具を奥の部屋で使っているらしいことや、見ていると牛乳や納豆、煮物といった献立が中心のようで、病院では肉が食べられないと特別食にしていたことを思い出した。体力が弱っていく様子もやっとのみ込めた。食生活の影響もあり、薬の副作用が皮膚に出やすいことも分かった。

しかし、観察の結果を関係性に反映させようと思っても、医療スタッフである筆者への加藤さんの接し方は相変わらずに硬いもので取り付くしまもないのだった。働きかけの前に信頼関係が築けないとどうにもならなかった。加藤さんは信頼していた人に病院に無理やり入院させられた体験を心の傷としてもっていたことを把握していた。「あなたへの関心をもちつづけています。必要なときには力になれるようにしたいと思います。どうぞ、何でも話してください。今まで大変だったのですよね、苦しかったのですよね」というメッセージを送り続けた。

何回目の退院時であっただろうか、被害的な訴えの電話が連日続いていた。それは助けて欲しいというメッセージであると受けとめた上で電話対応と訪問とを行っていた。ある日、その電話が途絶えた。日中はどうしても訪問の時間が取れなかったので、福祉事務所のワーカーに訪問してもらったが応答がないという。夕方になって訪問ができた。随分と粘ってドアをノックしたところ、なかで音がして、数回のやりとりの後にようやくドアが開いた。加藤さんは、もともと小柄で細いが、骨と皮ばかりに痩せていて小さな顔に目だけがぎょろっとしていた。今回は退院後外来通院が途絶え、被害妄想が再燃し、訪問の度に受診を勧めていた。医師には病状や生活状況の報告をしながら、入院を考えるタイミングを見計らっていた。無理やりの入院にはしたくなかったし、もう少し支えられるだろうと考えていた。

台所までという加藤さんを押し込むように部屋まであがり、筆者は座り込んだ。二日間何も食べていないという。「泥棒が入るから、対応していたの」と目で部屋を見回すので、視線の先を追うと半開きの押入れのなかにある数多くのダンボールや袋にどれもガムテープがぐるぐると巻いてある。ベッドの頭には、いつも加藤さんが外出するときに背負っている本人より重たいのではないかと思うほどのリュックが、風呂敷やストッキングを使って幾重にも縫った手製のロープで幾重にも結わえ付けられている。この作業で疲れて昨夕から眠り込んでしまったのだという。

緊急の状態だ、もう限界かと考えつつも、この間少しずつ筆者に昔話や家族の話をし始めている加藤さんとの関係を考えた。今日は食事をともにできればまだ大丈夫かもしれないと考えた。買ってくるか食べに出るか、と考えながら、急がば回れだと腰を落ち着かせることにした。筆者が帰りそうにないことを知って、加藤さんは泥棒の話や警察の対応への不満話を打ち切り、突然、筆者の家族のことを聞いてきた。

話をしているうちに、ベッドに腰掛けていた加藤さんが筆者の前に座り直し、顔を覗き込んできた。「大塚さん、私のことをどう思いますか。人は私のことをおかしいと言いますが、どのようにお考えですか」と聞いてきた。このとき筆者は、加藤さんが距離を縮めてきたことと真剣にこちらの姿勢を試していることとに嬉しくなったと同時に、反応次第ではまた距離が遠のいてしまうのか、と不安にもなったことを覚えている。具体的になんと答えたか覚えていないのが不思議だが、正直に思うままを自分なりの言葉で話したと思う。

また目が一段と見開いた。「大塚さんていい人ね。今まで会ったなかで二番目にいい人かもしれない、一番目は私をあのひどい病院から救出してくれたワーカーの人。でも、まだ大塚さんを信頼できない。だって、あなたは病院の人間だから。病院から給料をもらっているから、最後は私を入院させるでしょう。弁護士のように公平で中立なソーシャルワーカーはどうしていないの？　そういう人が地域にいるべきなんじゃないの？」と真顔で話された。

夕暮れの電気もつけない部屋で、加藤さんが顔を近づけてキッとした表情で言われたことはまともすぎることだった。信用できないと言われたこと以上に、病院の人間ではなく中立なソーシャルワーカーが欲しいということばが、その後ずっと筆者の実践への問いかけとして存在している。

そして、この日は二時間の滞在の後に、絶対に外食はしないと日頃から決めて実行している加藤さんを説得して、近くの蕎麦屋に食べに出かけることができた。人からお金を借りてはいけない、と生活保護受給にも抵抗を強く感じている加藤さんは、お金を受け取りに行っていないから買って食べることもできないと言ったが、ベッドの下のコーヒーの瓶に小銭を溜めているのに気づいていた筆者が、そのお金で十分食事はできると思うと話し、一緒に数えているうちに根負けしたのであろうか、「お腹が空いているの。ひとりで食べるのは寂しいわね」と言われた。

蕎麦屋で、「こんなに美味しい食事は生まれて初めて」と玉子丼を平らげた加藤さんは、たくさんの小銭で支払いをして店員に深々と頭を下げた。アパートの前で帰る筆者を見えなくなるまで見送ってくれた加藤さんとは、この後五年ほど経つが、今も日々信頼を築いたりまた試されてみたり離れてみたりの繰り返しのなかで関係が続いている。

アパート更新時に不動産屋に同伴することになった。そこでは生活保護の支給日に家賃を払うことは月末払いと決めた契約内容に違反するからと、毎月加藤さんがむりやり一万円多く置いていっていることを知った。筆者の介入で更新に伴い相殺してもらうことになった。どこか安心した表情の加藤さんが「すみません。入院があまりに長いものですから常識がなくてごめんなさい。今後もよろしくお願いします」と不動産屋に言ったのを聞いて考えた。加藤さんは少しずつ病気や入院体験との折り合いをつけ始めていると思えた。

その間二年ほど、筆者はかかわりを表面上は断ち切ったことがあった。退院後の通院が途絶えて、訪問だけのかかわりとなって約半年の頃、「もう病院からの訪問はいりません。来ないで下さい」と言われた。届けていた薬も服用していないことは明らかだった。「訪問を止めることを検討してみます」と、即答を避けて、その日は帰った。

三回目に言われるまでに医師とも相談をして、方針決定についての一任を受けた。真剣に悩んだ末、福祉事務所ワーカーと保健師に、しばらく前線を撤退し、後方で情報提供を受けて必要に応じてかかわりを検討することの方針を相談した。その後、相変わらず被害的だけど、加藤さんなりに生活できている、という情報と、時折見かける姿に安心していた。

しかし二年後に、被害妄想がひどくなり、近隣とのトラブルが生じたことを不動産屋からの連絡で知ることとなった。隣に住むお年寄りの家族から警察に介入してもらうという連絡を受け、関係者に対応してもらうから待って欲しいと不動産屋があいだに入ってくれていた。支援ネットワークに不動産屋が加わってくれる心強さを実感した。かかわりを引いていた筆者がいきなり登場するわけにも行かず、福祉事務所ワーカーや保健師と連携しながら、近隣の苦情にも対処しつつ、訪問の再開に漕ぎ着けた。

受診勧奨や入院の説得ができるまでに二カ月くらいが必要だった。ただ単に病状が悪化しただけでなく、歳を重ねてきて老いを感じ、家族への郷愁や今後の不安などもあいまって、誰かとつながりを持ちたくなっていたことも分かった。しかし、医療に対しての不信感は相変わらずで、訪問する筆者などへもアンビバレンツな態度が強い。近隣の状況を考えると、いよいよ限界かと思われた三カ月目に、医師にも同行してもらって福祉事務所ワーカーと三人での訪問をした。

入院の説得にかかり一時間が過ぎた頃、電話をかけさせて欲しいと加藤さんが言い、了承したわれわれの目の前で、加藤さんはワーカーの携帯電話を借りて、警察と以前勤務していた妄想の対象である会社に電話をした。夕方五時を過ぎていたので、会社は警備員が対応をしたようであったが、警察は「今から精神病院の人に拉致されるんです」という加藤さんの訴えを丁寧に聞いてくれて、納得できるようによく話し合いなさいと応答してくれたようだった。それを受けて再度の話し合いに臨む態勢になった。

かれこれ一時間が過ぎ「辛いから入院して今後のことを考えようかな、でも、またアパートに住めますよね、街に戻れますよね」と、今のアパートには暮らせなくなっていることを知っている加藤さんが呟いた。この言葉を捉えて医師が、「今後のことはゆっくり考えていきたいね、ただし入院するならあまり遅くなると大変なので、大塚さんに荷物のまとめをそろそろお願いしていてもいいかなあ」と妙な聞き方をする。意外にも拒否しないので、筆者はこれまでの入院時の荷物や、日頃の加藤さんを見ていて必要と思われるものをまとめだした。入院することに決まり、戸締りをし始めた加藤さんが筆者を見て、「あのシャツ入れてくれましたか」と聞いてきた。二年ほど直接のかかわりがなかったのに、「あのシャツ」で通じる関係性を加藤さんが確認してくれたことがなによりも嬉しかった。

入院後「あのとき電話をかけさせてくれたこと、無理やり連れて行かなかったこと、日頃よく見ていてくれていることが分かったことで、少しだけ信用してもいいかなと思った。でも、本当は弁護士のように地域にいてくれるといいと思うけれど」と話された。加藤さんにとって筆者はまだ病院の人間ではあるが、関係は変わろうとしていた。

2 役割の変化――病院では患者でも、地域では世帯主

児島さんという六十代後半の男性の患者さんは、あまりにも病歴が長くて、昔については詳しい情報がないほどである。分裂病であり、気分の高いときに誇大妄想が出現する。ハイカラなモダンボーイの風貌である。かなり以前の退院促進の働きかけに乗って地域生活を始め、ときどき疲れて、休息入院を繰り返す方であった。しかし、高齢になったことと、五年ほど前の直腸癌の手術で人工肛門をつけてから生活の周期が一変した。銭湯での入浴が難しくなり、外来患者だが出身病棟のお風呂に入浴に来て、オストーマのケアも病棟の看護スタッフから受けていた。

だんだんと退院期間が短くなり、入院期間の方が長くなってきていた。スタッフや福祉事務所のなかには「もうアパート暮らしは諦めてずっと入院してもいいんじゃない」という人もいたが、本人はまだ地域生活への意欲は満々であった。児島さんを担当して長く親身になって考えてくれる福

祉事務所ワーカーと話し合って、高齢者用のヘルパー利用を導入できるように検討した。ヘルパーは慣れない精神障害者とのかかわりを、それでも医師やわれわれにコツや児島さんの障害特性を聞きに来て前向きに検討し始めてくれた。

そんなときの外泊訓練中の訪問二度目のことであった。ドアを開けると玄関のたたきの横に小さなシンクと水道があり、その横に一個口のコンロが使われないまま置いてある。縦長の六畳間のほとんどをベッドが占拠し、ベッドの頭上の位置に陽射しが入る窓がある。ベッド脇はタンスやテレビがあり、ひとり通るのが精一杯である。ノックに応答して児島さんがドアを開けてくれた。ヘルパー導入についての本人の希望を聞きながら様子を窺っていた。ヘルパーが動きにくい部屋ではあるが、どの程度までかかわってくれるだろうかと考えていた。児島さんはコーヒーが好きで、一日に何本かの缶コーヒーを飲む。ちょうどお昼前で、おにぎりと二人分のコーヒーを買ってきてくれないかと頼まれた。そのくらいならと、承諾してすぐ目の前のお惣菜やさんに買いに出て戻ってきたときのことである。

ドアを開けたら、なんと先ほどまでちゃんと洋服を着ていた児島さんが褌一枚（あとから考えると粋だなと思ったが）で、両手を広げて筆者に「いらっしゃい」と誘いをかけているのである。これには思わず買ってきたものを落としそうになってしまった。突然の予想だにしない事態に、どう対処すべきか頭は回転を始めたが、半ば冷静になれず、「何やってるんですか！　もう児島さん、分かってますか。全く！」と声の方が先に頭から出てしまっていた。

ドアを全開にしたまま、少し後ろに下がって児島さんを睨みながら、しかし眼はさっきまで開いていた児島さんのベッドの後ろの窓が閉まっていることを確認していた。児島さんはきちんと計算して行動を取っていると判断した。「洋服を着てください！　今からドアを一度閉めますからすぐに洋服を着てください。そうしないと、私は二度と訪問ができなくなりますし、担当も続けられなくなります」と精一杯睨みながら話した。

児島さんは「黙っていれば分からないよ、お金もあるよ」と言う。もういちど同じ事を話して、「着替えたら開けてください」と言ってドアを閉めた。待っているあいだは、驚きと興奮と怒りと哀しさと悔しさとがごっちゃになったような気持ちだった。こんなじゃあ、ヘルパーも入れられない、どうしよう、どうして？　という気持ちだった。

しばらくすると、しゅんとした顔の児島さんがドアを開けて「ごめんなさい」と言う。筆者は玄関先に立ったまま、とにかく驚いたこととヘルパー導入に向けて一生懸命に関係者が取り組んでいるのにこれでは責任がもてないと怒りをも感じたこと、今日はこれ以上いられないのでおにぎりとコーヒーを置いて帰ることを話した。

児島さんはすっかりうな垂れて謝り、最後に「看護婦さんに言わないでね」と言って背中を向けた。筆者は気持ちが鎮まらないままに車の運転を始めた。児島さんが誇大妄想的になるときには卑猥なことばも増えることは病状として知られているし、病棟でもそんなときはスタッフが上手くかわしたり不快を表明したり、叱ったりしてきていた。

しかし、今日のような出来事は初めてであったし、買い物に行かせたのもそのためであることに腹が立った。自分に落ち度があったのかとも考えた。児島さんとのこれまでのかかわりを思い巡らせ、病棟に戻ってチームのスタッフたちや主治医になんと報告しようかと考えた。そして、ハッとしたのである。児島さんは普段病棟で入浴前やあとに、もしくは排便したあとにラパックの交換やオストーマのケアを看護スタッフにしてもらうのである。筆者はＰＳＷなので、直接そうした身体的なケアをする場にはかかわらないが、周辺で人手が足りないときにケアの手伝いをすることが求められることがあり、また、偶然に児島さんが下半身裸に近い状態でいる場面に何回か遭遇してしまったことが病棟ではあったのだ。しかし、今まで看護師にもＰＳＷにも、多少エッチなことばをわざと言うことはあっても、今日のようなことをしたことはなかった。何故だろうか。車を止めて考えた。

児島さんは病棟では患者の役割に甘んじているのではないか。アパートでは自分が主になれるのではないか。褌一枚でスキンシップを求める行為をもって、このように理解するのはおかしいだろうか。しかし、筆者にはそれしか考えられなかった。われわれスタッフが日頃病棟で接しているのは、その人が患者として存在している一面だけではないのか。スタッフに評価される患者の役割をこなしている人たちに、癒されて安心して自信をもってもらうようにかかわっていると思っているとしたら、なんということだろう。改めて、対等な人間関係より役割先行の関係性を痛感した。

スタッフの関係の取り方で、患者さんである側面だけ、病気の面だけのウエイトを大きくした役割を与えてしまっているのではないか。「聞いて、聞いて、大変だったの！」と病棟に戻って言いたかった気持ちは消えていた。カルテには事実に加えて筆者の理解を書き、ヘルパー導入の際には、アパートは児島さんの城であり、生活の主体は彼であり援助者ではないということをしっかり認識しておかないといけないと思う、と記録をした。

児島さんに関しては、退院後もしばらくは金銭管理を病院のPSWが援助しなくてはならなかった。彼は少ない小遣いからへそくりを貯めていた。お金を受け取りにくることも、通院を定期的にする動機となっていたので、訪問看護師は、へそくりを貯めたときには通院しなくなってしまうのではと心配し、報告してくれた。児島さんはモボであり、ダブルのスーツやトレンチコートなどを買うのが好きなことを想像できたPSWから聞くと、案の定、次の買い物のために貯めているという。

へそくりが貯まり、買い物に同行することになった。店を指定されるので行ってみると、つぶれてしまっていたが、オーダーメイドの服も扱うような昔の仕立て屋兼洋服屋さんであった。靴も街の靴屋さんを指定された。流通センターやコナカ、青木のような量産店は嫌なのだそうだ。しかし、スーツは仕方なくその量産店に行かざるを得なくなった。店の若い店員が児島さんに一瞥を与えたような雰囲気を感じた。児島さんはラパックを装着するようになってからは、特に人の反応に敏感である。表情は変わらなく見えたが、一瞥された瞬間に両手の振戦が始まった。実際に買い物に付き合ってみて、児島さんが大事にしている街や文化が分かった。

児島さんにヘルパー派遣が導入され、週二回洗濯と買い物、そして慣れてきた頃には温かいおかずの一品料理もしてもらえるようになった。狭いアパートでのエッチ対策も含めて、毎回二人が来てくれていた。生活は軌道にのっていたが、高齢化もあり時どき気分がしずんでしまうようなことがあった。薬で調整するのだが、副作用で手の振戦が激しくなってしまう。

そうなると、自宅でのラパックの交換時に周辺まで便で汚してしまうことが出てきた。また、このアパートは共同トイレであったため、小用を足しに行くときにも汚してしまい、他の住人から苦情が出ることになった。今回はいよいよ転居を考えざるを得なくなったが、七十歳近くなり、もう諦めて長期入院でも仕方ないのでは？とまたも周囲からは言われてしまう。

さすがに担当の福祉ワーカーも看護師も筆者も迷ったが、本人は頑として、「もう少し頑張りたい、やはり病院より街がいいよ」と言い、支えていけるあいだは頑張ろうということになった。今回はトイレが個別にあり、少し広めの間取りを念頭に、児島さんと物件を見て回った。運良く保証人なしでも契約してもらえる物件を見つけることができた。地の利は良く、すぐ裏にコンビニエンスストアがあり、病院へもバス一本で通える、駅から五分くらいのところであった。

しかし、バス停に行くには駅横の大踏切を渡らなくてはならないことが不安だと児島さんは言う。なかなか他の物件が見つからず、慣れるまでは踏み切りを渡るバス停までの同行をヘルパー支援に組み入れてもらうことにした。福祉事務所も同じ管轄内での転居であったので、暫くは担当交替をしないでワーカーにもこまめな訪問で支えてもらうことになった。

転居後しばらくは順調であった。ところが、福祉事務所のワーカーがある日別件で来院され、児島さんについての報告をしてくれた。何日か前の雨降りの朝、出勤途上のバスから児島さんが以前住んでいたアパートの近くの通り沿いの店の軒下で座り込んでいたところを見つけて、急いで降り、声をかけて今のアパートに送って行ったという。

馴染みの寿司屋に二、三カ月に一度出かけ、優しい女将さんの顔を見ながら寿司と一合の酒を飲み食いするのが楽しみだった人である。転居の際にもそのことが頭をかすめ、今度たまに車で出かけようかなあと話し合っていた。その日は夜遅くバスで出かけたものの、帰りのお金がなく、雨で歩くわけにもいかずに座り込んでいたらしい。見つけてもらったから助かったが、身体は冷えなかったのか、何事も無くてよかった。見つけてすぐに病院に引っ張ってきてしまうワーカーでなく柔らかいフォローをしてくれたなあ、と思いつつ児島さんのことが気になり始めた。彼は、その後少し気がふさぐなどという軽さではなく、鬱症状になっていった。デイ・ケアにも通って来れなくなり、入院も検討するが、もう少し頑張れそうだと医師とも確認し訪問で支えていた。

晩秋の夕方に訪問したとき、児島さんは元気なく、いつものように押入れ前の炬燵に向かう座椅子に掛けていた。この部屋は一階の角部屋で、奥の六畳間には窓が二方向にあり、その下にベッドが置かれ、その手前に炬燵、押入れと反対側にはテレビやタンスがある。手前の台所は三畳ほどで、ここも窓は二方向あり、玄関・トイレとつながっている。

一緒にコーヒーを飲みながら時間を過ごしていたが、声かけにもあまり答えが返ってこず、元気の無さは心配なほどであった。デイ・ケアに通えていないだけにどうやって時間を過ごしているのかと気になって、彼の妄想にはハリウッドの映画スターなどの登場も多いのを思い出し、テレビは見ないのかと尋ねたところ、壊れていると言う。様子を見てみましょうかと、電源を入れたところ、たしかに映りがよくなかった。しかし、児島さんは「最近の番組は面白くないから見ないし、テレビは飾りとして置いてあるだけなのでいいんです」と言う。

考えたら訪問時には、いつも定位置に座ってタバコとコーヒーと会話を楽しんでいたので、テレビをつけていたところは見たことがなかった。退院直後は、病棟の看護師が窓の下に花を植えに来て水撒きなどの楽しみを持つことを手伝ってくれていたが、時期的にも難しくなっていた。座椅子で疲れるとベッドに腰掛けているというので、筆者はベッドに腰掛けさせてもらった。

どんな風にどんなことを考えながら日々を過ごしているのだろうと気になったからである。十五分くらい経ったであろうか、窓は夕日でオレンジ色に染まってきていた。物凄く静かな時が流れて、筆者は恐いほどに寂しさを感じた。それからしばらく経ち、「児島さん、寂しいね」とやっとの思いで呟いた筆者の顔を見て、児島さんは柔らかく微笑みながら「でも、大丈夫だよ」と言ってくれた。以前のアパートを思い出していた。狭かったが、ベッドに座ったままで手が届くところに物が置けたり、窓を開けるとちょっと賑やかだが街の通りの様子が伝わってきたりして、児島さんには暮らしやすかったし、馴染みの街のなかに溶け込んでいたのではなかったか。この広い部屋の空間は歳をとってきた児島さんにとっては孤独感が強く、寂し過ぎるのではないのか。

最近は亡くなった家族のことを妄想的に語ることが減り、現実的な話が増えてきているのも、孤独感に関連していないだろうか。「また来ますね」と言って病院に帰る車中で、筆者は誰のために転居の援助を組み立てていたか、もう少し児島さんの気持ちを汲めなかったものかと、改めて反省させられた。大失敗をしたと思った。

その後一カ月もしないで、今までに見せたことのない混乱振りを呈して、児島さんは入院となった。その後も二回ほど退院したが、結局はアパート生活の継続が困難となり、引き払って長期入院となり始めている。今でも時どき院内の喫茶コーナーで会うと、コーヒーを一緒に飲むが「もう一回退院したいなあ」と決まって口にされ、筆者は切ない気持ちになる。

精神障害をもつ聾唖者伊田さんの治療にかかわったときのことである。面接に支障を来たすので手話通訳の派遣を依頼して欲しいと何度お願いしても手配してくれず、また関係機関スタッフの連携が難しくなるような相談の仕方をしてくる母親への対応が難しく感じられたことがあった。かかわりの開始からだいぶん経って、家庭訪問をすることになり、伺ったときのことである。駅まで出迎えにきてくれた伊田さんに連れられて自宅に伺うと、エプロン姿の母親が「いつも病院でお会いしているときは、もう少し大きい方だと思っていました」と筆者を見て言われた。

病院でも私服なので外見上は変わらないはずであったが、そうかと、気づかされたことがあった。きっと母親は、病院では患者の親ということで縮こまっていたのではないだろうか。今日は自分の懐で相手を迎えているという感覚なのだろうか。お茶と手製の漬物をご馳走してくれ、伊田さんの出生当時や幼少期の頃の話をしてくれた。生活が大変で、祖母に育児を任せて障害に早く気づいてやれなかったことや、聾啞学校の幼稚部は通常親同伴なのだが遠方だった上にひとりで通わせてかまってやれなかったこと、将来が心配だからどうしても過干渉になってしまうことなどを、自責的な感情も含めて話してくれた。

筆者はようやく母親の気持ちや動き方が分かったような気がした。母親の支えも必要なのだと理解できたことで、援助の視点も変わった。それ以降はときどき母親が愚痴をこぼしに来たり、対応の仕方へのアドバイスを求めて来るようになった。場が変わることで見方は大きく変わるものだと頭で理解していたことが、実感を伴ったときであった。

第4節　多様な現場

病院に勤務してずい分経ち、最初に記したようなしんどさ、つまり現場の不確かさを体験するようになった頃から、筆者は地域の資源作り運動にかかわるようになっていた。区内に精神障害者地域生活支援センター設置を推進する運動である。需要を考えればまだ不足であるが、区内には作業所やグループホームなどが数的にはかなり整備されている。今後必要な社会資源を考えようということで、保健所主管の公的な地域関係者連絡会議の席上で、地域生活支援センター設置構想が話し合われたことが発端であった。生活支援を望む当事者のニーズを探ろうというアンケート調査が行なわれ、その調査結果報告会に集まった当事者や関係者のパワーが、有志に運動としてパワーを結集していこうと考えさせた契機となった。

準備会期間を約一年経て、「区内に生活支援センターを作る会」が設立された。運営委員会方式で行政との設置場所や運営母体や運営事業内容等を巡り、要望を伝えたり交渉をしたり、そのための当事者の声を吸い上げる機会を設けること、他区の展開に学ぶこと、会員向けに便りを発行すること、区民への啓蒙を企画するというような活発な活動を展開している。運営委員会はほぼ毎月一回開かれ、クリニックのフロアを夜借りて、三〜四時間の熱心で活発な討論がなされている。

ここには運営委員以外のオブザーバー参加も見られ、メンバーは当事者・家族・医療スタッフ・作業所スタッフ・ボランティア・区民などであり、多彩な顔ぶれである。このメンバーで討論することは初めの頃は非常に困難を伴っていた。同じような立場の人との話し合いには慣れていても、これだけさまざまな立場の人達の本音での話し合いというものは、当然のように主張が異なるので折り合いをつけるのがとても大変であるばかりか、初期はお互いの意見への傾聴も難しかった。

しかし、筆者には皆それぞれに最大限各自の言いたいことを主張していると思えたことや、日頃病院で集団療法の場でのリーダーを務めていたこともあり、当初は進行役を担うことが多かった。筆者はこの運動へのかかわりのなかで、これまでの患者さんとのかかわりをもつときに悩んでいた現場の不確かさが、確かさに変化していく作業をおそらくもてたのではないかと考えている。それは、「現場」と「所属感」の違いについて一定の整理が進み始めたからではないかと思う。

ある日の運営委員会でのことであった。家族から何人かの関係者に向けられた発言に、一瞬その場は重く固まった。「あなたたちは本当にやる気があるのですか！　私たちは命掛けでやっていると言ってもいいくらい真剣なんです！」。苦しかったし、耳が痛かった。一瞬、関係者同士の視線が走ったようにも思えたが、誰もなかなかことばを発することができなかった。それから数日後、この発言をした家族に頼まれて、その方が暮らす地域の家族会有志の集いの場に招かれた。

情報や知識が少ないなか、親亡きあとの心配をしている家族に向けて、病気の子どもの自立に関して利用できる社会資源や福祉の制度について説明して欲しいというのである。熱心な依頼に休みの日を利用して伺うことを承諾した。集まった家族の子どもたちはほとんどが区内ではなく、少し離れた都心の総合病院の精神科やクリニックに通院していた。PSWがいない病院もあり、あまり相談に乗ってくれるスタッフと出会ったことがないという。そのぶん相談したいことや知りたいことを多くもち、自分の胸のうちのさまざまな思いを語る機会にもあまり恵まれていなかったようであった。

筆者の話に真剣に耳を傾けてくれ、また噴出すように多くの思いを語ってくれた。地域の家族会の集いに参加している方々の話である。本当はその場を利用して、保健師や地域の医療機関のスタッフにお願いして来てもらったほうがいいのではないか、自分は今どういう立場でここに身を置いているのだろうか、と筆者は考えていた。実は、この依頼を承諾しながらも少し迷っていたのだった。

時間が予定を遙かに超えても会を終わることができなかった。それだけ必死な家族の思いが伝わってきたからである。途中で筆者は、何か役に立つならば立場は関係ない、むしろそういうことをしなければいけないのではないかという思いになった。また、地域の援助者達にどうフィードバックするべきかを考え始めた。そしてこのときに、以前加藤さんから言われた「地域にワーカーがいてほしい」ということばが頭に浮かんだ。

おわりに

現場意識が筆者のなかで変わってきている。今、筆者は「現場」ということの意味を「援助や支援を必要としている人たち（それは病院の患者であったり、地域住民としての当事者であったり、その家族であったりする）が生活をしている場」と考えている。それは、ＰＳＷである筆者がどこに所属しているか、どこから給料をもらっているかということに拘束をされるのではなく、筆者の専門性をそのかかわりにおいて求められる場である、という考え方である。

また、実際に援助を考えるときやかかわりを展開しているときには、筆者が援助を求められる実際の「現場」への想像を繰り広げながら行なうようになった。たとえば相談場面で援助を考える時にはその人が実際に暮らす場での出来事についてのことを、そして限られた面接室であれば、そこで展開する関係性を生かして具体的な生活の場での援助にどう反映できるかを考えるようになった。そして想像には限界があるため、援助の組み立て方も訪問を増やしたり関係者の情報交換や連携をいっそう重要視するように変わってきた。

もちろん、その「現場」とは、アパートの部屋や街といった物理的なものばかりではなく、その人がかかわりを過去や現在においてもっている人びととの関係そのものでもある。このように考えられることによって、病院内であっても訪問先であっても、地域の会議であっても、コミュニティワークやソーシャルアクションの場であっても、自分の実践の軸にぶれが少なくなったように思えるようになった。

つまり、病気や障害をもつ人が存在する場およびかかわりを展開している場によって、その人のどの面が表に出るかという多面性の理解によって、役割のウエイトや、見方が全く変わってしまうことはなくなってきた。筆者の実践の軸は、どんな「現場」でも、障害をもつことによって生きづらさを抱えている人への生活の豊かさを想像して支援をすることである、と今は考えている。

同時に、支援をするうえで、自分の実践では支援の限界がはっきりとあるという認識が強くなってきた。生活場面が援助の「現場」であるとすれば、その多面性は計り知れず、援助者のかかわりはほんの一時期一面にしか過ぎないのである。当事者の生活のすべてにひとりの援助者がかかわることは絶対に不可能である。そしてそのかかわるほんの一面を他の援助職にある人と、それぞれの異なるかかわりがあることを共有することにおいても、さまざまな現場でさまざまな立場と視点をもって為されるべきものであるということが、常に実感をもってできるようになってきたのである。

その分、連携に伴う間接的業務は増えつづけているが、ソーシャルワーカーというときの「ソーシャル」という言葉の意味には、それだけの奥行きと幅とが多面的にあることをしっかり考えていきたいと思うようになった。人が暮らす、生活をするということは、本来どれほどに豊かさをもつものであろうかと考える。そして生活を支援するわれわれの仕事における「現場」も同様に、対象となる人にとっての困難さの数だけ、かかわりを求められる「現場」があり、そこでの気づきをどれだけ得られ、そのことをともに確認しあっていけるかということに、その「現場」へのかかわりが問われ、また暮らしの豊かさへの支援が問われるのであろうと考えている。

さらに「現場」では、さまざまな出来事が生じ、またさまざまな関係が作られ、そこにさまざまな気づきが得られる。一方で、「現場」には当事者・援助者の喜怒哀楽を伴うさまざまな感情が生まれ、また感情を伴う人と人との関係において、内在したたくさんの矛盾や葛藤や限界が表出される。関係性はかかわりつづけることにおいて、多くの気づきを得て、変化をしていくものである。そして筆者は、その変化により「現場」ということの意識も、広く変化させることができた気がしている。今後も気づきを得て、その変化は続くのであろうと考えている。

第12章 現場からソーシャルワークを考える

国立精神・神経センター精神保健研究所
荒田　寛

はじめに

現場から離れて三年になる。二十六年間精神保健福祉の現場において、クライエントとのかかわりを通して自分自身の存在を確認してきたと思ってきたので、現場から離れることは大きな決断であった。ソーシャルワーカーとしてのアイデンティティを深化させることにこだわってきた私にとって、日常的なクライエントとのかかわりを実践する現場から遠くなってしまうために、自分自身を点検する視点を失うのではないかとある種の怖れがあった。

福祉事務所、精神衛生センター、精神科病院と働く場を変えてきたが、目前のクライエントの問題や生活課題の解決だけに目を奪われることもあったし、職場の上司や同僚の目を気にして、周囲の期待する職業的な役割を遂行することだけに懸命で、自分を見失っていたこともある。そのようなとき、私を立ち直らせてくれたのは、精神障害者の置かれている現状の深刻さに対する憤りであり、また、彼らの存在と優しい励ましのことばだった。

ソーシャルワーカーとしてのアイデンティティを確立していくことは、クライエントとのかかわりや他職種から影響を受けることで、自分自身のあり様を考えることである。アイデンティティは最初から自分のなかにあるものではなく、他者との関係から内実化するものであり、そのときには他者との関係から自分自身を検証するソーシャルワークの理論的な枠組みを、自分のなかにもっているかどうかが問われるのであろう。私はまだ自分の過去を回顧するほどの存在ではないが、今後の自分を考えるためにこの文章を書くことで現在の到達点を確認したい。

鷲田は、臨床の現場を、「(前略)〈現場〉とは、おなじ時代を生きる他者との関係の場面である。そしてそれは、時間としての視点から規定すれば、シンクロニズム(共時性)の世界であると言った。二つの現在がともにというかたちで縒りあわされていること、そしてそれぞれの内部的な時間のなかに退却不可能のかたちでおなじ現在という場に引きずりだされたままになっているということ、(後略)」[1]と定義している。

社会的に隔離収容政策が長く続き、精神科病院のなかで数十年に及ぶ生活を余儀なくされてきた多くの入院患者に出会ったときに、その時間の長さに圧倒された。少なくとも、多くの当事者との出会いを大切にして、かかわりを積み重ねてきたが、私にとってもここが「現場」であると、彼らと共に同じ時間を過ごすことを本当に覚悟していたのであろうか。この人たちに何かができると安易に考えていたのではなかろうかと自問する。

第1節　生かされていること

広島の家族会の講演会で、二十代の頃にかかわっていたことがある何人かの家族に、二十年ぶりにお会いする機会を得た。二十数年間の家族の歴史と今の生活状況を詳しく報告されるAさんの御両親は、七十歳をとうに超えておられた。

「あのときは世話になったのぅ。元気で何よりじゃ」「あきらめずに病院を変えてみようよ、元気を出して頑張れ、と何回も言ってくれたよのぅ」。

訪問したときの私のことばまで詳細に覚えておられた。若さからくる情熱と正義感だけで走り回っていた自分の行為に対して、重みのある感謝のことばをかけられ、恥じる気持ちもあったが、この仕事をしていたことを誇りに思う瞬間でもあった。御両親が目に涙をためて私の手をジッと握って、今までの長い人生を語っておられる姿を見ていると、生きることの厳しさと強さを教えられた。そして、ソーシャルワーカーとしての自分の存在を認められたという勇気が湧いてくる。

さらに、それと同時に、じつは自分の方が当事者や家族の存在に生かされていたということを実感した。

今は、Aさんは調子を崩し、入退院を繰り返しているそうである。私がかかわっている頃、仕事で忙しくされていたAさんのお父さんのことを、良き理解者ではなかったように私は思っていた。

お母さんばかり登場されることに不全感をもっていたのかもしれない。

現在、お父さんは病院家族会の会長として小規模作業所の設立後、地域生活支援センターなど地域生活支援体制の準備のために活動されている。「荒田さんと死ぬ前に一回逢っておきたかった」という両親のことばから、息子であるAさんの病いと格闘することに自分の人生を懸けてこられた潔さを感じることができた。

Aさんと同じ病院に通院していたBさんは、「都合で会えないけれど、元気に暮らしている」とAさんのお母さんにことづけをされていた。Bさんは思慮深い人だった。この二十年間一度も再入院することなく、年老いたお母さんと内職をしながら暮らしているそうだ。自分を否定した内容の幻聴に悩んでおられたBさんと私は、劣等感と優越感について何度も語り合ったことを思い出す。「人に認められたい」という気持ちと「自信のなさ」の狭間で苦しんでいたBさんに、当時の私は、一緒に生活体験の積み重ねのなかから答えを探していくしかないとしか伝えられなかった。

このBさんとのかかわりの経験は、精神症状としての幻聴が、対人関係における他者からの評価と自己評価の「ずれ」として現われるものであることを教えてくれた。さらに、それは対人関係や生活環境の変化によるストレスの結果としての、不安や孤立感や自信のなさのシグナルであることを経験知させてくれた。

その頃、精神科デイケアのスタッフであった私は、AさんやBさんやそして他のメンバーと一緒に、新しくデイケアのグループを始めたばかりであった。自分にとっても初めての経験であり、メンバーの存在に有形無形に支えられていた。少しでも自分たちでお金を稼いでみたい、という希望から「ふすまはり」を始めることになり、その手順を一緒に覚えて、プログラムに「ふすまはり」の時間を設定した。メンバーと一緒に知り合いの保健師や看護師に声をかけて、ふすまを貼らせてもらった。その頃は、デイケアのなかでそんな挑戦が許される自由があった。

素人の「ふすまはり」には時間がかかり、出来上がった「ふすま」をAさんやBさんたちと星を眺めながらリヤカーで運んだこともある。その頃の私は、熱心であったかもしれないが、自分の力を過信していた。しかし、確実にメンバーの存在や力に助けられていたと思う。メンバーがいなければ、とても「ふすまはり」というプログラムは長続きしなかっただろう。

現在、こうして時間が経過して思い起こすと、援助する側にいたと思っていた私が、援助される対象から逆に「生きる力」を与えられていたことを感じさせられる。

柏木は、「かかわりの共有」を重視して、かかわりにおける時間（時熟）の大切さを強調している。クライエントとの関係を作る時間だけでなく、クライエントが自分の生活課題のことを決定するために熟する時間の大切さの意義を主張している。(2)

坪上は、精神保健福祉士と精神障害者の関係性について、「〜に対して」(to) でなく、「〜のために」(for) でもなく、「〜とともに」(with) という援助関係を表現し、人の問題に深く介入することは、援助し—援助されるという対峙した関係を超えたところの、生命存在としての「相依相

関」の関係として認識すると述べている。(3)

つまり、他者とかかわることは、その人との関係に一歩踏みこんだ「ぬきさしならない関係」になる覚悟が必要であり、そこには専門家としての責任性が併存すると考える。表面的な関係であれば、他者にかけることばは相手の心に響かないのではなかろうか。「かかわる」ということは、他者の生きることの苦しみ、悲しみ、痛みなどに触れることであり、その関係に自分を投入することで自分が傷つくことでもある。一方で、自分の日常では遭遇しないような、人生の大きな転機に同席して、喜びを分かち合う瞬間に立ち会うことでもある。ソーシャルワーカーとクライエントとの相互関係のなかにこそ、ソーシャルワークが存在すると思う。

Aさんの御両親にお会いしたことで、若かった頃のことを思い出すとともに、生かされてきた自分を感じることが出来た。

第2節　自己決定の保障

ソーシャルワーカーとして、クライエントの自己決定を促して尊重することに、私はこだわってきた。自己決定の尊重はソーシャルケースワークの原則のひとつであるが、それは、クライエント自らが人生の生活課題を決定して取り組むという権利を保障することである。ソーシャルワーカーはクライエントを生活者として規定し、クライエントの生活課題を具現化できるように、側面から支援していく役割をもっている。

精神障害者は「自己決定」を実現するうえでさまざまな困難を抱えている。それらは、精神保健福祉法に定められた医療保護入院や措置入院などの自分の意志によらない入院制度である。また、精神科医療機関においては、入院中に行動制限が伴うこともある。入院中の処遇改善や退院請求をする場合も、精神医療審査会に審査請求してその決定を待たなければならない。さらに、社会の精神病に対する偏見やスティグマが根強くある。そのために、自ら精神科医療機関を受診することは少ないと思われる。

精神科医療機関においては、入院時に精神保健指定医による「入院時告知」をすることが義務づけられているが、治療内容についての十分なインフォームド・コンセントがなされているわけではない。

私は、インテーク面接のなかで「入院したくない」「治療を受けたくない」「向精神薬をのみたくない」と主張される方に出会うことがある。自ら心の病いになったことを認め、その事実を受け入れることは大きな喪失体験となる。人生の希望や夢や友人などを失うこともあり、その喪失体験を受容することは困難な作業であり、ソーシャルワーカーはその体験に寄り添う必要がある。そして、そこからクライエントは病いを抱えつつ、人生の一歩を踏み出すことになる。

柏木は、「クライエントの自己決定の質は、ソーシャルワーカーの援助関係の質やかかわりの時間的経過やクライエントの自己決定能力の関数によって決まる(4)」と述べている。クライエントの自己決定の質を深化させていくためには、ソーシャルワーカーのかかわりの質と姿勢が問われる。クライエントが「生活者」であることを尊重し、医療や生活の情報を提供し、自らが自己決定した生活を営めるよう支援する。

次に医療を受けることも含めて、自己決定の保障を考えてきた事例を二例紹介する。

【事例1】

Cさんは三十代の男性で、二十一歳のとき精神分裂病と診断され、入退院を繰り返していた。精神科医療との出会いは、自分の苦しみを軽減させてくれるものではなかった。彼は自由を束縛されることに強い不信感を抱いていた。そのため二度離院し、通院治療もしていなかった。私は週に一回参加する保健所デイケアでCさんと出会った。ストローをくわえたまま街のなかを歩くCさんの姿は奇妙であったが、声をかけると優しい眼差しで見つめ返されるときもあった。

「僕の病気は治りますか」と、自分から私の勧める病院の門をくぐった。入院を勧めると、「退院を希望したときは退院させてくれることを約束してくれたら、入院する」と主張する。そのことを医師や看護師と話し合ったうえで、Cさんは入院となった。しかし、入院して三日目に「病院のなかにもやくざがいるから怖い」と強く退院要求をされ、約束どおり退院となった。

私は「困ったときはいつでも連絡して下さい」と伝え、保健師に関与を依頼した。それから二日後に、再度Cさんは来院されたのである。約束のとおり退院させてくれたことが病院を信頼することに繋がったようであるが、いつでも話を聞いてくれたソーシャルワーカーの存在は大きかったとあとで話された。

六カ月の入院後、再び保健所デイケアに参加し、小規模作業所を経て、現在は授産施設に通っておられる。病院への通院の際は、主治医の診察後に必ず相談室でソーシャルワーカーに会っていく。授産施設の職員や仲間とのふれあいによって安定した生活を送られている。

【事例2】

Dさんは都内の専門学校に通う十九歳の女性で単身生活をされていた。アパートに閉じこもった生活が何カ月も続いたため、友人が心配をして私のところへ連れて来られた。Dさんはいつもうつむいたままの静かな女性であった。手首にはリストカットの痕があり、医師は入院が必要と診断した。しかし、Dさんは強く入院を拒否し、家族への連絡も拒ばまれた。

何時間か話し合った結果、学校の近くの精神科クリニックに通院することと私との面接を継続することを決めた。Dさんと友人とクリニックの医師の意見を確認して選択した結果であった。約一年間の通院と面接をDさんは続けた。ときには処方された何日分もの薬を一度に飲んだこともあり、経過は決して順調ではなかったが、友人や先輩や恋人の存在が「自分とは何か」ということを考えるうえで重要な役割を果たした。

充実した学生生活の影響も好結果を生み、面接のなかで自己の同一化について深めていくことによって、通院治療や面接の必要がなくなり、元気に学校を卒業し、就職して、最近そのことを報告に来られた。

事例1・2の二人とも、医療を受けることや地域生活を維持することを自分で決定し、ソーシャルワーカーはその意志を尊重するために周囲の「関係者の調整」を行なった。その調整を実践することは医療機関のなかではひとつの闘いでもあった。このような事例はそんなに多くはないが、私にとって「クライエントの自己決定を促して尊重すること」は、医療に対して自分のソーシャルワーカーとしての姿勢を示すことであり、自分自身のアイデンティティを確認するための闘いでもあった。

また自己決定の尊重には、精神科医療機関や地域の関係者とチームでかかわるという「チームの連携」が重要であった。また、われわれのもっている医療サービスや福祉サービスや社会資源の情報をクライエントに伝えるという「情報の共有化」が大切であった。自分の生活を選択できるように自己決定の幅を広げていくかかわりは、選択肢を提示するだけでなく、ワーカーとクライエント関係によって自己決定の内容を支持し、自信をつけて行く作業が伴っていなければならない。さらに、選択肢が乏しい場合は、ともに選択肢を増やしていく活動も必要となる。

自助グループの活動やエンパワーメントの活用が語られている一方で、福祉サービスが画一化されようとしている状況のなかだからこそ、自己決定の尊重を強調する意義は大きいと思う。

医療においては、自己決定という前にすでに治療方針が大きく存在していて、患者という立場からは、自己決定を主張するだけの選択肢は用意されていないという現実がある。ここではソーシャルワーカーが自己決定を促して尊重する姿勢を堅持する意味を整理したい。

（1）自己決定の尊重により、ソーシャルワーカーとクライエントの関係をさらに深めることが可能になる。

（2）クライエントは問題を自分で考え、決定することにより、病いを受容し、自らの問題解決の能力を高めていくことができる。そして、そのことが生活能力の拡大につながる。

（3）ソーシャルワーカーのもっている保健・医療・福祉の情報を提示して「情報の共有化」をしていくことが、当然必要となってくるプロセスである。

（4）個別性を大切にすることを徹底して、かかわりのパターナリズムに陥らない。

（5）援助の連携についても、常に自己決定の尊重を堅持し拡大することにより、本人の信頼する人間関係の広がりを求めていくことが可能になる。そしてそのことにより本人の生活の場面が拡大する。

（6）医療機関において自己決定を促して尊重することは、「医療内容の点検」を可能にする。特に医療サービスを提供する立場の医師や看護師に、クライエントの自己決定の尊重と、地域生活の支援を中心に据えることに理解を求めていく作業は困難を伴う。

かつて、社会福祉の領域において、自己決定を促して尊重することは、一九五〇年代にバイステックがケースワークの原則のひとつとして、パーソナリティの発達と社会適応を促進し、クライエントの自らの潜在能力と自助能力を高めていけるようにケースワーク関係を利用すると提唱した。そして、自己決定を促して尊重することを、「クライエントは、自分の人生に関する選択と決定を自ら行ないたいとするニードをもっている」「クライエントの内部に存在しているさまざまな情緒がケースワーカーの情緒を刺激し、二人のあいだで力動的な相互作用が始まることになる[5]」とクライエントのもっている基本的な七つのニードのひとつであり、それを尊重するケースワーカーとの相互作用と規定している。

自己決定の尊重は、社会適応のための個別的な支援関係に必要な意味を示すだけではない。精神障害者の人権の保障や精神障害者を取りまく医療制度、福祉制度の改革を目指して、社会生活の支援のための法制度や社会復帰施設などの社会資源開発の発想を伴うことが必要である。そして、前提としての情報の共有化は、クライエントを医療チームや地域の連携の中心に据えて、本来の相互信頼を生んでいく機会として前向きに捉える意味がある。

そもそも医療とは、ひとりの人間が社会生活を全うすることを支える社会資源としての補完的なものである。自己決定の尊重を貫いていくことは、医療のあり方を点検する視点が求められることになる。ソーシャルワーカーが「クライエントの自己決定を促して尊重する」ためには、ソーシャルワーカーの業務内容や配置基準の確立、研修体制、相談室が確保されているかどうかなども考慮しなくてはいけない。また、「自己決定を促して尊重する」ことはそれだけで独立するものでなく、他のケースワークの原則である「受けとめる」「クライエントを個人として捉える」「秘密を保持して信頼感を醸成する」などの原則との関連性のなかで考えなくてはいけない。

第3節　社会福祉制度の活用とソーシャルワーク

私が参加している事例検討会に経験三年のソーシャルワーカーから事例が提出された。家族関係に介入する方法に困っている事例である。

【事例3】

両親が交通事故で亡くなった二十六歳の女性、Eさんの事例であった。Eさんは高校を卒業し、会社員として働き始め、二十二歳のときに仕事上の責任の重さや職場のストレスから発症し、非定型精神病と診断された。

数カ月入院し、その後四年間はアルバイトをしながら定期的に通院していた。三歳年下の弟との生活は、倹約家のEさんがリードしつつ続いていたが、弟は浪費家で収入も不安定であった。今年の春、生活が困窮したためか、Eさんの病状は不安定となり、再入院となってしまったのである。

弟は働こうともしないで、二人で暮らしているアパートに閉じこもっていることが多いが、姉のことが心配で面会には来てくれる。Eさんの病状は少しずつ安定してきており、退院後は弟との同居生活を希望している。

ソーシャルワーカーは入院費の捻出のため、病院からの要請にもとづいてEさんにかかわるが、Eさんに依存的で無責任な弟に陰性感情を抱くようになる。家族は弟しかなく、親戚からも入院費の援助を期待できない。入院費の捻出には障害年金の申請手続きを勧めるか、生活保護の申請をすすめるかの方法が考えられるが、弟はソーシャルワーカーに任せっきりで動こうとしない。病院としては退院をすすめているが、Eさんは退院の話が具体的になると病状が不安定になる。

入院期間がすでに四カ月を過ぎ、入院費も未支払いのため、退院の方向で働きかけることが主治医の方針となる。ソーシャルワーカーは「もっと現実に生活することに希望をもちなさい。病気に逃げてしまっては駄目だ」とEさんを励ます。今までEさんは弟となんとか自分たちで頑張って生活してきたので、生活保護を受給するには抵抗があった。

ソーシャルワーカーはクライエントの生活問題に関するニーズの解決に、公的扶助や年金制度や社会復帰施設などの社会福祉制度、社会資源を活用する。さまざまな制度の活用に当って、ていねいな説明をしたうえで、クライエントの理解を確かめ同意を得ることになる。しかし、社会福祉制度を活用すること、または制度を適応することが先行されてはいないだろうか。本来は、かかわりのなかで社会福祉制度が活かされていくという視点を忘れてはならない。社会福祉制度を紹介することが、ソーシャルワーカーの第一義的な課題ではない。もちろんわれわれの知っている情報を提供していくことは重要な役割であるし、生きていく権利を保障する必要がある。

しかし、Eさんのように社会福祉制度の活用に、心理的な抵抗を示す場合もある。生活保護を受給する場合においても、その心理的な受けとめ方はさまざまである。生活を維持するための当然の生きるための権利だと思う場合もあれば、屈辱感や恥ずかしさを伴う感情に苦しむ場合もある。その両方を揺れながらもっている感情といった方が正確かもしれない。ソーシャルワーカーはその心理的な揺れを理解し、付き添わなくてはいけないのであろう。そのかかわりのなかで、クライエントの生活課題を解決するために、社会福祉の制度を活用するのである。

また、Eさんがイメージする生活を具体化するための生活費と、福祉制度によって実際に支給されるそれには差異があると考えられる。そのことについても、Eさんと話し合っていく必要があるだろう。

たとえば、障害年金や精神障害者保健福祉手帳を申請する場合においても、抵抗を感じているクライエントは多い。ソーシャルワーカーがクライエントの社会福祉制度の活用において、心理的な揺れや実質的な差異について十分な配慮をすることを求めたい。私たちにとって、見過ごしてはいけないことがある。それは、なぜEさんがこのような生活をするようになったかということを、社会的な視点から見ることである。貧困が疾病を作り、疾病が貧困を再生産するという社会構造を見据える必要がある。そして、Eさんが生きてきた歴史を知り、社会的背景を理解し、そのうえで、抱えているさまざまな問題や障害を乗り越えて生き生きとできる方法を、かかわりにおいてともに考えていく姿勢を求めたい。

第4節　クライエントと機関・施設の中間にいること

前節の事例では、ソーシャルワーカーや医療関係者は、Eさんが現実逃避して病気に逃げていると判断している。現実に生活することに希望をもち、病気に逃げてしまっては駄目だと励ます。しかし、Eさんは病気に逃げているのではなく、弟との生活を守ることを望むものの、現実には弟との生活が破綻することを予想されているからこそ、前に進めなくなって混乱していると考えられる。

そんなとき、病気の世界に留まるしかないEさんの心情を理解することができなかったのだろうか。ソーシャルワーカーはもっとEさんとのかかわりを深めながら、Eさんの迷いや不安に付き添う必要がある。そのうえで、現実の生活を営んでいく勇気を創造する努力が必要になる。生活保護を受給することを選択するまでには、ていねいなかかわりと時間が与えられなくてはいけない。

本題から外れるが、弟もEさんのいない生活に困り切っていることが予想される。ソーシャルワーカーは、自分自身が弟に陰性感情をもっていることを自覚している。弟もアパートに閉じこもっている状況では、かかわりの対象と考えられる。ソーシャルワーカーが逆転移の感情をもっていると自覚することから、新しい関係になることが可能になる。

尾崎は、逆転移を活用する方法について次のように述べている。

「これらの逆転移は、あって当然のものであり、援助者がそれらを意識化し、それらに煩わされずに保持していれば、援助に大きな影響を与えることはない。つまり、援助者がそれらを吟味し、その表出を制御することができるかぎり、逆転移は援助に悪影響を及ぼすことはないし、それらを理解や判断に育てることもできる」「そして逆転移の伝達によって、クライエントの内的感情を援助関係のなかで外在化させ、援助のテーマにすることができる」

（尾崎新『ケースワークの臨床技法』(6)）

弟とのかかわりにおいても、その逆転移感情を見つめなおすことによって、そのかかわりが始まる。ソーシャルワーカー自身が他者にかかわることにより、侵入されたり傷ついたりすることを怖れているかぎり、影響を与えたり、影響を受けたりすることもない。それを避けて、援助があるといえるのだろうか。われわれの現場において、援助の関係には日常的に逆転移の感情は必ず存在するのである。もし、どうしても新しいかかわりが難しいときには、別のソーシャルワーカーに担当を交代してもよいだろう。この事例の場合には、地域の保健師に関与を依頼することもできる。その前に、ソーシャルワーカー自身によってかかわりの可能性を広げていきたいと思う。転移感情や逆転移の感情に焦点を当ててクライエントとの距離の問題を議論する立場には対象に対する権威性が存在する。ソーシャルワーカーには、この権威的な立場ではなく、シンクロニズムの視点が必要なのである。

Eさんの事例のように、病院の方針のもとに、入院費の支払いについて対処することをソーシャルワーカーに求められる場合はよく見られることである。ソーシャルワーカーは、Eさんの医療費の確保と、これ以上赤字を増やさないために退院を勧めることになる。このことは施設・機関の都合をクライエントに押しつける役割をとることになる。ソーシャルワーカーとしてクライエントのニーズを大切にしたかかわりをもちたいと思うのは当然のことであるが、病院の職員としての立場もある。そのようなときに、クライエントに寄り添う立場と病院の職員としての立場のあいだに立って悩むことが多い。

Eさんの事例では、現実に立ち向かうための意欲をもってもらうかかわりをもっと重ねるべきだろうし、弟に対しての支援に取り組むこと、社会資源の利用を具体化することなど、もう少しの時間を必要とする状況にある。しかし、病院の都合も理解できる。

機関・施設には組織運営のための規則や就業に関する規定があるのは当然であり、利用者であるクライエントの都合ばかりに合わされないという現実がある。一方で、クライエントの生活者としての状況は、機関・施設の都合に関係なく毎日動いているものである。ソーシャルワーカーはクライエントのニーズを把握し、その実現のためにかかわりをもつという立場で日常の業務を実践している。

精神科病院の入院生活では、プライバシーが守れないこともある。家族や友人の面会時間を、自由にいつでも保障できないこともある。面会場所がなく、多くの患者さんのいる病棟のホールで話してもらわなくてはいけないこともある。通院治療をしていて、診察までに何時間も待たされることもある。ソーシャルワーカーや医師や看護師に相談したくても、すぐに対応してもらえないこともある。

私の場合も、長いあいだ精神科病院で働くことによって慣れが生じてしまい、患者さんや家族の不安や不満に配慮できないまま、病院の規則や規制を守る立場に立ってしまったこともある。電話相談で家族から入院依頼があったときに、「満床のため申し訳ありません」と断ることに何のためらいももたなかったこともある。多忙を理由にして、相談内容にていねいに応じることや、問題を解決する方法をともに考えることや、適切な他の機関を紹介することなどを怠っていたこともある。

ソーシャルワーカーはクライエントの生活している「現場」に立ち、クライエントに寄り添いつつかかわりを続ける。しかし、機関や施設の都合との中間にいることは事実であり、その「中間的立場」にいることに無自覚になってはいけない。曖昧な中間的立場にいることを自覚しつつ、機関・施設の医療と福祉のサービスの限界を理解しなければならない。サービスの利用者であるクライエントにとって、不利な状況にないか、ニーズを無視していないかと、機関・施設のサービス内容を点検する視点をもつ必要がある。

以前、看護主任といっしょに外来患者の医師の診察、薬局の調剤、会計などの待ち時間を一ヵ月間調査し、その結果を医局に提示して、外来の診療体制の改革を求めたことがある。

一見、クライエントの視点で自分の働く機関を点検することについて、誤解を生むように思われるかもしれないが、結果として、機関のサービス内容を向上させることを可能にするための活動である。現場の矛盾や曖昧さを乗り越えていかなければ、クライエントに対する援助の質の低下につながるし、機関・施設にとってもサービスの向上はないだろう。

第5節　情報の共有化とクライエントの参加

一九九九年の秋に、週に二回参加している精神科デイケアの場において、メンバーから個人記録を開示することを求められた。「全体集会」の場で、スタッフとメンバーはデイケアの運営について対等に意見交換していたと思っていたので、「自分がどのように考えられているのか」「スタッフは何を話し合っているのか」という意見に驚いたというのが素直な感想であった。

しかし、援助する立場と援助を受ける立場には大きな違いがあり、自分のことをスタッフがどのように評価しているのか気になるのは当然であろう。そのとき、私はチャンスだと思った。それは、メンバーが個人記録を読むということは、自分の診断名を知るということだけでなく、自分自身が抱えている問題や課題を自覚することになると思ったのである。かかわりの対象であるクライエント自身が自分の問題に立ち向かうことを、主体的に取り組むことが出来ると考えた。

メンバーとの話し合いやスタッフミーティングを重ね、開示の方法を検討した。「診断名を告げることの困難さ」「副作用の説明が服薬拒否につながる」「治療関係が壊れる」という理由で診療録全体の開示には慎重論が出されたが、デイケア記録については個人記録のみ開示と決定した。集団の記録は第三者の情報があるため開示としなかった。実際に開示の要求をした人は二人だった。その理由は、「デイケアに参加したばかりの頃と、現在で自分がどのように変わったのか知りたい」というものと、「自分の具合が悪いときにどんな状態だったのか、スタッフはどのように評価したのか」というものであった。実際の開示は、主治医とスタッフが同席して、特に何も問題なく行なわれた。

自分に関する情報を知ることとは、自分の課題を明確にしていき、クライエント自身が問題解決のチームに参画することである。自らが生きるうえでの困難さに立ち向かっていくという「エンパワーメント」を強化していくことになる。また、個人記録の開示はデイケアのスタッフにとっても提供するサービスの内容を点検する役割をもったものとなった。ソーシャルワーカーの知っている医療に関する情報に限らず、福祉サービスの情報を含めてクライエントとともに共有化することは、クライエントの自己決定をする力や理解力を信頼しなければできないことである。ソーシャルワーカーはかかわりのなかで、クライエントの判断能力や理解能力を成熟させていく役割をもっている。クライエントが「生活者」として、自らが自己決定した生活を営めるよう支援するために情報を共有化するのである。

診療情報の開示は、二〇〇一年四月より国立病院などで実施されるようになった。診療情報の開示は医療情報の提供だけでなく、インフォームド・コンセントが確実に実施されることや、診療記録のあり方、診療記録の管理のあり方、提供する医療や福祉サービスの内容など、サービスの質が問われるという課題を提起したことになる。今後、第三者の情報や開示の方法についての留意が必要である。

最近のデイケアでは、デイケアをよくするための提案を投書箱に入れる活動をしている。メンバーとスタッフが参加する形で、ともに向かい合ってデイケアのあり方を話し合う場の確保だけでなく、話し合いの場で意見を言えない人を支える意味で投書という形態も採用した。もちろん、他人の誹謗中傷は禁止とした。話し合う場面では、主張する声の大きい人や、多数の意見が通りやすくなる。少数意見や声の小さい人の意見を全体化することも、ひとつの情報の共有化であると考える。

第6節　精神保健福祉分野のソーシャルワーク

わが国における精神保健福祉分野のソーシャルワーク実践の歴史は、医学や看護と比較してまだ歴史が浅い。精神保健福祉士という国家資格が誕生して「精神障害者の社会復帰のための相談援助と日常生活の訓練」という限定した業務内容であるが、少なくとも精神科医療機関や地域においてソーシャルワーカーが活動することに社会的な認知がされ、社会福祉学を基盤とした専門職として専門性を発揮することが可能になった。精神保健福祉分野のソーシャルワーカーは、その時代の政治的動向や社会構造、とりわけわが国の精神保健福祉領域の歴史とさまざまな状況の変化に大きく影響を受けている。

そのソーシャルワーク実践の特徴は、次のようにまとめられる[7]。

かかわりの対象である精神障害者は、疾患と生活のしづらさという障害を併せもち、その両方に振幅している存在である。その障害は固定しているのではなく、社会的な不利や能力的な障害が病状に影響を与え、病状の悪化により社会的な不利や能力的な障害が増大することもある。心の病に対する社会の偏見と差別は厳然と存在し、長期にわたり隔離収容政策が実施され、「社会的入院」という形で、精神科病院において人生を全うするという不幸な現実がある。そこが当事者にとっての「現場」であり、ソーシャルワーカーにとっても逃げることも無視することもできない同じ時代的な経験を共有する「現場」なのである。

過去においては、精神疾患に対する症状の軽減化や問題行動に対処するための医療的な処遇が中心であった。精神障害者が社会参加するときに利用できる社会福祉制度や社会復帰施設は決して充分ではない。これからそのような社会資源を開発していくことが精神保健福祉士の取り組んでいく喫緊の課題である。

また、精神疾患の特徴として、急性期の治療や危機的な状況に対する「介入」という行為が、他の障害に比較して多く見られ、精神障害者が狭義の医療の対象として位置づけられることが多い。入院の制度も措置入院や医療保護入院のように、クライエントの意志に関係なく入院治療が実施されることが定められている。そして、そのときにはソーシャルワーカーは医師や看護師や他の専門職とチームの連携によりチーム医療を実践する。

ソーシャルワーカーの働きは、精神障害者の生活支援を実践する側面と、所属する機関・施設に雇用されている労働者という側面があり、クライエントの権利を侵害するかもしれない法的な制度に二重に拘束されているのである。

おわりに

ある大学で社会福祉を学び、すでに現場で働き始めた新人のソーシャルワーカーの意見を聞く機会があった。大学で社会福祉を学び、ソーシャルワーカーとして数年間現場で働くことによって気づいたことを後輩たちに語る場面であった。それは次のような内容である。

・人に対して援助すること、社会福祉とは何かを考えた。
・クライエントを見守ることの大切さを知った。
・他者とかかわって相手から学ぶことを知った。
・自分の無力感を自覚した。
・自分自身が自立していないことを含めて、自分について考えることができた。
・障害者の生きることの意味などを考えるようになった。
・かかわりのなかで自分の視点に幅ができた。
・虐待の事例に関わって、虐待する人の追いつめられている気持ちが分かった。
・ひとり暮らしの老人の生活実態を見たり、生きてきた人生を聞いたりして、人の生きる想いに触れることができた。
・自分のできること、できないことを明確にする必要性を知った。
・自分にとって苦手な人との接し方を教えてもらった。
・気分転換の方法を教えてもらった。

これらの言葉は、社会福祉の理論や知識からは学び得ない「現場」の経験を通して知覚したものである。クライエントの生活実態とその背景、日々の暮らしの重み、クライエントの気持ちの揺れなどを、かかわりのなかから学ぶことにより、ソーシャルワーカー自身を見つめ直すことを可能にしている。そして、ソーシャルワーカーとは何か、クライエントとのかかわりとは何かを「現場」から考察しようとしている。

誰でも他者の人生の苦しみや哀しみを本当に理解し、その人生の境遇やそのときの感情に一体化することは難しい。援助する立場の人間は、他者と一体化できなくともその思いを解ろうと努力する必要がある。少なくとも他者の人生を一方的に決め、自分の思うように誘導することだけはしたくない。同じ時代を生きるものとして、その人との相互の関係に身を置いて、自らを検証する姿勢をもち続けたい。

私にとって「現場」での経験はアイデンティティの模索の歴史であった。それはクライエントとのかかわりから学ぶことや、他の専門職との連携や確執によるものであった。この章では精神保健福祉の現場からソーシャルワークを理論的に検討することを試みたが、理論的な整理にはまだ中途にしか至っていない。一方で、現場に即戦力として役に立つものはそんなに安直には見つからないのだとも思うようになった。私はソーシャルワーカーとして、安易に何かの技術やマニュアルに縋ることに慎重になりたい。ソーシャルワーカーの存在は、クライエントの置かれている状況に重ね合わせた場所にしかないことを自覚して、クライエントとの「かかわり」にこだわっていきたい。

終章

現場の力
――「ゆらぐことのできる力」と「ゆらがない力」

立教大学コミュニティ福祉学部
尾崎　新

はじめに

現場の力、可能性とは何か。また、現場の力はいかなる構造をもつか。あるいは、現場の力はどのように育てるべきか。これらの疑問について、本書全体を参照したうえで、結論を示すことが終章のテーマである。ただし、すでに各章が多くのことを論じているので、終章の内容は簡潔にとどめることにしたい。

第1節　現場という矛盾

クライエントはそれぞれに異なる生活事情をもち、各々に独自の人生を生きている。また、現場も各々に特色をもち、それぞれに異なる地域性や歴史をもっている。したがって、現場における経験には、似たような経験はあっても、ひとつとして同じ経験はない。現場における経験は他者との偶然の出遭いからはじまり、その経験はつねに個別的であり、多様である。本書の各章がさまざまな個性と内容、視点をもつのもこのことと密接に関連しているだろう。このように、現場は何より個別性、多様性、あるいは偶然性を特徴としている。

しかし他方で、現場には実践を混乱させぬために、現場をつらぬく理念・価値観が必要である。また、あらゆる援助を公平なものとするために、法の整備、制度の明確化、そして援助原則の普遍化が求められる。さらに、現場には自らの経験を客観化し、科学として明らかにする力も不可欠である。行政などの施策を最も効果的に動かすのは客観性、科学性に裏うちされた現場経験である。このように、現場は個別性、多様性、偶然性を特徴としつつ、他方では一貫性、明確性、客観性を必要とする。

この矛盾こそ、現場の本質的困難である。また、この矛盾が現場で働くうえでの最大の葛藤である。なぜなら、現場はつねにさまざまな困難を抱えているが、この矛盾、葛藤は法や制度を改革することによっても解決することが難しい永遠のテーマと考えられるからである。したがって、多くの現場や援助者のあいだには、現場の力を育てる方法や方向、あるいは現場のあり方を考える姿勢に関して、つねに二つの矛盾する態度が存在しているように思われる。

第一の態度、それはクライエントの個別性、あるいは一人ひとりの生きるうえでの葛藤・矛盾・謎に向きあうことから、現場の力を創造しようとする態度である。つまり、援助を進めるうえでの葛藤、不安、分からなさなどに直面し、援助の意味を問いつづけることによって、力を高めようとする態度である。あるいは、日々試行錯誤をくりかえすことによって、援助における葛藤、不安に対する感性と耐性を高めると同時に、視点や発想を豊かにして、しなやかな力を獲得しようとする態度である。本書もこの態度を、現場の力を創造する出発点であるとした（尾崎・序章）。また、編者は前編著でも援助のしなやかで柔軟な力に注目し、これを「ゆらぐことのできる力」と名づけた(1)。

第二の態度、それは明確な理念、価値観、援助原則、あるいは制度、客観性を獲得することによって、現場にゆるぎない力を創ろうとする態度である。すなわち、明確性、一貫性、あるいは客観性を備えようとする態度である。この態度がめざす力を「ゆらぐことのできる力」と対照的に、「ゆらがない力」と呼んでよいだろう。多くの援助者はこの二つの態度のあいだをゆれ動いている。対照的で相反する態度のどちらを採用すべきかに悩んでいる。

しかし、二つの態度はどちらも正しく、いずれも必要である。ただし、どちらの態度もそれだけで単独に存在するとき、きわめて危険である。たとえば、「ゆらぎ」との直面を重視する態度は、それだけではいたずらに葛藤・不安に圧倒されて、現場を混乱させ、実践を破綻させる危険とつねに表裏一体である。一方、「ゆらがない」態度は実践を硬直化させる危険とたえず背中合わせである。つまり、「ゆらがない」態度は、下手をすれば実践を画一化し、クライエントが独自の人生を追求すること、自らの人生に悩み、葛藤することを許さないシステムをつくりあげる危険と表裏一体である。

それでは、現場の力を創るうえでいずれも必要と考えられる「ゆらぐことのできる力」と「ゆらがない力」をどう考えたらよいだろう。この矛盾しあう力ないし態度をどのように捉えたらよいだろう。すでにのべたように、ここに社会福祉現場が抱える本質的な困難と葛藤がある。

しかし、編者はじつはこの矛盾と葛藤こそ、現場の力の本態と構造を解き明かす鍵であると考える。すなわち、現場の力とは「ゆらぐことのできる力」と「ゆらがない力」という矛盾しあう二つの力によって構造化されているということである。問題は「ゆらぐことのできる力」と「ゆらがない力」の関係、互いの位置、距離である。

第2節　「ゆらぐことのできる力」と「ゆらがない力」

いかなる人生にも、あらかじめ用意された絶対的解答はない。また、人生は葛藤や矛盾を秘めた他者の生きざまとも複雑に交錯する。したがって、生活、人生には葛藤、矛盾、謎、分からなさが満ちている。このような人生と向きあう社会福祉実践もあらかじめ正しい答えを用意しておくことができない。答えはつねにクライエントと向きあい、かかわり、対話するなかでともに探すものである。したがって、援助は利用者の人生の矛盾、謎との直面からはじまる。そして、援助者は自らの援助を問いつづける過程を歩むことになる。しかし、人生や援助の本質が葛藤、不安、矛盾など「ゆらぎ」との直面にある以上、現場はやはり「ゆらぎ」に向きあうことから実践と考察をはじめなければならない。すなわち、はじめに現場に求められるのは人が生きること、あるいは援助することに伴なう葛藤、矛盾、分からなさなどに対する感性と耐性である。いいかえれば、「ゆらぐことのできる力」を育てることである。この「ゆらぐことのできる力」が現場の力を構造化する「横糸」である。

本書の各章をふりかえって、「ゆらぐことのできる力」に関する指摘を整理してみよう。援助者は援助に伴なう自らの「ゆらぎ」に直面することによって、生き方にゆらぐクライエントとはじめて向きあうことができる（尾崎・第5章）。また、援助者と利用者が互いに自分の「ゆらぎ」に向きあうとき、そこに援助というかかわり、対話、あるいは濃い時間が生まれる（長谷川・第3章、柏木・第4章、柳原・第8章、大塚・第11章、荒田・第12章）。しかも、そのかかわりは互いが葛藤や無力感と向きあっているという意味で対等である。この対等なかかわりのなかで、援助者と利用者は鍛えあい、育ちあう可能性が生まれる（石川・第2章、長谷川・第3章、川上・第10章、荒田・

第12章)。また、現場は援助を問いつづけることによって、日々の実践を解釈する力を育て(須藤・第1章、湯澤・第9章)、クライエント一人ひとりの生活に近づく足場に立つことができる(柏木・第4章、大塚・第11章、荒田・第12章)。あるいは、試行錯誤のなかから、新しい発想や生活文化(木下・第6章)、変幻自在さや先駆性(川上・第10章)を育てることも可能となる。さらに、「ゆらぎ」を多面的に検討することによって、現場は自らを眺望して判断する力や実践を貫く理念を育てることができる(尾崎・第5章)。すなわち、「ゆらぐことのできる力」は現場における葛藤や不安に対する感性、耐性を育てると同時に、現場のリアリティーを研ぎ澄まし、援助という関わりに深みと創造性をつくり、やがて現場に「ゆらがない力」を創造する基礎である。ただし、現場は人の生と死をテーマとする以上、無力さや限界性をあらかじめ内包していることも忘れてはならない(長谷川・第3章、天羽・第7章、柳原・第8章、大塚・第11章)。

一方、「ゆらがない力」は実践の理念、価値観、援助原則、客観性、制度、あるいは現場が自らを鳥瞰して実践を吟味する判断力などである。現場が「ゆらぎ」に直面する過程をしばしば支えるのはこれらの「ゆらがない力」である。「ゆらぐ」体験を不必要な混乱、破綻に導かぬよう支える土台、中心軸が「ゆらがない力」である。あるいは、「ゆらぐことができる力」と対話して互いを磨きあう相手が「ゆらがない力」である。したがって、「ゆらがない力」は現場の力をもう一方で貫く「縦糸」である。

しかし、ここで重要なことがひとつだけある。それは、「横糸」「縦糸」とも必要であるが、われわれはまず「横糸」から紡ぎ、現場という「織物」を織りはじめなければならないということである。援助者が自らの「ゆらぎ」に向きあう力。援助者とクライエントが互いに「ゆらぎ」に向きあい、かかわり、対話し、学びあう力。たえず実践の意味を問いかけ、解釈する力。新しい文化や先駆性を生みだそうとする力。これらが「横糸」である。まずこれらを紡いで織る。ついで、「横糸」を紡いだ経験を通して、「縦糸」を紡ぐ。「これだけは譲れないもの」としての実践理念、「決して曲げてはならない」援助に関する原則や価値観、あるいは現場を支える法や制度。これらが「縦糸」である。最後に、「横糸」と「縦糸」を織りあわせる。そして、「横糸」と「縦糸」が互いを支えあい、あるいは対話し、鍛えあいながら一層育ちあう構造を創る。現場の力とは、この循環を連続することによって創造されるものである。

ただし、くりかえすが「横糸」と「縦糸」を紡いで織りあわせる順序、循環の方向を逆転させてはならない。順序を逆転させれば、クライエントの人生とは無縁な空洞化した理念・価値観がつくられる。また、生きた現実や場面に何ら役立たない硬直した制度、援助マニュアルをつくってしまう。「ゆらがない力」は「ゆらぐことのできる力」を紡ぐ困難な経験をへて、はじめて創られるべきものである。

第3節　付記

二つのことを付記したい。

一つは、現場の力を構造化する「横糸」と「縦糸」は互いに隙間のないほどに強固に織りあわせないほうがよいということである。「横糸」と「縦糸」はほどよい隙間と距離を維持することによって、両者が対話し、鍛えあう関係を保つべきである。また、現場には新たな発想、試みが芽生えるだけのゆとりをもつことも必要であり（木下・第6章、川上・第10章）、援助者とクライエントがほどよく助けあうことができる不完全さも時には必要になる。さらに、誰もがその人らしく生き、働くことを可能にする自然さ、素朴さ、あるいは遊び、笑いなどが生まれる余地も必要である。こうした意味で、現場という「織物」にはゆとりを含ませておくことも必要である。

二つは、生と死がテーマである以上、社会福祉現場は限られた力しかもたないということである（長谷川・第3章、天羽・第7章、柳原・第8章、大塚・第11章）。したがって、現場は専門的援助の内に閉じこもらず、たえず外に向かって自らを開いている力も求められる。たとえば、クライエント・利用者との実質的な協働を模索すること、クライエントを中心に関係機関との対話ないし対決を実行すること、社会や地域住民との対話を試行錯誤することなどである。このような意味で、現場という「織物」をたえず外気や日光にさらしておくことも必要である。

おわりに

「ゆらぐことのできる力」と「ゆらがない力」という視点から結論を示した。むろん、これはひとつの切り口にすぎない。また、本書全体がどこまで現場の力の本態に迫ることができたかも不明である。それだけ、現場は矛盾を含みこむ多様性とたえず変化する流動性をもつ奥の深い世界である。しかし、本書の出版に意味があるとすれば、急激に社会福祉制度が変わり、それに伴なって現場が良くも悪くも変貌しつつある今日、あらためて現場の力、現場における経験の本質をさまざまな角度から問うてみたこと、また現場の力を創造してゆくためには矛盾や葛藤を避けて通ることのできない利用者・援助者の生きた現実に向きあう作業からはじめるしかないことを再確認したことである。

注

序章

(1) 新村出編『広辞苑』(第四版) 岩波書店、一九九一年。
(2) 市川和彦『施設内虐待——なぜ援助者が虐待に走るのか』誠信書房、二〇〇〇年。
(3) 佐藤悦子「最終講義・臨床のことば」於立教大学、一九九九年三月十三日。
(4) 木下康仁『ケアと老いの祝福』勁草書房、一九九七年。
(5) Jane Addams, *Twenty Years at Hull House*, New York, Macmillan,1910.
(6) Maxwell Jones, *Beyond the Therapeutic Community—Social Learning and Social Psychiatry*, Yale University Press, 1968.
(7) 阿部志郎『福祉実践への架橋』海声社、一九八九年。
(8) 徳永進『死の中の笑み』ゆみる出版、一九八二年。
(9) 大木健『シモーヌ・ヴェイユの不幸論』勁草書房、一九八七年。
(10) 尾崎新編『〈ゆらぐ〉ことのできる力——ゆらぎと社会福祉実践』誠信書房、一九九九年。

第1章

(1) 堀越由紀子「資格取得後ないし現任者となってから継続研修」『社会福祉研究』第七七号、(財)鉄道弘済会、二〇〇〇年。
(2) 高沢武司『社会福祉のミクロとマクロの間――福祉サービス供給体制の諸問題』川島書店、一九八五年。
(3) 日本社会事業大学、社会福祉援助技術現場実習準備講座感想レポート。
(4) 鷲田清一『現象学の視線――分散する理性』講談社、一九九七年、四二頁。
(5) 同、二八頁。
(6) 同、二四頁。
(7) 同、三〇頁。
(8) 同、二一頁。
(9) 同、四九頁。
(10) 同、四九頁。
(11) 須藤八千代『歩く日――私のフィールドノート』ゆみる出版、一九九五年、一六六頁。
(12) 前掲『現象学の視線――分散する理性』九九頁。
(13) 同、九〇頁。
(14) 同、九〇頁。
(15) Donald A. Schon, *The Reflective Practitioner.*(ドナルド・ショーン『専門家の智恵――反省的実践家は行為しながら考える』佐藤学・秋田喜代美訳、ゆみる出版、二〇〇一年、一八三頁)。
(16) 前掲『現象学の視線――分散する理性』九一頁。

（17）太田義弘「社会福祉援助技術の体系」『社会福祉援助技術論Ｉ』中央法規、一九九九年、九五頁。
（18）岡本民夫「社会福祉援助活動の過程と共通課題」同、一二五－一二九頁。
（19）大山史朗『山谷崖っぷち日記』ＴＢＳブリタニカ、二〇〇〇年、一五三－一五五頁。
（20）Ｍ・ポランニー『暗黙知の次元――言語から非言語へ』佐藤敬三訳、紀伊国屋書店、一九八〇年。
（21）前掲『専門家の智恵――反省的実践家は行為しながら考える』。
（22）奥川幸子『未知との遭遇――癒しとしての面接』三輪書店、一九九七年、六五頁。
（23）前掲『専門家の智恵――反省的実践家は行為しながら考える』一八六－一八七頁。
（24）同、一九一頁。
（25）同、一三五頁。

第３章

（1）拙論への登場を快諾してくださった順一さん・和也さんに感謝致します。これからもおしゃべりを続けていきましょう。愛さんとはまたごいっしょに仕事ができることを楽しみにしています。
（2）マルティン・ブーバー『我と汝・対話』植田重雄訳、岩波書店、一九七九年、一八四頁。
（3）以下の文献を参照されたい。
中島梓『コミュニケーション不全症候群』筑摩書房、一九九一年。

早坂泰次郎『人間関係学序説』川島書店、一九九一年。

尾関周二『現代コミュニケーションと共生・共同』青木書店、一九九五年。

尾関周二『思想としてのコミュニケーション』大月書店、一九九五年。

豊泉周治『アイデンティティの社会理論――転形期日本の若者たち』青木書店、一九九八年。

尾崎新『〈ゆらぐ〉ことのできる力――ゆらぎと社会福祉実践』誠信書房、一九九九年。

第4章

（1）文献については以下を参照。
最上キクエ『保健婦が担った地域精神衛生活動』バオバブ社、一九九七年。

武井麻子『感情と看護』医学書院、二〇〇一年。

三多摩精神看護研究会編『地域で生活することを支えて――精神障害者との出会いから五十年』やどかり出版、二〇〇〇年。

東京都保健所・精神保健担当専任係長会『近隣等から持ち込まれた困難事例への対応』東京都衛生局、二〇〇〇年。

第5章

（1）F・P・バイステック『ケースワークの原則――よりよき援助を与えるために』田代不二男・村越芳男訳、誠信書房、一九六五年。
（2）F・P・バイステック『ケースワークの原則――援助関係を形成する技法』（新訳版）尾崎新・福田俊子・原田和幸訳、誠信書房、一九九六年。
（3）S・ジョンソン『チーズはどこへ消えた？』門田美鈴訳、扶桑社、二〇〇〇年、一五頁。
（4）H・コフート『自己の治癒』本城秀次訳、笠原嘉監訳、みすず書房、一九九五年。
（5）松本史郎「〈共感〉について――〈わからなさ〉と〈他者性〉に注目して」尾崎新編『〈ゆらぐ〉ことのできる力――ゆらぎと社会福祉実践』誠信書房、一九九九年、三一－八二頁。

第6章

(1) その主要なものは、木下康仁『老人ケアの社会学』医学書院、一九八九年、木下康仁『老人ケアの人間学』医学書院、一九九三年、木下康仁『ケアと老いの祝福』勁草書房、一九九七年である。

(2) 詳しくはすでに論じているので、木下康仁「老いとケアの臨床社会学」野口裕二・大村英昭編『臨床社会学の実践』有斐閣、二〇〇一年、八三‐一〇九頁を参照していただきたい。

(3) 関係性の概念は倫理・価値的な意味と論理・分析的な意味の両方から定義され、実践と研究を架橋する。詳細はとくに、前掲『老人ケアの社会学』を参照されたい。

(4) 自己決定と理解してもよいのだが、筆者はむしろ選択という解釈が適切であると考えている。現実的で無理がないということだが、自己決定はそれを行なう利用者の負担が大きくなる傾向があるのに対して選択の場合には、サービス提供者側は最低限複数の選択肢を提示することになり、利用者はそのなかから自分がもっとも納得のいくものを選べるので心理的負担は軽減される。両者の関係も担保できるし、常に次善の選択肢があることも安心材料となる。この点については、木下康仁「ケアマネージャーの社会的役割」『介護支援専門員』七号、二〇〇一年、一九‐二八頁で論じている。また、自己決定自体の意味についてはスウェーデンにおけるフィールドワークで理解できたことも指摘しておきたい（木下康仁『福祉社会スウェーデンと老人ケア』勁草書房、一九九二年）。

(5) 筆者のケア理論はそれぞれの著作で述べてはいるが、高齢者ケアのマトリックスとしてその全体を簡潔に図にまとめてある(木下康仁「高齢者ケア――する人とされる人の人間学」『こころの科学』九六号、二〇〇一年、六八‐七四頁を参照)。

(6) 痴呆性高齢者のケアについては別に論じてある。木下康仁「問題行動の社会学的分析」『老人ケアの人間学』医学書院、一九九三年、第五章を参照のこと。

（7）木下康仁「ケアの思想とケア的人間観」前掲『老人ケアの人間学』第一章で、この点を詳しく論じている。

第8章

（1）鷲田清一『〈聴く〉ことの力——臨床哲学論』TBSブリタニカ、一九九九年、五六-五八頁。
（2）同。
（3）同、一〇八-一〇九頁。
（4）鷲田清一『現象学の視線——分散する理性』講談社、一九九七年。
（5）竹内輝江「ターミナルケアからの歩み（五）死をめぐる葛藤と組織」『看護学雑誌』六四（五）二〇〇〇年。
（6）大木健『シモーヌ・ヴェイユの不幸論』勁草書房、一九八七年。
（7）M・メイヤロフ『ケアの本質——生きることの意味』田村眞・向野宣之訳、ゆみる出版、一九八七年。
（8）武井麻子『感情と看護』医学書院、二〇〇一年。
（9）西村ユミ『語りかける身体——看護ケアの現象学』ゆみる出版、二〇〇一年。

第9章

（1）本稿で取り上げている実習体験は、いずれも社会福祉士受験資格に必修要件とされている実習である。科目名称は「社会福祉援助技術現場実習」であるが、本稿では社会福祉現場実習と略して呼称している箇所もある。なお、法令上の実習時間が一八〇時間とされていることの是非についてさまざまな意見が出されているが、本稿ではこの点については論及しない。

（2）厚生省通知「社会福祉士養成施設等における授業科目の目標及び内容並びに介護福祉士養成施設等における

授業科目の目標及び内容について」および「社会福祉士養成施設指導要領」より引用。
（3）西原和久「差別の複合性への視座――差別と排除の現象学的社会学のために」『差別の社会学』弘文堂、一九九六年、四九頁。
（4）伊藤悟「男性形成と同性愛嫌悪」『日本の男はどこから来てどこへ行くのか』十月舎、二〇〇一年。
（5）H・サックス「ホットローダー――革命的カテゴリー」『エスノメソドロジー』せりか書房、一九八七年。

第10章

（1）以下の文献を参考にされたい。
M・メイヤロフ『ケアの本質――生きることの意味』田村眞・向野宣之訳、ゆみる出版、一九八七年。

H・ナーウェン『明日への道』あめんどう出版、二〇〇一年。

川上高弘『いのちの出会いと甦る心』草輝出版、一九八七年。

『すずしろコミュニティ・ガイドブック』二〇〇〇年版。

『すずしろコミュニティ資料集』二〇〇〇年版。

第12章

（1）鷲田清一『〈聴く〉ことの力――臨床哲学論』TBSブリタニカ、一九九九年、五六-五八頁。
（2）柏木昭・簱野脩一編『医療と福祉のインテグレーション』へるす出版、一九九七年、九-一一頁。
（3）坪上宏「社会福祉援助活動の目的の価値」精神保健福祉士養成セミナー編集委員会編『精神保健福祉援助技術総論』へるす出版、一九九八年、三一-三二頁。
（4）柏木昭「デイケア学会第4回大会基調講演〈デイケアの現状と展望〉」一九九九年。

(5) F・P・バイステック『ケースワークの原則――援助関係を形成する技法』(新訳版) 尾崎新・福田俊子・原田和幸訳、誠信書房、一九九六年、二〇-二二頁。

(6) 尾崎新『ケースワークの臨床技法〈援助関係〉と〈逆転移〉の活用』誠信書房、一九九四年、一五三-一五七頁。

(7) 荒田寛「社会福祉活動の方法と過程」精神保健福祉士養成セミナー編集委員会編『精神保健福祉援助技術総論』へるす出版、一九九八年、四五-四六頁。

終章

(1) 尾崎新編『〈ゆらぐ〉ことのできる力――ゆらぎと社会福祉実践』誠信書房、一九九九年。

謝　辞

最後に、紙面を借りて謝辞を申し上げたい。

本書を執筆し編集しようと思いたってから、とりかかるまでに長い時間がかかった。本の構成や内容を検討しても、あるいはどのように現場の力に迫るかを考えてみても、なかなか答えが得られなかった。何度、構想が現われては消えたことだろう。

そんななか、二十一世紀初めての正月のこと。編者はある県の社会福祉協議会が主催する研修会に招かれた。その研修で、約八十名の在宅介護支援センターの職員から、日々の実践に対する生々しい思いを聴かせていただいた。そして、彼ら彼女らの訪問場面、相談場面はまさに「修羅場」の連続であると思えた。介護という仕事を通して、他者の家族・生活のなかに入っていくとき、介護者は利用者と家族が激しく対立する場面に向き合わねばならぬ時がある。そのような場面では、怒り、あきらめ、うめき声、そして語ることをあきらめた深い沈黙などが交錯する。また、利用者・家族から「助けて欲しい」と懇願され、同時に「お前なんかに、私の家に土足で踏み込まれてたまるか」という拒絶をつきつけられることもある。さらに、必死にかかわるなかで、その家族一人ひとりの重い歴史に気づき、絶句することもある。あるいは、援助すべき課題が山ほどあるのに、制度や個人の力の限界に直面し、無力さに圧倒されることも少なくない。多くの研修参加者が「毎日、仕事を辞めようと思う。しかし、やめられない自分もいる」と葛藤を語ってくれた。社会福祉現場には、苦しい実践の連続があり、投げだしたくなるような現実がある。しかし同時に、編者は彼ら彼女らの葛藤、矛盾、苦しさを聴きながら、そこに「迫力」のようなものを感じはじめていた。ほとんどの参加者が研修で初めて出会ったばかりであるのに、互いが生きたことばを使い、自分を開示していた。そこでは仲間の苦闘する体験に耳を傾けあう姿もみられた。これらの姿に接し、編者はこれこそ現場の力であると感じた。その力とは、現場で矛盾や葛藤、無力感や挫折感と毎日のように格闘しているからこそ、育てられている力であると考えた。そして、この本を創る出発点ないし基礎をここに見定めることにした。したがって、まずは「濃い対話」「迫力あることば」に満ちた研修で出会った参加者のお一人お一人に感謝を申し上げたい。

「濃い記述」「迫力あることば」は、本書の各章にも随所に見られた。編者は各執筆者から原稿が届くたびに、それぞれの論文に刻み込まれた現場のリアリティーに圧倒された。また、あらためて現場の深さ、裾野の広さ、多層性を知った。そして、結論をいかに論じたらよいかが分からなくなった。しかし、編者もゆらいだ末に、少なくとも現在の結論にたどりつくことができた。こうした意味で、本書をともに執筆した共著者の方々にも深く感謝したい。

最後になるが、今回も出版の労をとっていただき、執筆作業と編集作業をつねに支えていただいた誠信書房・編集部の松山由理子氏にも深謝を申し上げたい。出版不況がつづくなかで、本書のような本を出版するには、出版社としても大きな不安と迷いがあり、また勇気も必要だったのではないかと思う。しかし、そのような状況にありながらも、松山さんにはたえず編者らを支えていただいた。これも現場の力といえると思う。

二〇〇一年十月　深まる秋のなかで

尾　崎　新

天羽　浩一（あもう　こういち）【第 7 章】

2000 年　日本社会事業大学大学院修士課程修了
　　元　鹿児島国際大学福祉社会学部教授（社会福祉援助技術）
著　書　『「養護施設」検証』昴印刷，1987.『どうすればいい？　環境ホルモン』バウハウス，1998.

柳原　清子（やなぎはら　きよこ）【第 8 章】

1996 年　日本社会事業大学大学院社会福祉学研究科修士課程修了
現　在　金沢大学医薬保健研究域保健学系准教授（老年看護学，家族看護学）
著　書　『あなたの知らない「家族」』医学書院，2001.『「ゆらぐ」ことのできる力』（共著）誠信書房，1999.

湯澤　直美（ゆざわ　なおみ）【第 9 章】

1995 年　立教大学大学院社会学研究科修士課程修了
現　在　立教大学コミュニティ福祉学部教授（社会福祉学）
共著書　『家族・児童福祉』有斐閣，1998.『母子生活支援施設——ファミリーサポートの拠点』エイデル出版，1999.

川上　高弘（かわかみ　たかひろ）【第 10 章】

1982 年　上智大学神学部卒業
現　在　すずしろメンタルヘルスサービス顧問
著　書　『いのちの出会いと蘇る心』草輝出版，1997.

大塚　淳子（おおつか　あつこ）【11 章】

1987 年　明治学院大学大学院修士課程修了
現　在　帝京平成大学現代ライフ学部教授（社会福祉学）
共著書　『精神保健福祉援助演習』『精神保健福祉援助実習』以上，へるす出版，1998.『リハビリテーション論』中央法規，2001.

荒田　寛（あらた　ひろし）【12 章】

1973 年　日本福祉大学社会福祉学部卒業
現　在　龍谷大学社会学部教授（精神保健福祉，社会福祉援助技術）
共著書　『精神保健福祉ボランティア』中央法規出版，2001.『心の障害と精神保健福祉』ミネルヴァ書房，2000 年.

執筆者紹介（本文中の肩書は執筆当時のものである）

尾崎　新（おざき　あらた）【まえがき，序章，第5章，終章，謝辞】

奥付け参照

須藤八千代（すどう　やちよ）【第1章】

1999年　日本社会事業大学大学院社会福祉学研究科修士課程修了
現　在　愛知県立大学名誉教授（社会福祉学）
著　書　「歩く日―私のフイールドノート」ゆみる出版，1995.『路上に生きる命の群―ホームレス問題の対策と提案』（共著）随想社，1999.

石川　瞭子（いしかわ　りょうこ）【第2章】

1998年　日本社会事業大学大学院社会福祉学研究科博士課程修了
元　聖隷クリストファー大学社会福祉学部教授（社会福祉学）・臨床心理士
著　書　『不登校と父親の役割』青弓社，2000.『子どもの性虐待』誠信書房，2005.

長谷川俊雄（はせがわ　としお）【第3章】

1982年　明治学院大学社会学部社会福祉学科卒業
現　在　白梅学園大学子ども学部教授（社会福祉学）・精神保健福祉士
共著書　『ひきこもりケースの家族援助』金剛出版，2001.『「ゆらぐ」ことのできる力』誠信書房，1999.

柏木由美子（かしわぎ　ゆみこ）【第4章】

1972年　兵庫県立厚生専門学院保健学科卒業
現　在　東京都狛江調布保健所精神保健・難病対策係長
共著書　『「ゆらぐ」ことのできる力』誠信書房，1999.『精神訪問看護・訪問指導ケースブック』2001，南江堂.

木下　康仁（きのした　やすひと）【第6章】

1976年　立教大学社会学部卒業
1984年　カリフォルニア大学大学院博士課程修了（Ph. D）
現　在　聖路加国際大学看護学研究科特任教授（社会老年学・高齢社会論）
著　書　『老人ケアの社会学』医学書院，1989.『ケアと老いの祝福』勁草書房，1997.『グラウンデッド・セオリー・アプローチ』弘文堂，1999.

編者紹介

尾崎　新（おざき　あらた）

1948年生まれ
1970年　上智大学文学部社会福祉学科卒業
1993年　東京大学・博士（保健学）
　　　　精神神経科・秋川病院，東京都精神医学総合研究所を経て，日本社会事業大学，立教大学コミュニティ福祉学部教授を歴任
2010年　逝去
編著書　『臨床精神科デイケア論――デイケアの「ほどよさ」と「大きなお世話」』岩崎学術出版社，1992年。『社会福祉援助技術演習』誠信書房，1992年。『ケースワークの臨床技法――「援助関係」と「逆転移」の活用』誠信書房，1994年。『生活福祉論』光生館，1994年。『対人援助の技法―「曖昧さ」から「柔軟さ・自在さ」へ』誠信書房，1997年。『「ゆらぐ」ことのできる力―ゆらぎと社会福祉実践』誠信書房，1999年ほか。

「現場」のちから――社会福祉実践における現場とは何か

2002年3月20日　第1刷発行
2020年1月20日　第5刷発行

編　者　尾　崎　　新
発行者　柴　田　敏　樹
印刷者　西　澤　道　祐

発行所　株式会社　誠　信　書　房
〒112-0012　東京都文京区大塚3-20-6
電話　03 (3946) 5666
http://www.seishinshobo.co.jp/

印刷所／あづま堂印刷　製本所／協栄製本
検印省略
落丁・乱丁本はお取り替えいたします
ISBN978-4-414-60327-9　C3036　Printed in Japan

ソーシャルワークの作業場

寿という街

ISBN978-4-414-60328-6

須藤八千代著

「ドヤ」という特殊な住居空間によって構成される街，横浜市寿町。「寄せ場」といわれてきた街。そして今，生活保護によって管理，保護されている街。変容しつつ，ひとつの地域性が解体されずに残っている街の姿。ソーシャルワーカーとして長年その街に住む人たちとかかわり，その変遷を見つめてきた著者が，「人が生きるとはどういうことか」「人を援助する専門職とはどういうものか」について問いかける。

目　次

四六並製　定価（本体1400円＋税）

福祉の哲学［改訂版］

ISBN978-4-414-60329-3

阿部志郎著

50年間，福祉の現場と大学での教育に携わってきた著者が綴る，福祉を目指す人へのメッセージ。ハンセン病患者の呻き，障害児の母の流した涙，施設入所を拒む老人，難民の少女の叫びなど，さまざまな人の生き様に触れ，苦悶し，自省し，思索し，勇気づけられた経験と想いを平易に語りかけた，すべての福祉関係者必読の書。新たに１章分を加筆し，装丁，版型も新たにした待望の改訂版。

目　次

四六判並製　定価（本体1700円+税）

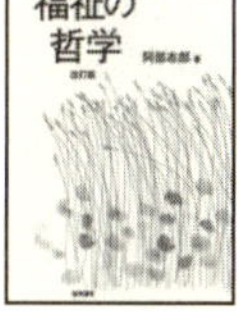